U0821546

大学生社会工作实训教程

DAXUESHENG SHEHUI GONGZUO SHIXUN JIAOCHENG

李娟　王芳　编著

苏州大学出版社
Soochow University Press

图书在版编目(CIP)数据

大学生社会工作实训教程 / 李娟，王芳编著. —苏州：苏州大学出版社，2023.7
ISBN 978-7-5672-4167-1

Ⅰ. ①大… Ⅱ. ①李… ②王 Ⅲ. ①大学生-社会工作-教材 Ⅳ. ①G640

中国国家版本馆 CIP 数据核字(2023)第 117070 号

书　　名：大学生社会工作实训教程

编　　著：李　娟　王　芳
责任编辑：万才兰
装帧设计：吴　钰

出版发行：苏州大学出版社(Soochow University Press)
社　　址：苏州市十梓街 1 号　邮编：215006
印　　装：广东虎彩云印刷有限公司
网　　址：http://www.sudapress.com
邮　　箱：sdcbs@suda.edu.cn
邮购热线：0512-67480030
销售热线：0512-67481020

开　　本：700 mm×1 000 mm　1/16　印张：15.5　字数：254 千
版　　次：2023 年 7 月第 1 版
印　　次：2023 年 7 月第 1 次印刷
书　　号：ISBN 978-7-5672-4167-1
定　　价：56.00 元

凡购本社图书发现印装错误，请与本社联系调换。服务热线：0512-67481020

前言

高质量发展和共同富裕是党的二十大召开后国家发展和建设的主旋律。高质量发展在今后相当长一段时间内将成为社会各项工作和任务的行动指南，共同富裕要求全面高质量发展要照顾到弱势群体的需求。从社会工作专业的社会价值来看，社会工作在营造公益慈善良好氛围和帮扶弱势群体方面具有举足轻重的作用，是社会高质量发展的重要助推力量。从社会工作专业建设本身来看，中国的社会工作取得了突飞猛进的发展，但是社会工作的本土化和专业化问题还没有得到很好的解决，社会工作服务还有很大的提升空间。目前我们所学的社会工作理论和方法是西方的心理学家和社会学家从西方的文化和实践中提炼出来的，虽然具有一般性的解释力，但如果不进行本土化创新，简单照搬应用，就会出现社会工作脱离实际的情况，不但不能发挥促进社会和谐的作用，而且还会影响专业发展。党的二十大报告提出全面建成社会主义现代化强国的奋斗目标，并对中国式现代化进行了系统的阐述。社会工作也不例外，也要按照中国式现代化的科学内涵进行理论和实践创新。

在全面推进加强和创新社会治理的时代大背景下，中国的社会工作正沿着专业化、职业化、行业化的发展方向全面迈开步伐，逐渐成为现代化社会治理体系的重要组成部分，在保障改善民生、脱贫攻坚、创新社会治理、推动社会文明进步和共同富裕等方面发挥着重要作用。关信平教授在河南财经政法大学举办的河南社会工作教育协会2022年年会暨中国式现代化与河南社会工作高质量发展研讨会上讲到在全面建设社会主义现代化国家，向第二个百年奋斗目标进军的新征程中，社会工作肯定是越来越重要，应该发挥更大的作用。但是这个当中最关键的一点就是我们社会工作自身要提高我们的专业能力，提高我们社会工作发展的质量，更加充分地发挥社会工作的专业优势，而发挥社会工作的专业优势就是我们广大社会工作教育者的重要使命。我国社会工作教育从恢复重建到进行社会事务和职业化探索，经历了社会教育制度推进、体制建设的提速发展，走过了近百年历程，其间培养了大批卓越的社会工作学者和实务家，为社会工作专业化发展创造了文化习惯和制度保障。但是，这一发展过程中也存在一些问题，比如，学者研究和具体实践之间的脱节问题很普遍——有扎实理论基础的学者并不亲自参与实务，参与一线事务工作的社会工作者大多不具备专业的理论知识。关信平教授在谈及社会工作教育的时候指出，我们社会工作的知识体系还不够坚实，我们应该摆脱“拿来主义”的束缚，应该由我们的学者从我国的实践中总结出一些中国式的、有价值的新理论。然而，实际上，我们的研究与实践结合得还不够。我们作为高校社会工作专业教师和一线社会工作服务督导，发现社会工作专业的毕业生在实习时感到非常迷茫，既不知道如何选择实习单位，也不知道如何将自己所学理论知识运用到社会工作实践当中，在迷茫之中丧失对专业的热爱和认可。基于此，怀揣一颗对专业的赤诚之心，我们将自身近年来在教学和实务中总结的经验及感悟整理成册，与我们的本科生团队合作完成了《大学生社会工作实训教程》一书。

本教材主要包括六个部分。导论部分介绍了社会工作专业在我国的发展历程、社会工作在社会治理中的作用和社会工作专业实训的准备。社会工作专业实训的准备内容主要帮助社会工作专业学生在进入实训前厘清理论与实践有机结合和相互作用的问题。本书借鉴了马尔科姆·派恩（Malcolm Payne）对“理论”的解释，以此帮助学生快速掌握从书本知识到实训实务再指导毕业论文设计的要领。第一章主要阐述了两个基本问题：一是社会工作者要关注的内容，我们坚持认为不能很好地进行自我情绪管理和没有爱的能力的人无法从事社会工作；二是社会工作者在服务过程中应坚持的工作原则。第二章总结和梳理了大学生开展社会工作实训的形式与操作流程，包括实训的理论基础、原则、操作细节，以及这些实训形式的优缺点。第三章根据人群划分，结合实务中的具体案例，对常见的社会问题进行深入分析，对沟通技巧进行梳理。第四章分析了实务所需的两大评估——需求评估和绩效评估，借鉴了社会学的研究方法，介绍了几种具有实用性和操作简易的评估方法和模型。第五章从项目设计、项目投标管理、财务管理和资源整合四个方面对如何提升社会组织运营管理能力进行系统的梳理和总结。常见的社会工作实务教材大多只关注社会工作者在个案工作、小组工作和社区工作中的专业服务能力，较少介绍社会组织运营管理理念。但是，社会组织运营能力不仅是社会工作事务的头等内容，还是社会工作专业的学生步入社会后职业发展必须具备的重要能力。

《大学生社会工作实训教程》是王芳副教授主持的“社会工作专业实践教学模式项目化改革研究”教改项目的结项成果。该教材的编写和出版得到了江南大学法学院的经费支持和领导、同事的关心，得到了江南大学法学院社会工作专业教师周辉、盖中辉和曹菲的专业指导。在教材的编写过程中，社会工作专业本科生陈浩铭、谭晓庆、闫紫薇、肖洋、陈杨洋和赵玲玉等多位同学积极参与，从内容选择、案例编写到适恰性论证和文稿修改，他们不辞辛苦，全力配合。在此，还要特别感谢陈浩铭同学。该同学在江南大学读本科期间积极参与社会工作实践，全程参与了李娟老师开展的实务项目，将其总结的实务经验和从业反思贡献在本教材中，他保研到上海大学攻读社会工作专业硕士后，仍然关心教材的编写。本教材参阅了国内外学者的研究成果，尽管已经列入参考文献，但恐仍有疏漏，敬请谅解。在此一并感谢所有人无私的付出和支持，没有他们的帮助，就没有该教材的面世。

由于作者的理论水平和实践经验有限，不妥和疏漏之处在所难免，恳请读者批评指正。

目 录

导 论

自党的十八大提出“五位一体”总体布局的战略目标以来，社会工作及其人才队伍建设被纳入人才强国、脱贫攻坚、乡村振兴等国家发展战略，被写进多部法律法规和中共中央、国务院制定的政策文件。党的十九大报告强调“打造共建共治共享的社会治理格局”。2021 年 4 月，《中共中央 国务院关于加强基层治理体系和治理能力现代化建设的意见》明确指出，“完善社会力量参与基层治理激励政策，创新社区与社会组织、社会工作者、社区志愿者、社会慈善资源的联动机制”，社区、社会组织、社会工作者“三社”联动升级为“五社”联动。党的十九届五中全会审议通过的《中共中央关于制定国民经济和社会发展第十四个五年规划和二〇三五年远景目标的建议》提出，“发挥群团组织和社会组织在社会治理中的作用，畅通和规范市场主体、新社会阶层、社会工作者和志愿者等参与社会治理的途径”。社会工作在推进社会治理体系和治理能力现代化，以及满足人民日益增长的美好生活需要方面的重要功能受到党和政府的高度重视，社会工作迎来了最好的发展时期。

目前，社会公益事业蓬勃发展，其社会影响力日益彰显，但是社会组织发展也面临着专业性不强所带来的一系列不利于社会公益事业高质量发展的问题。解决这些问题的关键是人才的培养。人才培养包括学校教育和社会继续教育两大块，其中，学校教育的优势更加明显。对于社会工作专业的学生和有志于从事公益事业的青年来说，学习社会工作理论知识和掌握社会工作基本实践技能至关重要。

一、社会工作在我国的发展历程简述

在我国，社会工作是作为社会学的一个分支学科发展起来的，这不仅符合学术学科建制完善的要求，还满足了当时社会发展的需要。1922 年，燕京大学社会学系成立，该系成立之初就以培养专门的社会服务人才为己任，讲授课程侧重于社会服务、社会福利和社会调查。1925 年，社会学系改称社会学与社会服务学系，研究范畴重视理论的应用，同时开设了“个案工作”“团体工作”“社会行政”“精神健康社会工作”“社会福利”等课程，为社会工作专业教育奠定了基础。许仕廉在担任燕京大学社会学与社会服务学系系主任期间，带领学生在清河镇设立社区社会工作实验室，由杨开道进行指导，社会工作的理论研究与实务探索正式启动。之后，复旦大学、暨南大学、上海大学、东吴大学、金陵女子文理学院、清华大学等先后成立社会福利行政系、社会行政系，或开设社会工作方向的课程。这些大学培养了大批从事贫困救济和战争救援的社会服务人才。1948 年，金陵大学设立社会福利行政系，招收社会工作专业的本科生。

在近代，社会工作实务探索比理论研究更加深入人心。当时的社会工作服务与实践主要以农村社区工作为主。晏阳初、陶行知、梁漱溟、李景汉等一批学者积极推动中国社会工作与服务发展，寄希望于通过知识分子下乡开展平民教育，唤起民众的自觉，改造乡村社区、推动乡村建设，形成了影响深远的乡村建设运动。晏阳初在河北定县推行平民教育，旨在解决农村的贫穷、愚昧、自私、软弱等消极文化问题；陶行知等人创办的晓庄试验乡村师范学校及江苏宝山师范学校均以学校为中心改造乡村社区，强调教育在改造农村中的核心作用；梁漱溟等人创立的河南村治学院及山东乡村建设邹平试验区以重视农民教育、用乡村自救运动来引发社会变迁、恢复民族信心为宗旨。此外，1918 年，北京协和医院成立宗教与社会服务部，开展医疗社会工作服务。1925 年，燕京大学在北京协和医院设立个案社会工作实习基地，医务社会工作由此开始。

新中国成立初期，社会工作发展迟滞。改革开放之后，社会工作得到了全面发展。

在社会工作学科建设和人才培养上，1988 年，国家教育委员会正式批准在北京大学社会学系设立社会工作与管理专业，这标志着我国社会工作正式恢复建设。此后，社会工作专业教育在各大高等院校迅速发展，形成了大专、本科、硕士研究生梯次结构体系。1991 年，中国社会工作者协会成立。1994 年，中国社会工作教育协会成立。2000 年，国务院办公厅发布《关于加快实现社会福利社会化的意见》，各类福利机构开始聘用专业社会工作者，引入社会工作专业制度。2004 年，社会工作者国家职业标准发布。2006 年是中国社会工作发展元年。这一年《中共中央关于构建社会主义和谐社会若干重大问题的决定》首次提出要“建设宏大的社会工作人才队伍”，正式将社会工作专业人才培养规划纳入国家顶层设计。2006 年 7 月，人事部、民政部联合发布《社会工作者职业水平评价暂行规定》《助理社会工作师、社会工作师职业水平考试实施办法》，社会工作者开始有了独立的职业水平等级和资质证书。2008 年 10 月，人力资源和社会保障部、民政部发布《关于民政事业单位岗位设置管理的指导意见》，明确要求民政事业单位专业技术岗位原则上以社会工作者岗位为主。2009 年，民政部出台文件鼓励各地在政策、场地、资金等方面提供宽松的环境，这一举措促使全国近 2 000 家民办社会工作者服务机构迅速发展。社会工作者职业规范逐步建立起来。2010 年 4 月，《国家中长期人才发展规划纲要（2010—2020 年)》正式印发，明确了要加快中国经济社会发展，必须重视和培养六类重点人才，社会工作人才位列其中。2011 年 9 月中央 18 个部委联合印发的《关于加强社会工作专业人才队伍建设的意见》和 2012 年 3 月中央 19 个部委和群团组织联合发布的《社会工作专业人才队伍建设中长期规划(2011—2020 年)》，对社会工作专业人才的教育、培训、评价、使用、激励等提出了具体要求。2012 年 12 月，作为社会工作者行为准则的《社会工作者职业道德指引》正式发布。同年，《民政部　财政部关于政府购买社会工作服务的指导意见》发布，首次对政府购买社会工作服务进行顶层制度设计。也是在这一年，国家首次通过建立公共财政资助机制对社会工作服务组织加强培育和扶持，中央财政安排 2 亿元专项资金，用于支持社会组织参与社会服务资助项目，共带动社会资金 3. 2 亿元，185 万名群众直接受益。2013 年 11 月，《民政部　财政部关于加快推进社区社会工作服务的意见》，将社区社会工作服务纳入政府购买服务范围，逐步加大财政投入力度，同时鼓励社会资金支持、购买社区社会工作服务。2020 年 12 月，民政部办公厅印发《培育发展社区社会组织专项行动方案（2021—2023 年)》，提出发挥社会组织和社会工作者在社区基层治理中的积极作用。2023 年 4 月，中共中央、国务院印发《党和国家机构改革方案》，突出要组建中央社会工作部，将发挥党在社会领域的引领作用，进一步推动中国式现代化社会工作向前发展。

总而言之，社会工作在中国的发展深受政治体制的影响。在民国时期，由于政权不稳和社会动荡，政府与家庭之间的社会空间极大，为社会工作提供了广阔的发展空间。新中国成立之后，社会中的各种问题被囊括在了国家的政治社会管理中，社会工作似乎没有了存在的必要。但是随着 1978 年改革开放信号的发出，社会主义市场经济体系逐步建立，家庭与政府之间的社会空间再一次扩大，而且随着市场化多元主体利益的冲突与矛盾的加剧，社会工作作为政府管理或社会治理的有力补充，再一次蓬勃发展起来。经过 70 多年的社会主义建设，我国的社会物质财富已经极大丰富，人们对高品质生活的要求和精神需求也极大提高。2017 年，党的十九大报告指出，中国特色社会主义进入新时代，我国社会主要矛盾已经转为人民日益增长的美好生活需要和不平衡不充分的发展之间的矛盾。虽然社会运行整体良好，但是潜在的多元的社会矛盾并发；虽然我国政府的社会治理能力在提升，但是不能充分顾及社会边缘群体的特殊化需求。在社会物质财富极大丰富的今天，政府应该充分发挥社会组织调动和凝聚社会慈善力量进行社会互助的优势，使分散在社会中的财富再次聚集、再次分配，从而构建和谐共融的社会。

二、社会工作在社会治理中的作用

党的十八大以来，《社会救助暂行办法》《中共中央　国务院关于加强和完善城乡社区治理的意见》《中共中央　国务院关于实施乡村振兴战略的意见》《中共中央　国务院关于打赢脱贫攻坚战三年行动的指导意见》《中华人民共和国国民经济和社会发展第十三个五年规划纲要》等 150 多项法规和政策文件对发展社会工作、发挥社会工作的作用提出了明确要求。民政部单独或者联合有关部门先后出台了 25 项社会工作专项政策及 7 项国家标准和行业标准。近年来，我国社会工作事业发展以“顶层设计不断完善、人才队伍持续壮大、职业体系初步建成、专业作用更加凸显”为特征续写着新篇章。

党的十九届四中全会通过的《中共中央关于坚持和完善中国特色社会主义制度、推进国家治理体系和治理能力现代化若干重大问题的决定》(以下简称《决定》),是国家从制度层面推进国家治理体系和治理能力现代化做出的系统安排。《决定》在坚持和完善共建共治共享的社会治理制度方面,明确指出要“完善党委领导、政府负责、民主协商、社会协同、公众参与、法治保障、科技支撑的社会治理体系,建设人人有责、人人尽责、人人享有的社会治理共同体”。社会工作在建设社会治理共同体的实践中,能够而且也应该扮演重要角色、发挥积极作用。比如,在汶川地震救援、新冠病毒感染疫情防控、服刑人员社区矫治、失独家庭关爱、残障人士服务中,由社会工作者组成的公益组织更能贴近相关人群,更能敏锐捕捉到他们的需求,更能设计出有针对性的服务方案。社会需要有温度、有能力和专业的助人服务主体存在。

中国社会工作教育协会会长王思斌将社会治理分为强制型、博弈式、协商式和服务型四种类型。[①] 从治理的内容和机制来看,协商式社会治理和服务型社会治理最易于建构社会治理共同体,而这两种治理类型的实现离不开广大社会工作者的参与。王思斌指出,社会工作在构建社会治理共同体、推进共建共治共享的社会治理制度方面的作用不可替代,社会工作有助于深化改革、增进人民获得感、促进社会认同和社会健康有序发展。

中国社会工作教育协会秘书长史柏年指出,社会工作的特点、优势和社会治理体系高度契合:第一,以人为本,关注民生;第二,面向弱势,适度普惠;第三,助人自助,赋权增能;第四,多方合作,整合资源;第五,理论科学,方法专业;第六,来自社会,服务社会;第七,解决问题,化解矛盾;第八,社会公益,社会和谐。[②] 社会工作在建设社会治理共同体的过程中发挥重要作用,有赖于社会工作真诚为服务对象解决困难、追求社会和谐的价值观,有赖于社会工作尊重他人、理解困难人群、平等对待各方的工作准则,还有赖于社会工作科学细致、以人为本的工作方法。在这种情况下,社会工作者无论是参与公共服务还是实施社会服务,都向工

① 王思斌. 发挥社会工作在建设社会治理共同体中的积极作用[J]. 中国社会工作,2019(33):1.

② 史柏年. 发挥社会工作在社会治理创新中的重要作用[J]. 全球商业经典,2018(7):13.

作对象、合作伙伴展示了正向力量，是从源头上解决社会矛盾与社会问题的促进者。

2020年12月，中共中央印发的《法治社会建设实施纲要（2020—2025年）》（以下简称《纲要》）中提到3次“社会工作”、15次“社会组织”，由此可见社会工作及社会组织发展在法治社会建设中的重要性。《纲要》指出，要“加强对欠发达地区专业法律服务人才和社会工作者、志愿者的政策扶持”；“建立健全基层社会心理服务工作站，发展心理工作者、社会工作者等社会心理服务人才队伍，加强对贫困人口、精神障碍患者、留守儿童、妇女、老年人等的人文关怀、精神慰藉和心理健康服务”；“健全社会组织、城乡社区、社会工作等方面的法律制度，进一步加强和创新社会治理”。发展社会工作，加强社会工作人才队伍建设，是民政部门的职责。进入新时代，社会工作事业正在民政领域加快推进和发展，并带动有关领域的社会工作全面发展，不断满足人民群众日益增长的社会服务需求。近年来，民政部门积极推进社会救助、城乡社区、老年人服务、残疾人服务、儿童服务、婚姻家庭服务、殡葬服务等领域的社会工作发展，引导社会工作专业人才到基层扎根，夯实民政基层基础。在脱贫攻坚一线，民政部门组织实施的社会工作专业人才服务“三区”计划、社会工作服务机构牵手计划和社会工作教育对口扶贫计划，为贫困地区选派和培养了社会工作专业人才骨干，构建了结对帮扶机制，推动了贫困地区的社会工作发展。

三、社会工作专业的实训准备

社会工作专业人才培养面临三个方面的压力：一是现阶段社会工作专业在大学阶段的专业地位不高；二是社会工作专业学生对专业认识不足，认同感不高；三是社会各界对社会工作者的专业性和价值认识模糊。这些问题的出现，与社会工作专业人才培养中的实务能力训练薄弱有密切关系。

将社会工作作为重点学科的高校目前还不算多，社会工作专业的话语权较弱。这绝不是学科的社会价值不高所致，而是一个社会性系统问题，是大学竞争机制问题，也是各专业人才培养策略问题。首先，社会工作专业的对口就业岗位不丰富，而且社会工作者的平均待遇水平较低。其次，大学排名竞争机制和学校对教师的考核评价机制导致教师不能投入太多时间和精力参与实务工作，“重科研、轻实务”，在教学中偏重理论教学而非实务训练，培养出来的学生“眼高手低”，不愿意或没有能力从事一线社会工作，进而导致大学生毕业对口就业率不高，这反过来制约了专业发展，形成了恶性循环。

虽然国家积极推进社会工作发展，要求社区设置社会工作岗位，投入专项资金发展社会组织，增加对社会工作者的补助，鼓励社会各界发展社会公益，同时鼓励社会工作人才参与社会公益，但是社会工作仍然不能摆脱边界不清、专业性不被认可的困境。从经济发达且政府重视社会组织发展的长三角地区来看，政府每年拿出一部分公益福利彩票基金来发展公益项目，培育社会组织成长，但是真正从事这些实务的人员大多不是具有社会工作专业背景的人才（他们大多是后来考取社会工作者证的），虽然他们服务的对象不同，但是服务内容及形式大同小异，服务成效甚微。甚至部分分管社会工作的领导对社会工作者认识不准确，工作思路不清晰，认为对于社会组织和社会工作者要做的事情，政府部门都有安排，社会组织就是办一些文娱活动，而对于社区处理不了的棘手问题，社会组织也做不来。虽然这种观点失之偏颇，但是也反映了当前社会工作存在的问题：社会工作在社会治理中的角色定位不清晰，实务偏离专业导向，深陷于文娱活动而忽视专业成长。

与此同时，社会工作专业学生对专业的认同度也有待提高。对社会工作专业学生的就业情况进行调查发现，社会工作专业对口就业率极低。大多数学生未从事社会工作相关工作，这既与社会工作岗位少、待遇差有关，也与学生对专业的认同度不高有关。对专业的认同度受很多因素影响，如专业排名、就业前景、社会评价，以及学生自身认知。自身认知来自专业培养过程中学生对专业价值的评价。很多大学在社会工作人才本科阶段的培养中注重理论教学而忽视实践教学，导致学生无法在学以致用中发现专业价值，对专业认同度低，对专业学习兴趣不大，不具备从事社会工作的专业能力。

应该怎么摆脱以上所述困境？加强大学生社会工作实务能力训练（以下简称“实训”）或许是一条有效的途径，可以更好地输出专业性强与实务能力强的社会工作人才。

实训并不是简单的实务操作，而是需要学生在理论与实践之间反复验证，理解理论的指导价值，然后将其转化为理论框架或者思维模式，最终成为指导实务实践的有效工具。

马尔科姆·派恩在《现代社会工作理论》中对“理论”如是解释：理论是对关于世界的思想所做的一个有组织的陈述。[①]“理论”一般包括三层含义：一是模型（modle），在很多情形下以结构化形式对实务中发生的事情进行普遍性的描述。模型提取了活动的某些原则和模式，使实务得以具有一贯性。模型帮助人们就如何处理复杂情形进行安排和组织。例如，在一个解决青少年网络成瘾的案例中，以“戒网瘾”为中心而设计的一系列步骤和方式技巧的安排，就是模型建构的过程。二是视角（perspective），表达的是价值观或者对世界的看法，让参与者充分整理思路，能够在研究或实践中坚持一致性，剔除其他干扰性因素，从而管理他们自己的研究或实务思路。视角帮助使用者有组织地系统思考当下的情形。站在不同的视角下，就会有不同的思路，也就会有不同的结论。例如，在一个社区矫正人员的案例中，如果从“人性本善”或者“人性本恶”的不同角度去看待案主，那么制订的矫正方案也不同。再比如，在一个家暴案例中，女性主义视角和男权主义视角产生的干预策略也是不同的。三是解释性理论（explanatory theory），说明为什么一个行动能够导致或引起某些特定的结果，并辨识在什么环境条件下会如此。有些学者仅把“理论”用来表明那些能够提供因果解释的思想。对他们而言，理论必须说明“什么在起作用”。对于一个在学校表现不理想的“问题学生”，可以从社会交往视角去探寻其社会交往方面的问题，比如，朋辈关系不好、师生关系不好；可以从家庭结构视角去探究其家庭中父母关系、亲子关系和兄弟姐妹关系甚至更大范围内亲情关系对其的影响；可以从心理学视角去探究其在人生早期是否遭遇过心理创伤等。派恩进一步解释了模型、视角和解释性理论之间的关系：一个在实务中有用的理论，必须具备视角、解释性理论和模型三个要素。一个理论必须能够提供一个具有明确指导性的模型，否则这个理论就不容易被接受，不能得到应用。模型必须靠解释性理论来支持，因为支撑模型的行动和方式方法必须有证据证明，在方案没有实施之前，最好的证据就是解释性理论。解释性理论和模型都必须有一个视角，这个视角

---

① 马尔科姆·派恩．现代社会工作理论：第三版［M］．冯亚丽，叶鹏飞，译．北京：中国人民大学出版社，2008.

必须与世界观和价值观相一致。只有在相同世界观、价值观的指引下，解释性理论和模型才能被认同和使用，才能产生真正的实践行动。

社会工作专业学生只有具备了这样的理论观念和思维方式，才能在具体的实务领域中体现专业性，比如，在撰写报告时，就可以做到在理论指导下进行方案设计，在服务过程中选择与其理论一致的工作技巧和行为方式。只有如此，其他主体（社区、案主和出资方）才能发现专业社会工作者与其他非专业性公益组织的区别。

作为一个实务性同样很强的专业，社会工作专业虽没有医学专业那么精专，但是要成为一名合格的社会工作者，社会工作专业学生必须经过充分的实训来掌握服务技能，所以实训也是社会工作专业学生的重要学习内容，应该受到足够重视。

第一章

社会工作实训的基本问题

在社会工作实务领域，我们常常发现社会工作专业的毕业生并不比社会经验丰富和从业经验丰富的非社会工作专业出身的公益人有优势。无论是在与政府、企业各部门沟通时，还是在服务案主的过程中，刚毕业的社会工作者既很难准确找到案主的问题本质，也很难找到解决问题的突破口。究其原因，不是他们的专业理论储备不足，而是他们对人的社会性认识不到位，没有将社会工作的基本原则内化为自觉的行为。这些是社会工作专业学生进入实务领域前必须充分理解的基本问题。

第一节　社会工作者的关注内容

社会工作实务就是社会工作者通过对案主表现出来的偏差行为进行分析，去探究偏差背后的深层次的心理层面和认识层面的原因。实践经验证明，情绪感知与管理能力、爱与被爱的能力和人际交往能力是影响一个人是否会出现偏差行为或与社会“脱嵌”的重要因素。本节就围绕这三个方面展开分析。

一、情绪感知与管理能力

情绪表达是人出生后最先拥有的与社会互动的能力与工具，而喜怒哀乐的情绪表达是人的身心需求的外在表征。情绪不仅与个人的身心健康有关，还决定着每个人是否能拥有健康的社会关系。爱发脾气的小孩是不会有很多亲密朋友的，情绪管理能力弱的成年人也很难获得卓越的社会成就。

（一）情绪的概念及形成

情绪在人们的日常生活中扮演着极其重要的角色。一个人如果不会讲话，可以通过情绪表现实现与他人的基本交流；但是如果不能正确地表达情绪，则可能导致人际关系的彻底破裂。事实上，如果我们缺乏体验和表达愉悦、痛苦、焦虑等情绪的能力，我们就不能称为“人”。

情绪是复杂的，它包含了对环境中某个事物的主观反应，通常伴随着几种生理反应，并通过一些表情和行为传达给他人。詹姆斯·W. 范德赞登（James W. Vander Zanden）等认为情绪“是如爱、欢乐、悲伤和愤怒的感受中涉及的生理改变、主观体验和表达性行为”①。婴儿只会表达愉悦和不悦两种情绪，但是随着大脑的发育及与外界交流的日益频繁，其情绪就会越来越丰富。有学者将情绪分为初级情绪和次级或自我意识情绪。初级情绪包括害怕、高兴、厌恶、惊喜、悲伤和感兴趣，它们出现在生命的早期，其产生不需要对自我进行反省。次级或自我意识情绪包括自豪、羞耻、内疚、嫉妒、尴尬和共情，这些情绪出现得比较晚，并依赖于自我意识和对他人反应的解读（Lewis②；Saarni，et al. ③）。关于次级或自我意识情绪是被发展出来的还是被激活的，学术界尚存在争论。“差异情绪理论”的提出者卡罗尔·E. 伊扎德（Carroll E. Izard）认为“情绪在生物钟中被预先设定：婴儿大约在 4 ~6 个月时获得社会性微笑（愉悦），在 3 ~4 个月时获得愤怒、惊奇和悲伤；在 5 ~ 7 个月时获得恐惧，在 6 ~ 8 个月时获得羞耻、害羞和自我意识流，在第二年获得轻蔑和内疚”④。心理学家约瑟夫·坎波斯（Joseph Campos）不同意伊扎德的观点，认为“所有的基本情绪在人们

① 詹姆斯·W. 范德赞登，托马斯·L. 克兰德尔，科琳·海恩斯·克兰德尔. 人类发展：第八版［M］. 俞国良，黄峥，樊召锋，译. 北京：中国人民大学出版社，2011：203.

② LEWIS M. Emotional competence and development［M］//PUSHKAR D，BUKOWSKI W M，SCHWARTZMAN A E，et al. Improving competence across the lifespan. New York：Plenum Press，1998：27 –36.

③ SAARNI C，CAMPOS J J，CAMRAS L，et al. Emotional development［M］//Damon W，LERNER R M（Series Eds.），EISENBERG M.（Vol. Eds.）. Handbook of child psychology：Vol. 3. Social，emotional，and personality development. Hoboken，NJ：Wiley，2006：226 –229.

④ 詹姆斯·W. 范德赞登，托马斯·L. 克兰德尔，科琳·海恩斯·克兰德尔. 人类发展：第八版［M］. 俞国良，黄峥，樊召锋，译. 北京：中国人民大学出版社，2011：205.

一出生时就存在，有赖于一种预设的过程，而并不需要体验或社会性输入"①。从社会心理治疗的角度，本书更倾向于伊扎德的观点。伊扎德的观点可以给人信心，使人们相信能够通过后天的有意识训练来提升婴儿的情绪感知力和表达力。不过，我们也应该知晓儿童情绪发展的关键期和对应表现，以便更好地介入。本书借鉴美国儿童精神病学家格林斯潘夫妇（Stanley Greenspan 和 Nancy Breslau Lewis）的"婴幼儿情绪发展的格林斯潘模型"来指导针对儿童案主的服务介入。根据格林斯潘夫妇的观点，典型的从出生到四岁的健康儿童将被观察到并展示出表 1-1 中的情绪性行为。②

表 1-1　婴幼儿情绪发展的格林斯潘模型

年龄	情绪发展里程碑	观察到的情绪性行为
0～3 个月	自我调节和对世界感兴趣	婴儿学会让自己平静，发展出对世界的多感官通道的兴趣
2～7 个月	"坠入爱河"	婴儿对人类世界发展出一种欢愉的兴趣，忙于吮吸、微笑和拥抱
3～10 个月	发展有意图的交流	婴儿与他们生活中重要的人发展出人类的交流（例如，他们会向照看者伸出手臂，递给照看者玩具，因照看者的讲话而"咯咯"发笑，喜欢玩躲猫猫游戏）
9～18 个月	有组织的自我感浮现	幼儿学会将情绪与行为整合，开始获得有组织的自我感（例如，他们会奔向回家的父母，饥饿时会带着照看者走到冰箱旁而不再只是哭闹）
18～36 个月	创造情绪性想法	幼儿开始获得创造自己的关于世界的心理意向的能力，并学会使用想法表达情绪，调节心境
36～48 个月	具有情绪性思维——幻想、现实和自尊的基础	儿童拓展了之前的能力，并发展出"表征性区分"或者"情绪性思维"，不仅能够区分不同的感受，并理解为何与自己有关，还学会区别幻想和现实

① 詹姆斯·W.范德赞登，托马斯·L.克兰德尔，科琳·海恩斯·克兰德尔. 人类发展：第八版［M］. 俞国良，黄峥，樊召锋，译. 北京：中国人民大学出版社，2011：205.

② 詹姆斯·W.范德赞登，托马斯·L.克兰德尔，科琳·海恩斯·克兰德尔. 人类发展：第八版［M］. 俞国良，黄峥，樊召锋，译. 北京：中国人民大学出版社，2011：206.

（二）情绪的重要性

情绪奠定了人们的生活基调。稳定平和的情绪能够帮助人们保持生理平衡和人际交往和谐。不稳定的情绪则可能造成生活困扰甚至产生自杀倾向，如人在恐惧的情绪状态下常常感受不到饥饿或者疼痛，焦虑过度可能抑制智力的发展，绝望可以使人走向自杀，等等。在社会工作者接触的案主中，很多人的不当行为是由非理性或不稳定的情绪诱发的，但是案主常常不能自觉，深陷于情绪困扰之中，也就是我们常说的“庸人自扰”。

1. 情绪是与他人进行感受交流的途径

无论是婴幼儿还是成年人，都需要通过正确的情绪向外界和他人传达自己的内心感受，同时也应该能够从他人的表情、手势、姿态和声音中，了解他人的情绪状态，从而准确判断他人的心理需求，并按照对方的预期或者自身的预期采取恰当的行动予以回应。在婚姻家庭方面的案例中，夫妻之间的矛盾冲突往往是由对对方情绪感知不充分或者不准确造成的。比如，妻子在生气的时候常常说“我要离婚，你给我滚”，但其实妻子的真实心理是“你要哄哄我，要跟我妥协，给我一个拥抱”，而丈夫往往仅从妻子歇斯底里的愤怒中理解了语言的表面意思，摔门而走，结果导致双方关系更加紧张。妻子的问题是没有选择恰当的情绪表达方式，而丈夫的问题是没有理解情绪表达的复杂性。

2. 情绪是生存发展的关键性因素

丹尼尔·格尔曼（Daniel Goleman）在其著作《情绪智力》（*Emotional Intelligence*）中如是说：“能够在情绪的海洋中自如遨游是成功的决定性因素之一。”[①] 情绪智力也称“情绪智商”（EQ）或“情绪智力商数”（EIQ），“包括能够激发自己的能力，在挫折面前坚持不懈的能力，控制冲动并延迟满足的能力，共情、希望和调解心境以便让痛苦不至于湮没自己的思考的能力”[②]。例如，现在大多早教机构有意地培养儿童的情绪观察力、等待力、共情能力等，这是对人们早期情绪智力的积极训练。在青少年社会工作中，尤其是对于家庭破裂或有中、高考升学压力的青少年，关注其情绪

---

① 转引自罗斯·D. 帕克，阿莉森·克拉克-斯图尔特. 社会性发展［M］. 俞国良，郑璞，译. 北京：中国人民大学出版社，2014：108.

② 詹姆斯·W. 范德赞登，托马斯·L. 克兰德尔，科琳·海恩斯·克兰德尔. 人类发展：第八版［M］. 俞国良，黄峥，樊召锋，译. 北京：中国人民大学出版社，2011：207.

智力并有意识地采用积极的干预技巧提升其抗压能力是非常必要的。

3. 情绪是影响身心健康的重要因素

情绪和人的身心健康有着密切的联系，那些过度悲痛和沮丧的人很有可能会有注意力不集中、社交退缩等问题，甚至会影响到生理健康。如果在生活中缺乏积极情绪体验，那么人们在应对压力和焦虑方面也会存在问题，并且这种压力调节的困难会以很高的皮质醇（一种压力反应的生物指标）水平反映出来，进而导致生理问题。例如，老年人往往由于不适应退休后脱离职场的生存状态而情绪极其低落，做什么事情都提不起兴趣，而且极易发脾气，长期得不到缓解的话会直接影响身体健康。

4. 情绪是影响智力发展的重要因素

人的智力不太可能在缺乏情绪智力的情况下发挥出最佳水平。情绪中枢是在脑干上发展起来的边缘系统，但这边缘系统是脑干和大脑皮层的“中介”或“转换站”。脑干控制诸如血压、睡眠/觉醒循环和呼吸等基本的生命过程，而大脑皮层则使我们能够思考、记录感觉，分析、解决问题，预先计划。因此，从大脑结构上看，情绪中枢与人的智力是有一定关系的，心理学实验也证明了这一点。例如，当听到节奏明快的旋律时，大脑皮层接收到音乐信号，就会刺激边缘系统中情绪中枢的快乐和兴奋情绪，边缘系统进而向脑干传递信号，由此生理层面就会发生改变——脉搏跳动和呼吸增强。再比如，当失恋时，人们听到情歌不免会产生情绪上的共鸣——表现出悲伤，生理上的表现则是流泪或者乏力。“乐极生悲”等就是讲过度兴奋会影响智力的发展，进而产生错误判断和不好的结果。研究证明，从边缘系统到前额叶（解释和调节情绪信号）的正常神经通路对于有效的思维至关重要。从边缘系统杏仁核到前额叶皮质的强烈情绪信号（如儿童在被虐待时产生的持续的恐惧）能够使儿童的智力能力产生缺陷，并削弱其学习能力。

（三）情绪管理能力的提升

正如前文所讲，情绪是可以后天培养的，而且对人的社会性发展具有重要意义，所以培养和提升人的情绪管理能力是非常有必要的。

1. 情绪调整的关键要素

（1）表达自己

很多情绪管理能力弱的人的最基本的问题是不能恰当地表达情绪。不能自主表达情绪的原因有很多，比如，可能是觉察不到自己的情绪状态，可能是不能想明白或者用语言表达自己的情绪，可能是不能言行一致，等等。因此，人首先要学会觉察自己的情绪。觉察自己的情绪包括两个方面：一方面，从语言和行为上判断自己是否存在攻击性语言或者行为，与人是否不配合或者采取对抗性交流方式；另一方面，从生理反应上判断自己是否肌肉紧绷、心率加快、呼吸急促、冒汗、发抖、哭泣等。其次要学会分析情绪和用语言表达情绪。儿童需要家长帮其分析、确认情绪，成人需要通过理解力的培养和情绪等人际关系知识的积累来实现正确的情绪分析和表达。最后要言行一致。言行一致是指表达出来的信息与情感要一致。俗话说，沟通的90%是情感，10%是信息。情感和表达信息的一致能够让对方准确理解你的意思，为确保言行一致则需要认真倾听，如果你没有完全倾听，你就没有办法表达自己的需求。

（2）照顾自己

这里的照顾自己是指每个人都有情绪，当自己情绪不好或者别人的坏情绪危害到自己的时候，要有应对坏情绪并保护自己的能力。很多人为了照顾别人的情绪而将自己的坏情绪深藏内心，这样很容易形成内伤，致使自己生病。照顾自己能够增进自己的幸福感。自己的幸福与别人的幸福同等重要，所以，我们需要对别人的要求设置一些限制，不必事事取悦于他人。设立人与人之间的合理边界，是学会保护自己和尊重别人的前提与基础。

（3）容纳挫败

容纳挫败并不意味着对挫折、背叛、伤害等视而不见，而是要学会接纳不完美、学会原谅。接纳不完美就是要承认现实不是总符合自己的心意，要承认人与人之间的差异、信息和情感交流的不平等。只有勇敢承认这些不能被自己掌控和改变，才能从内心接受不完美。学会原谅并不意味着必须忘记别人对自己造成的伤害。忘记是将伤害或坏情绪封锁起来，而这可能会造成潜在的伤害。原谅是一种强大的能力，能够释怀才能继续更好地生活。他人的恶劣行为若给你造成了痛苦，当你选择放下仇恨和痛苦，原谅他人的伤害行为时，便是给他人一个为自己行为负责的机会。更重要的是，原谅不是为了别人，而是为了自己。

（4）保持积极

人总是容易被坏情绪搞得意志消沉，打不起精神来。从坏情绪中解脱出来，保持对生活的热情需要刻意训练。首先，积极不仅是一种态度，还是一种行为。积极不是转变观念、调整心态就能实现的，有时候精神状态不好，身体需要动起来，让生理机能带动精神活动。其次，积极面对生活不是一个笼统的抽象概念，而是要面对具体的事或者具体的人。当你想要积极面对生活但是不知道如何开始时，就从身边的小事做起，可以鼓励自己穿戴整齐、整理房间，或者出去走走、找人聊聊天等。不要将自然现象与自己的境遇或者情绪挂钩，比如，心情不好却正逢阴雨天气，事实上，这二者确实没有关系，我们应该积极主动地去发现阴雨天气下的美丽，如景色多了一种朦胧美等。

2. 非暴力沟通

情绪化沟通是过多的负面情绪影响信息交流的一种沟通方式，这种方式往往导致沟通双方情绪恶化，发生冲突。我们提倡非暴力沟通。非暴力沟通是指一种能使人情意相通、互尊互爱、和谐相处的沟通方式。非暴力沟通概念的提出者马歇尔·卢森堡（Marshall Rosenberg）指出，非暴力沟通提醒人们凭己之力让爱融入生活，能够促使人们专注于彼此的观察、感受及需要。[①] 在聆听彼此心灵深处的需要的过程中，人们便会发现彼此内心的柔情与善意，从而以全新的眼光看待人际关系。

（1）非暴力沟通的四个步骤

第一步，客观描述：不加评判地客观陈述出自己看到的事实。

第二步，表达感受：就客观现象表达自己的感受，应以“我感觉……”的句式来表达，向对方强调自己的感受。

第三步，提出需求：在表达感受，让对方感觉到你的不满意之后，还要讲清楚对方造成的客观事实影响到了自己，让自己产生了需要对方注意或改变的需求。

第四步，请求改变：以诚恳的态度和语气，请求对方为了自己而改变行为。

---

① 马歇尔·卢森堡. 非暴力沟通［M］. 阮胤华，译. 北京：华夏出版社，2009.

（2）案例说明

一位妈妈与自己的女儿出现了沟通恶性循环：女儿动不动就发脾气，还会摔门出去，动手打人，不愿意听从家长的生活安排。妈妈讲道理时，女儿也听不进去，依然我行我素。在友好沟通无效的情况下，妈妈的情绪也变得非常糟糕，采取了批评或者冷暴力处理的方式，希望女儿能感受到自己的不满，但是并不奏效。

在社会工作者的干预下，这位妈妈采用非暴力沟通四步骤法与女儿就具体的一件事情进行了沟通。

妈妈：“宝贝，我早上刚打扫完屋子，还不到中午屋子已经很乱了，你把玩具搞得到处都是。”**（第一步：观察，客观描述）**

女儿心不在焉地听着，不回答（应该也知道自己这样做不好，但是觉得无所谓）。

妈妈：“你这样把房间弄乱，给我增加了很多家务劳动，让我的心情很糟糕，我觉得很不舒服，我很想生气。”**（第二步：表达感受）**

女儿：“那我一会儿整理一下（用“一会儿”延缓行动，其实还是不想收拾）。”

妈妈：“宝贝，我需要你把自己的玩具整理到玩具架上，给妈妈一个比较舒适整洁的环境。”**（第三步：提出需求）**

女儿：“嗯嗯，好的（很不情愿或者难为情）。”

妈妈：“宝贝，我一个人忙不过来，希望你能够给我一些帮助，我会非常感谢你的。”**（第四步：请求改变）**

女儿：“好的，妈妈，我会的（无论语言还是行动都比较诚恳）。”

如果仅仅看单次沟通，那么显然这次沟通是有效的，但是这次沟通有效不等于沟通的内容就一定会被落实，这就需要注意后续的落实技巧。我们还要注意儿童大脑发育规律，婴儿一出生就具有情绪脑，喜怒哀乐的表达能力很强，但是控制情绪管理的理性脑到二十多岁才能形成，因此，在成长期，儿童情绪反复无常是正常的，父母要帮助孩子发展理性，这个过程是非常漫长的，而且是容易反复的，父母应该有心理准备和认识准备。

3. 情绪治疗

情绪治疗就是通过一些固定的技巧来刻意训练情绪控制。情绪治疗包括认知行为疗法（Cognitive Behavioral Therapy，CBT）、意念法等。

（1）认知行为疗法

认知行为疗法是一种致力于使人们产生改变的心理和行为的疗法。认知行为疗法认为可以用“ABC 法”来分析问题。A 指诱发事件（activating event），也被称为导火索。它或许是某个外部事件，如车祸、打架斗殴、离婚；或许是某个自我行为，如做梦、幻想、记忆、荷尔蒙变化或者其他预感将要发生的事情。B 指信念（belief），是指个体遇到诱发事件后产生的相应信念，包括道德感、观点、个人准则和思想。这意味着把外部事件与自己、他人及世界都联系在了一起。C 指结果（consequence），是特定情形下个体的情绪及行为的结果，包括带有情绪的感觉、行为、想法和亲身经历。

案例1-1

诱发事件：社区举办了一场“为老”活动，活动结束后，张阿姨把活动时自己拍的一些照片发到了微信群里，有一张照片上有李阿姨和刘叔叔，他们都笑得非常开心，并排坐在一张桌子前做手工，画面没有任何异常或者不适。

李阿姨的信念：李阿姨的丈夫去世多年，她自己拉扯孩子们长大，很要强且“自尊自爱”。她的观念是“寡妇门前是非多”，她不能让别人觉得她“品行不端”，不允许有任何关于自己的闲话存在，认为这样会影响到儿女。

结果（情绪）：李阿姨看到微信群里的照片后非常生气，认为发自己和刘叔叔并排坐的照片易给自己招惹闲话，于是直接骂了张阿姨。张阿姨一直道歉，但是难平李阿姨的不满和怒火。

案例 1-1 就是用“ABC 法”对李阿姨发火一事从诱发事件、信念和结果三个方面进行了梳理，这样就很容易发现问题的症结在于李阿姨的信念。认知行为疗法就是要改变人的信念。在用“ABC 法”进行分析的基础上，认知行为疗法的治疗手段包含三个层面的内容：一是认知，主要是指我们对日常琐事的理解，这个非常关键；二是行为，即我们的所作所为、我们对实践的反应会影响我们的想法和感受；三是治疗，即通过设计“实验”

来测试我们对于自身想法和行为的理解。

对李阿姨采用认知行为疗法是一件非常困难的事情。以下是具体操作：

① 试探性准备

使用认知行为疗法的前提是案主真心认为自己有必要做出一些改变，准备好并用诚实和坦率的态度来审视自己的想法与行为。

社会工作者因为经常在社区活动，所以跟社区老人的关系都比较好。

社会工作者："阿姨，您是不是有些敏感了啊？大家都没有觉得有什么问题。您想得太多了，不要给自己太多束缚，不然自己活得多累啊?!"

李阿姨："你不懂（她认为年轻人根本不懂自己这艰辛的一生）。"

社会工作者："阿姨，咱先消消气，有啥事，您直接跟我说（暂停，不急于跟进）。"

② 接案和预估

社会工作者在后来的社区项目中发现李阿姨确实是一个比较敏感、容易误解别人的意思且比较强势的人。项目中活动需要分组进行，但是大家不太愿意与李阿姨组队，李阿姨也觉察到了这一点。社会工作者发现李阿姨比较沮丧，就跟她聊天。社会工作者告诉李阿姨别人不愿意与她组队主要是因为怕无心伤害到她后，她又会不满。李阿姨听后也能理解。社会工作者进一步问李阿姨她是否喜欢这样的状态、想不想改变。李阿姨比较难为情，没有作声，应该是默认了。之后，社会工作者与李阿姨有将近两个月的较为密切的接触，了解李阿姨的日常生活内容、家庭结构及关系、心理状态及子女对她的态度等，发现李阿姨的观念和行为习惯确实都与配偶去世过早有关。她的儿女们也知道她很辛苦，觉得她内心应该很苦闷，希望社会工作者帮助她做出改变。李阿姨非常聪明能干，理解能力比较强，也非常要强，不甘落后。

③ 治疗过程

与李阿姨和她的儿子商量后，社会工作者制定的治疗目标如表 1-2 所示。

表 1-2 治疗目标

总目标	能够不再因自己的孀妇身份而觉得与人有别，能够建立轻松的社交关系
分目标	
负面目标陈述	正面目标陈述
减少对抗性语言，先听从别人的想法，再表达自己的观点	表达出自己内心真实的情感需求
与异性老人参加活动，不明显表现出别扭感	形成孀妇互助小组：结识与自己情况一样的女性，了解其他小组成员的态度和调节方式，敞开心扉聊聊自己的一生
梳理出民间或自己对孀妇的偏见，用语言表达出来，然后尝试证明其错误性	参加一次老年人相亲会（目的不是找老伴，而是突破自己）

第一步：社会工作者与李阿姨进行交流，帮助她直面自己的真实情感需求，在多种谈话中帮助她认识到自己看待事物（事务）的角度和对事物（事务）的理解与事物（事务）本身之间的差别。

第二步：以最近发生的冲突类事件为例进行讨论，帮助李阿姨认识到自己的过激反应造成了自己的坏情绪和使自己更加偏激。

第三步：设计试验。一是建立一个孀妇互助小组，帮助李阿姨找到归属和心理平衡。二是鼓励李阿姨参加相亲会，利用脱敏疗法帮助李阿姨减少对异性的排斥。三是邀请李阿姨参加社区团体活动，巩固治疗结果。四是测试（评估）改变情况。主要是李阿姨自评，评价自己是否有改变，以及改变之后的感觉。此外，李阿姨的子女和社区老人评价李阿姨是否在行为方式方面有所改变。

（2）意念法

通过意念来控制情绪也是非常有效的方法。美国心理学家大卫 · R. 霍金斯（David R. Hawkins）以近 30 年的科学研究为基础，证实了意识具有强大的力量。[①] 我们每个人都有对应的意识能量层级，而意识能量层级决定生命的品质：层级越高，正能量越大，获得的成功和快乐也就越多。情景剧《武林外传》中郭芙蓉在生气情绪即将爆发的时候说的“世界如此美

① 大卫 · R. 霍金斯. 意念力：激发你的潜在力量［M］. 李楠，译. 北京：中国城市出版社，2012.

好，我却如此暴躁”，就是用意念来控制自己的脾气和消除坏情绪。

在我国，有利用意念来调节心理与行为的传统。中医经常用运动意念来治疗疾病和进行康复活动。意念法的核心是让我们适应自己的感觉、思维和情绪状态，并注意到周围的事物。

按照大卫·R.霍金斯的理论，意念法的操作步骤如下：

第一步：找一个舒适的环境和存在方式（躺着、坐着、站着或走路均可）。

第二步：通过闭上眼睛或盯住某个点来集中注意力。

第三步：专注自己的呼吸，感受空气从鼻腔中进入，通过气管，进入肺，再呼出的整个过程，呼吸尽量均匀平缓。

第四步：留意自己的身体感受，尽量将思绪收回到身体，将注意力放在自己的身体上。

第五步：关注自身的内在感觉。可以从身体的任何一个部位开始注意，如果伴随着冥想音乐，则可以跟随冥想语音的引导进行，加以感受。

第六步：关注体外的事物。有的人在前五步的时候会因为关注内在而进入睡眠状态，这说明意念已经帮助他们在生理上彻底放松下来。当然，还是尽量保持清醒中的放松。

第七步：重新关注呼吸。

人一出生就有情绪。我们一生都在与自己的情绪做斗争。有的人可能会一直被情绪控制和奴役，这不仅让自己过得不愉快，而且可能会伤害周边关系，甚至可能发生心理扭曲，产生恶劣行为。因此，管理情绪是一生的重要课程。

二、爱与被爱的能力

爱是指人主动或自觉地以自己或某种方式，珍重、呵护或满足他人无法独立实现的某种人性需求，包括精神体验、行为状态、物质需求等。德裔美籍心理学家艾里希·弗洛姆（Erich Fromm）指出，爱是延伸自己、与他人联系的能力，爱能够克服孤单感。① 社会工作实务过程证明，很多问题性关系和行为的发生与爱的能力密切相关。社会关系和谐融洽的人的共同

① 艾里希·弗洛姆. 爱的艺术［M］. 刘福堂，译. 上海：上海译文出版社，2019.

特征是懂得爱别人——理解别人的需求、尊重他人的需求、给予适当的配合，同时也会恰当地接受别人的爱——能够与人建立亲密关系、保持有距离但不失爱的关系。无论是青少年行为，还是亲子关系、婆媳关系、夫妻关系问题，其原因都可以归结为爱的能力匮乏。此处所讲的“爱”不限于爱情，包括爱情、友情、亲情和博爱在内的对人及事物的感情。

（一）依恋理论

依恋理论其实来源于对儿童之于其照护者的依恋的研究。依恋理论的提出者约翰·鲍尔比（John Bowlby）通过观察婴儿和幼童在和主要照顾者分离一长段的时间后的行为得出：婴儿在成长过程中会对主要的照顾者产生情感上的依附；当和主要照顾者分离时，婴儿会产生情感上的挫败感。人类或灵长类幼儿在和母亲分离时，会产生一连串的情绪反应：首先是抗议，包括苦恼、寻找、不让别人安慰；其次是失望，这是一种被动的状态，会有明显的悲伤；最后是冷漠，在母亲回来时，表现出防卫性的忽略或躲避。① 菲利普·谢弗（Philip Shaver）等人依据婴儿依恋理论将成年人在爱情中的依附风格分为安全型、避免型和焦虑型/两难型三类。② 处于恋爱或者婚姻关系中的男女双方若持不同风格必然会出现矛盾与冲突。

1. 安全型风格

属于安全型风格的人容易和别人亲近，而且在依赖别人或被别人依赖时也感到很自在，不常担心会被遗弃或是别人靠得太近。这种安全感往往根植于小的时候照顾者给予的安全的环境，这种环境让被照顾者相信这个世界是可以依赖和信任的。

2. 避免型风格

属于避免型风格的人和别人太过亲近会很不自在，很难完全信任别人，很难依赖别人，当伴侣希望能与自己更亲密些时会觉得很不自在，想逃避。某位歌手曾在自己的书中描述自己的婚姻状态，认为有距离、有空间的夫妻相处之道的好处是“因为保有你，我感觉幸福，同时保有自己，所以能安心自由”。从其成长经历可以看出，其幼年时不完整的家庭关系造就了她的这种避免型风格，而她选择的婚姻模式符合自己的风格。

---

① 转引自孙中兴. 爱情社会学［M］. 北京：人民出版社，2017：73－74.

② 转引自孙中兴. 爱情社会学［M］. 北京：人民出版社，2017：81－82.

3. **焦虑型/两难型风格**

属于焦虑型/两难型风格的人希望和别人亲近，但是又担心别人排斥自己，对别人的表情和行动很敏感，和伴侣保持亲密关系时怀疑彼此之间是不是真爱，担心对方因其他原因与自己在一起，患得患失，不能自在地与伴侣相处。例如，电视剧《扫黑风暴》中高赫的人格就具有焦虑型/两难型的特征：因为幼年缺少来自父母的爱，所以内心极度渴望爱，而在行为上却表现得极度叛逆，用行为上的叛逆来掩盖内心的脆弱。这种现象在现实生活中比较普遍。原生家庭中父母关系极差的人，在组建自己的家庭后，与伴侣的关系就会呈现患得患失、既渴望又排斥的矛盾状态。

（二）爱的类型

依据爱的范围，爱可以分为以下几种类型。

1. **博爱**

博爱是对全人类及全自然界的广泛的爱，与亲情、友情、爱情等都不一样。博爱说到底是一种尊重，一种对世界万事万物的基本的尊重和善待。其前提是人人平等。博爱没有国别性，没有地域性，没有阶级性。人的生命教育中最基本的应该是博爱教育，教育每个人尊重生命、尊重自然、尊重规律、尊重不完美，用平等的心态与世界万事万物相处。这种教育可以让人的胸襟开阔、格局变大。

2. **友情**

人是群居的动物，需要互助、陪伴和相互扶持。从狭义上讲，友情是关系非常好，能同甘共苦、患难与共的人之间才有的感情。友情意味着关系双方在价值观、行为方式和认知层次上具有极大的相似性或者互补性，使得关系双方都能从中获益，而且感觉舒适。从广义上讲，友情就是能够互相支持的人之间的关系。“千里难寻是朋友，朋友多了路好走。”这种朋友关系源于自我能力的有限和需求的无限之间的矛盾，我们个体需要通过与他人建立关系，利用他们的资源和能力实现自己的目的，在这个过程中，关系不是单向的，而是双向的，但不一定平等。这种相互利用也包含感情的关系是现实生活中普遍存在的具有工具性价值的重要关系。

3. **亲情**

亲情是以血缘关系为基础的人与人之间的感情，包括亲子关系、兄弟姐妹关系，以及堂兄妹、姑表、姨表等亲戚关系，这种关系基于的是血缘的伦理关系。亲情可能源于生活上的相互依赖，也可能源于血缘关系。在所有的亲情关系中，亲子关系是最重要的，它是最不需要理由和条件的情感。

4. 爱情

关于何为爱情，至今学界对此无明确的界定。一般认为，爱情是一种非常短暂的心理反应，生发于初识好感，而后发展为亲密关系。心理学将爱情理解为一种非基本情绪的高级情绪。在社会学中，爱情是一种社会行动。爱情展现人最完整的面向，人跟人之间，最好的一面和最坏的一面常常都会在爱情里面显现出来。

（三）爱的培养

爱不是单独的付出和牺牲，而是能够在给予的过程中获得满足的情感体验。在给予中，个体能够体验到自我存在的价值、力量和能力。获取爱是生物与生俱来的能力，但是获取爱的方式是需要学习的，它和付出爱一样，是需要学习和培养的。从爱的深浅层次来看，可以将爱的培养分为培养尊重他人的能力、包容他人的能力、理解他人的能力、照顾他人的能力和责任心五个方面。

1. 尊重他人

尊重他人是指承认他人有表达自己的观点和按照自己观念行动的权利，不将自己的观点和利益凌驾于他人之上，这是人际交往的前提和基础。然而，现实中很多人察觉不到自己的行为是否尊重他人，但是可以从他人的行为中感知到自己是否被尊重。从未被尊重过的人是很难尊重别人的。所以，尊重他人要从被尊重开始，而且应该在人格还没定型的生命早期阶段。当家长发现孩子比较调皮，经常跟长辈发脾气、攻击其他小朋友时，一般会认为这是小孩子不懂事的表现，其实这些行为的根源在于孩子没有体会到被尊重的良好感觉。如果孩子在做事情，或者需要家长配合来完成某件事情的时候，家长能够放下手头的事情，全心全意地、目光专注地陪伴孩子，跟孩子认真沟通，孩子在家长需要其配合的时候就能同样做到很好地配合，这就是最简单、最起码的尊重。

2. 包容他人

包容他人有三个基本含义：一是包容与自己观点不同的人。很多矛盾和冲突源于对他人观点的排斥，甚至要求别人按照自己的意愿做改变。我们应该认识到每个人都与事物的客观真实存在距离，每个人都有局限和偏见。只有基于这样正确的认识，我们才能真正包容他人。二是包容他人的错误和对自己的伤害。很多人觉得自己被伤害了，心理会很不平衡，总想着要找办法报复回去。这种思想对自己的身心发展极为不利，会影响自己的情绪，阻碍自己将注意力和精力投入更重要、更有价值的事情上。三是允许别人按照自己的方式发表言论或者行事。现代社会是一个多样化的社会，要允许多样化和多元化的存在，要尊重他人的自由权利，避免网络暴力。

3. 理解他人

我们可以教育人们或者暗示自己去包容他人，但是如果不能理解他人，是很难做到包容的。理解主要是指从他人的需求、立场、所处的环境去思考问题。

首先，人与人之间的互动是一种能量交换，对话是基于彼此之间的需求与满足关系的。

案例1-2

一位妈妈非常困惑和痛苦，她的儿子（18 岁）几乎不跟她和他的爸爸说话，朋友圈也将他们屏蔽。妈妈对儿子百依百顺，嘘寒问暖，尽己所能满足孩子的物质需求，但她不明白为什么儿子那么反感和抗拒自己。

这或许就是爱的理解中的需求识别出现了问题。妈妈根本不懂得这个阶段的男孩最需要的是什么。这个阶段的男孩正处于青春期，他们感觉自己无所不能，需要自由，对异性产生兴趣、排斥对父母的依赖。这位妈妈需要了解这些，给予孩子空间和自由，让其去尝试，爸爸只需要在底线和边界问题上对孩子有所指导。当父母按照社会工作者的意思调整自己的行为之后，孩子非常敏锐地感受到父母的反思和对自己的理解，亲子关系缓和了很多。

其次，立场也是很重要的一个方面。立场是指人在认识和处理问题时所处的地位和持有的态度，不同的关系地位决定了人有不同的立场。若固守自己的立场，忽视他人的立场，则很容易出现矛盾和冲突。

案例1-3

网络上一时热议“男家长怒怼老师：我就退出家长群怎么了”。

某地一男家长发视频称老师要求家长批改作业、辅导功课，使得自己承担了老师的责任和工作。视频一出，引起了一些家长的共鸣。好多家长感慨微信工作群的信息都来不及看，还要盯着孩子学校的微信群，真是太难了。而学校和老师认为一个班级只有一个老师，但是有几十个孩子，再好的老师也无法替代家长在孩子教育过程中起到的作用，再负责任的老师也离不开家长的配合，家长更了解自己的孩子，他们和老师保持良好的沟通，更有利于老师因材施教。

由案例1-3可知，一方面，家长虽然语言偏激，但是老师“类强制”要求家长来辅导和检查孩子的作业，对于工作很忙或者能力不及的家长来说确实是一个很大的问题。这名家长的立场代表了很多家长的立场。另一方面，学校和老师的说法也没有错，现代教育理念认为家长参与孩子的教育对孩子的学习帮助更大，学校也想通过“类强制”的办法来培养亲子共学的习惯，这是教育者的立场。双方都是从自己的立场和角度去看待教育方式的，所以出现了这种矛盾。因此，在实践中，教育工作者要和家长进行有效沟通，理解对方立场，调整工作方式。这个案例提醒学校社会工作者可以从立场的角度调解家长与学校（老师）、家长与学生之间的矛盾、冲突。

最后，环境因素也很重要。由于成长和生活的家庭环境、社区环境和城市环境不同，人们的思维习惯和行为方式也不同。当我们发现有些人的行为不够文明时，不要武断地对其贴“素质低”等的标签。很多人对自己的行为方式并不自知，因为在其前期的生活环境中其行为根本不存在问题。

案例1-4

S小区里的随迁老人，尤其是农村来的老人比较多，小区所处的位置周边有些许空地，这些来自农村对土地有特殊感情的老人，自然不忍心这些土地撂荒，便开发菜园种菜。种的菜多了，老人就想卖给小区居民，挣点零花钱，后来小区门口就发展出了“一条摊位小街”，这就导致很多居民投诉，认为这样扰民、不安全，要求禁止摆摊，但是城管和物业对老人进行说服教育也并没有作用。在居民投诉的压力下，物业也会拨打110，但是有些老人会和管理方“躲猫猫”或者对峙（我不走，你不敢动我）。在这种情况下，小区部分业主就批评这些老人素质太差，把小区品质都拉低了。其实这不是素质低的问题，而是这些老人大半辈子的生活环境决定了他们的勤俭持家，这是在很短的时间内很难利用强制手段改变的，需要从环境改变的视角去解决这个问题。

此类情况在社区治理中非常常见，如随意晾晒衣物、堆放垃圾和破坏草坪建菜园等。社区社会工作者不能简单迎合投诉意见，采用强制取缔措施，而应该从环境入手，改变诱发此类行为的环境，或创造新的环境来实现利益平衡。

4. 照顾他人

照顾其实是指爱的付出部分。除了理解和“袖手旁观”的尊重之外，我们应该有行动的表述。行动的表述既有精神、情感的支持，也有具体的行动付出。

案例1-5

一对夫妻闹矛盾要离婚，女方认为男方不体谅自己，不帮自己分担家务劳动，不认可自己的艰辛，还没有感谢的意思表达。显然，女方认为男方不爱自己，但是男方认为他很爱女方，觉得自己把辛苦挣的钱都交给了女方，女方住得好，吃得好。这就是一个照顾缺失的问题。男方把自己在家庭婚姻中应该承担的工作当作对女方的照顾，然而这些并不是照顾，照顾应该是对他人的情感支持和实际的行动帮助。

5. 责任心

爱是最好的人际互动关系状态。爱的本质是需要得到满足。换言之，爱是他人满足我们的需要（如物质的、成就的、情感的需要），我们发自内心地喜欢或者接受他人，为了持续获得这种满足，我们就需要付出以满足他人的需求，形成一种相互需要、相互满足的关系。这种互动关系并不是一成不变或一直趋好的。双方都需要为了保持良好关系而付出努力，这就是责任。责任是回报他人的付出，更是当关系出现问题或者恶化时，应尝试修复的努力。例如，父母养育子女时满足其成长过程中需要的物资的、精神的和情感的需求，这是父母的责任；反过来，子女应该尊重和理解父母的付出，以健康的成长和一定的“反哺”来满足父母的需求，这就是子女的责任。

三、人际交往能力

从广义上看，人际关系是指人与人之间的关系，包括社会中所有人与人之间的关系及其一切方面。从狭义上看，人际关系是人与人之间通过交往与相互作用而形成的直接的心理关系。它反映了个体与群体满足其社会需求的心理状态，人际关系的发展变化取决于双方社会需求满足的程度。人际关系的外延很广，包括朋友关系、同事关系、上下级关系、夫妻关系、亲子关系、婆媳关系等多种关系。在社会工作中，无论是服务案主，还是经营组织，人际沟通都是社会工作者最重要且耗时最多的工作内容。

（一）人际关系的特征

人际关系既是一种社会活动，也是一种心理互动过程。所以，学者大多从心理学和社会学两个维度对人际关系展开研究。社会学视角容易理解和领会，而心理学视角就比较复杂。

1. 心理学视角的人际关系

从心理学的视角看，人际关系主要是指人与人交往过程中所形成的心理关系。人际关系大致分类如下：一是按照需求性质，可以划分为满足人际情感交流需求，形成良好心理气氛的情感关系，以及为了相互协调达到某一目的而建立起来的工具性关系；二是按照人际喜欢程度，可以划分为喜欢、亲近、友好的吸引性关系和彼此厌恶、疏远、对立的排斥性关系；三是按照人际双方的地位，可以分为支配—控制性关系和平等性关系。

人际关系具有主观感受性。人际关系虽然是在社会互动的客观交往过程中产生的，但也是交往的主观结果，而且是一种个体的独特心理感受。同一种客观交往事实对不同的主体产生不同的心理影响，不同的交往行为可能产生相似的心理结果，因此，人际交往是很难琢磨和掌控的。

人际关系具有人格复杂性。人际关系是一系列复杂心理因素的综合结果，它既有认知成分、情感成分，也有价值成分。在认知方面，人们对人际关系重要性的认识不同会导致不同的人际互动强度及效果。有人将人际关系狭隘化为“搞关系”，不屑于各种人情往来，这种人就不会有密切的人际关系网络，也很难从人际互动中获得帮助。在情感方面，情感是影响人际关系建立的可能性和速度的重要因素。在现实生活中，经人介绍与陌生人建立关系就是通过人情建立关系的常见方式。在价值观方面，价值观是影响人际关系深度和强度的重要因素。持有不同价值观的人往往不认同他人（对方）的观念，彼此很难达成一致意见，这就难以建立紧密或亲密关系。

2. 社会学视角的人际关系

人际关系不仅是一种心理关系，还是一种社会关系。除了认同、爱和尊重的需要以外，社会地位、经济基础、政治权力和利益关系都深刻地影响着人际关系。

人际关系具有工具性。社交性在人的生存发展中极其重要。满足自我需要的冲动是人际交往的最根本的动力，也就是说，人际交往具有目的性，这种目的可以是物质的也可以是情感的，可以是潜在的也可以是显性的，可以是直接的也可以是间接的。总之，无目的人类行为是不存在的，目的性决定了人际关系是一种实现目的的手段或工具，而且这一工具需要在不断的人际互动中得到“加工与完善”。

人际关系具有互益性。人际关系是一种双向关系，双方的连接和关系的发展必须基于双方能从关系中获得满足。这种满足可以是物质的也可以是情感的，可以是平等的也可以是不平等的，可以是正常的也可以是扭曲的。

人际关系具有阶层性。人际关系必须以具体的社会实践活动为载体，而社会实践活动必然受人的经济基础、文化基础和群体环境等阶层因素的影响。不同阶层的人有不同的价值观、不同的兴趣爱好，这些都将自然实现阶层内聚或排斥，也就框定了不同阶层的人处于自己所在阶层的交际圈中。

（二）人际关系的重要性

良好的人际关系不仅有利于身心健康和自我价值的实现，还对职场中公共关系的建立和发展大有裨益。

1. **良好的人际关系有助于心理健康**

“一个人越是被紧密地结合进社会，他就越不可能自杀”，这很好地解释了良好人际关系对于一个人的心理健康的重要作用。良好的人际关系帮助人们形成积极的自我认同，而较差的人际关系致使个体怀疑和否定自我，或者仇视社会，进而影响心理活动，严重的会产生心理健康问题。有研究表明，那些有较多社会联系的人能得到较多的物质帮助，他们的关系也为他们提供了情感上的支持及努力生存下去的理由。社会整合度较高的人可以获得较高水平的社会支持，而较高水平的社会支持会降低患病与死亡的风险。

2. **良好的人际关系有助于自我价值的实现**

良好的人际关系相当于一座宝藏，是人的发展中重要的社会资源。这些资源可以为个体发展疏通道路，破除成长的障碍，帮助个体更好地实现自我价值。

3. **良好的人际关系有助于公共关系的顺畅**

公共关系是指某一组织为改善与社会公众的关系，促进公众对组织的认识、理解及支持，达到树立良好组织形象，促进组织发展的一系列公共活动。然而，组织的公共关系是需要具体的人来落实的，不同的人落实的效果不同，具体的人的人际交往能力是有差异的。人际交往能力强的人会积累丰富的人力资源，反过来，这些资源又能很好地促进组织的发展。所以，很多组织在招聘人员尤其是招聘公共关系部门人员的时候非常重视应聘者的人际交往能力及人力资源的积累情况。

（三）人际关系的两大模式

人际关系模式包括行为模式和结构模式两种。行为模式可以指导社会工作者针对不同的情境选择不同的沟通路径以实现沟通目的；结构模式呈现人际关系的复杂性和动态性，为社会工作者创造性地进行沟通提供思路。

1. **人际关系的行为模式**

人际关系的行为模式研究认为，人际关系的行为模式不是“积极刺激积极行动，消极引发消极行动”的简单模式，而是会受许多社会因素制约发生一对多的反应——一方的刺激会引发若干反应，换言之，人际关系双方是相互作用、相互制约的。莱维特（H. J. Leavitt）于 1951 年对正式群体中各成员的沟通网络进行研究，提出四种有代表性的沟通网络。[①]

一是圆形沟通模式。这种模式没有中心，信息传递过程中群体各成员间处于平等距离。这种模式的优势是能建立和谐的群体关系，容易使群体中各成员具有主人翁感，使群体成员获得满足感，团结群体成员群策群力解决面临的复杂问题；劣势是决策速度慢，难以发挥群体中具有领导能力者的才能，难以将群体发展引向一个更好的方向。无论是对于较大规模的社会组织还是对于较小规模的社会组织，精简组织规模，优化运营模式，降低管理成本的关键在于优化沟通方式，圆形沟通模式能大大降低管理成本，提高运营效率。

案例1-6

社会组织 W 是一个项目、兼职人员和志愿者较多的组织。为了实现信息的及时传达，节约管理时间，避免层级矛盾，W 组织设有组织负责人、项目负责人、财务负责人和宣传负责人，以及其他一线工作人员（包括专职人员、兼职人员和志愿者）。负责人建立了核心成员群（包括负责人、项目负责人、财务负责人和宣传负责人）、项目群及能力建设群。所有工作人员被要求进行任务布置、工作沟通和方案讨论时要在群内公开进行。这避免了信息误传等问题。

二是轮式沟通模式。这种模式有一个中心，由中心向四面八方传递信息，它的优势是容易收集各方信息，有利于发挥领导者的才能；劣势是容易形成严重的信息不对称，形成控制与被控制的关系，不利于群体各成员之间的关系和谐。这种沟通方式多用于意见搜集和方案形成的过程中。

三是链式沟通模式。在这种模式中，信息的传递相对单一，传递过程长。其优点是可以拓展资源，有利于信息控制，但是存在信息流通慢和垄断等问题。链式沟通模式是现在组织管理中比较受排斥的一种方式，但是具有特殊性的工作，尤其是保密性工作最好采用这种模式。

四是 Y 式沟通模式。这种沟通模式能体现人际关系的亲疏和强弱等。它是在人际交往中被频繁使用而且非常好用的一种沟通方式。Y 式沟通其

---

① 转引自俞国良．社会心理学［M］．3 版．北京：北京师范大学出版社，2015：263.

实就是一种“中间人”沟通方式。例如，A 和 B 由于特定事件发生冲突，A 是过错方，B 得理不饶人。B 要求 A 给予的补偿大大超出合理范围，A 与 B 多次沟通，B 丝毫不让步。在僵持不下的情况下，A 采取了 Y 式沟通模式，通过各种关系联系到 B 的亲属或同事，甚至领导，请他们来向 B 说情，利用熟人关系缓解冲突。

2. 人际关系的结构模式

不同类型的人际关系结构会导致不同的行为模式，也就会形成不同的人际关系磁场，对人们的生活、工作产生重要影响。人际关系结构的一般性特征包括五个方面。

一是变动性。群体中的人际关系不是一成不变的，而是不断地随着时间、情境、地点的变化而变化的，自始至终维持良好人际关系的人只有极少数。良好人际关系的建立和维护需要频繁的交流、沟通及利益交换。

二是内在性。在群体形成初期，外表富有吸引力的成员具有优势。但成员相互熟悉后其吸引力将降低，具有内在素质的成员的吸引力优势会凸显。这一点提醒我们在人际交往中，若想要成为关系圈中的核心人物，掌握话语权和保持权威，就必须具备领导素质。

三是分化性。大群体稳定后，会分化出很多小群体。因此，组织管理要始终平衡大群体和小群体的关系，防止出现小团体主义。

四是复杂性。随着人们相互了解的增进，人际关系结构越来越复杂。群体一般是因一个议题而组建的，但是组建之后，随着沟通的增进，成员之间可能会因为其他因素而形成新的关系。关系变得越发复杂，这是必然趋势。

五是消极性。群体内的少数孤立者不会主动参加其他结合群，一些结合群也不会主动联系和容纳孤立者。群体中既有活跃者，也有沉默者，往往沉默者不会引起他人注意，会被忽视，这可能导致部分群体成员因存在感不强而感到孤独，出现群体融入方面的问题。

（四）应用型的人际关系理论

人际关系理论有很多种，有的关注人际交往活动中的信息和价值传递与相互影响，如符号互动理论；有的关注人际交往活动中的自我形象和行为的管理，如自我呈现论；有的关注人际交往活动中的社会环境，如场合交往论。此处只介绍社会工作干预过程中常用的人本主义范式下的人际反应特质理论和行为主义范式下的社会交往理论。

1. 人际反应特质理论

人际反应特质理论是在人本主义范式下对人际交往中的人格特质进行关注的研究成果。人本主义将人的本能、潜能、自我实现作为心理学的研究对象，强调以人为中心，注重人性中积极面的挖掘与发展，认为人是有尊严的和有价值的，以及人格的完善和自我的充分发展才是人发展的最终目标。下面介绍五种容易被理解且实践解释力强的人际反应特质理论。

（1）奥尔波特的健康成熟人格标准

高尔顿·威拉德·奥尔波特（Gordon Willard Allport）是第一个研究成熟的人、正常人的人格理论学家，他认为成熟的人就是那些能够摆脱对早期的外周动机的过分依赖的个体。他提出健康、成熟的成年人应达到的几个标准，并将其作为衡量健康成熟人格的指标。他认为，健康成熟人格应具备以下特质。①

第一，具有自我扩展的能力。健康成熟的人具有自我扩展能力，能够将自我的感觉扩展到自我周围的人和活动上，超越以自我为中心和以基本需要为中心的生活。

第二，能与他人建立温暖的相互关系。健康成熟的个体能够与他人建立友好的关系，尊重他人的需求和要求，不抱怨、指责、讽刺他人，对人富有同情心，能忍耐或接纳与自己价值和信仰不同的人。健康成熟的个体的行事原则是“不污染别人也要呼吸的空气”。

第三，情绪安定和自我接纳。健康成熟的人能接纳自己，有较高的挫折耐受力。他们知道挫折和烦恼是生活的一部分，情绪均衡是健康人格的一个重要特征。

第四，具有实际的现实知觉。健康成熟的人能够对外界进行准确的知觉，具有实际的现实知觉。他们不歪曲或曲解事物以迎合他们的知觉。他们能够以问题为中心，而不是以自我为中心。

第五，对自身具有客观的了解。健康成熟的人能够客观地认知自我，洞察自己的优势与不足，正确看待自己的过错，而不以伪装来欺骗自己。他们还有幽默感，能自嘲，很少靠一些性或攻击方面的话题惹人发笑。

---

① 转引自许燕. 人格心理学［M］. 北京：北京师范大学出版社，2009：399 - 400.

第六，具有统一整合的人生观。健康成熟的人应该具有统一整合的人生观，有清晰的自我意识和行为准则，具有统一的生活哲学，指导人格朝向将来的目标发展。

在案主为成年人的案例中（如家庭婚姻和职场困扰），社会工作者发现大多数问题的症结在于案主的人格不够成熟，但是其并不自知，而是始终将问题归结于外因。社会工作者可以借用奥尔波特的健康成熟人格标准理论制定更加详细、成熟的指标，在服务开始前进行测试，根据测试的结果对案主存在的问题进行分类分析，然后制订有针对性的服务方案。例如，在一个婚姻家庭案例中，一名男子经常在家里对妻子、孩子发脾气，家里的气氛非常紧张，于是其妻子寻求社会工作者的帮助。社会工作者在与妻子深入座谈后，初步分析后认为该男子存在人格不成熟问题。这名男子不能客观判断和评价自己的工作能力，与同事工作思路不同时，从不反思自己，而是一味指责他人，认为别人“愚蠢至极”，而且经常在工作中暴露负面情绪，因而同事关系非常紧张，但他并不认为这是自己的错。结果，家人就成了他的“出气筒”，他将工作上的不满发泄在妻儿身上。因为求助者是妻子而不是问题的关键主体，社会工作者尝试与该男子沟通，但均遭到拒绝。实践发现，成年人的问题难以直接介入，社会工作者需要通过间接方式或者小组活动、团体活动（读书会、分享会、人际关系培训课程）等形式，将相关理论传输给相关人员，由其决定是否做出积极改变。

（2）卡特尔的人格特质论

雷蒙德·伯纳德·卡特尔（Raymond Bernard Cattell）同意奥尔波特的观点，认为存在着所有人共有的特质（共同特质）和个别人独有的特质（个别特质）。卡特尔相信所有人都具有共同的特质，但这些特质在不同人身上呈现的强度不同。卡特尔还提出了富有创意的表面特质和根源特质理论。表面特质是彼此关联的可以观察到的特质，它不是一种解释性概念。根源特质是行为的内在根源，它们是个体人格结构最重要的组成部分，支配个人的一贯行为。卡特尔认为，每一个表面特质由一个或多个根源特质引起，一个根源特质可能影响几个表面特质。卡特尔提出了心理元素周期表和 16 种根源特质。在根源特质中，由遗传的、身体内部条件构成的特质叫作体质特质，而来源于环境与后天经验的特质叫作环境铸造特质，它们是由社会环境和文化模式的客观现实造成的。卡特尔又将体质特质和环境特质细化为能力特质、气质特质和动力特质。①

第一，能力特质。在个体所拥有的根源特质中，决定他如何有效完成预定目标的特质叫作能力特质。智力是最重要的能力特质之一。为此，卡特尔区分出两类不同的智力——晶体智力和流体智力。

案例1-7

案主A被妈妈要求来接受社会工作者干预，原因是A厌学和抗拒父母对自己的管教。社会工作者接案后让A主动表达自己的内心想法。A认为他非常努力学习了，而且也很上进，但是每次考试成绩都不理想，爸爸妈妈期待又很高，总是拿自己和班里的优秀孩子来比较，他烦透了。但是妈妈觉得A不是脑子笨，而是没有投入学习。之后社会工作者对A进行了学习能力和智商水平测试，得出的结论是其智商水平和学习能力属于中等，而他现在在班级中正好处于中游，所以说孩子的表现还是正常的，爸爸妈妈对孩子的要求可能过于苛刻。因此，社会工作者跟A的爸爸妈妈做了一次座谈，讲了流体智力和晶体智力的概念，建议父母对孩子的学习能力进行一个提升，使孩子形成好的思维习惯，以此来提高成绩。社会工作者也提醒A的爸爸妈妈不能揠苗助长，应该尊重孩子的个性差异，发现孩子的优点，发挥孩子的优势。

第二，气质特质。气质特质决定了人的风度和素质，决定了一个人对情境做出反应的速度、能量和情绪，决定了一个人的举止、脾气和坚韧性。

第三，动力特质。动力特质是指个性结构中那些使人趋向于某一风格的行为动力，是一种积极成分。它是人格的动因，卡特尔划分出不同的动力或动因特质：能（ergs）、外能（metaergs，情操和态度）和辅助（subsidization）。能是一种先天的身心素质，具有这种素质的人对某些类别的物体比对于其他物体更容易有反应（注意力、识别力），即对某种事物有特殊的情绪体验，并能很快进入体验，这也就是人们一般所说的在哪方面有天赋；外能是来源于环境的动力根源特质，包括情操和态度。情操是可习得的动力特质结构，它以某种方式对一类事物或事件做出反应，一般体现在一个人的

① 转引自许燕．人格心理学［M］．北京：北京师范大学出版社，2009：406－410．

事业、专业、体育运动、宗教信仰等方面，而态度是情操的衍生物，是在某种情况下以某方式去做某件事的兴趣强度。辅助说明动力特质间的关系，社会工作者应该了解多维度的动力特质之间的关系，引导案主了解自己的人格特质与欲达到目标之间的差距，或者改变能改变的特质，或者改变目标。

卡特尔的特质因素论是将人发展的先天因素和后天因素综合起来的理论。该理论以人的先天条件（治理水平和气质类型）为基础和前提，要求人们必须承认个体的差异性，不能完全按照自己的理想目标对他人寄予不切实际的期待和采取“揠苗助长”的培养方式。同时，该理论并不是“宿命论”，其也强调人的发展与外在环境对内在需求和潜质的刺激有密切关系（动力特质）。该理论在青少年社会工作中的适用性比较强。在青少年厌学、和父母对抗的案例中，社会工作者发现，虽然问题的焦点是孩子，但是产生问题的原因一般在父母（监护人）。很多父母成长于物资匮乏年代，他们在青少年期时期没有得到良好的教育，有些理想没有实现，就寄希望于孩子，给孩子提供更好的条件，要求孩子按照自己的要求去实现自己曾经的理想。采取这种补偿式教育方式的父母忽视了孩子的能力特质、气质特质和能的部分。教育的出发点就出现了偏差。因此，社会工作者在干预的时候，首先要帮助父母认识到自己这种培养思路存在的问题。社会工作者可以通过健康成熟人格特质量表测量出孩子的基本情况，让父母知晓孩子的能力水平和性格气质类型，然后根据测试结果给父母提供孩子可能发展较好的方向和空间，引导父母选择适合孩子成长的路线。在选择好适合的培养路线之后，社会工作者可以指导父母学会在生活中观察孩子的潜能点，通过创造环境和条件激发孩子的潜能，通过成就型奖励等正强化方式培养孩子积极的学习态度，帮助孩子走上自主学习的成长道路，进而解决家庭矛盾，形成和谐的亲子关系。

（3）艾森克的人格维度模型

汉斯·艾森克（Hans Eysenck）认为，人类基本上是生物性的个体。人们生来就具备一些先存的特性或特质，对于环境中的刺激会表现出一些特定的反应。每个人的生物性结构都与其他人不同，因此，具有个别差异。在社会化的过程中，这些特质可能为了配合社会要求而有某些程度上的改变，所以人们的行为是遗传和环境交互作用的结果，只是生物性因素占了较强的优势地位。艾森克提出了人格维度模型，其有三个维度：外向—内向维度、神经质—稳定性维度和精神质—超我机能维度。[①]

第一，外向—内向维度。具有外向特征的人是开朗的、冲动的、非抑制的，有广泛的社会接触并经常参加群体活动，而具有内向特征的人是安静的、退缩的、内省的，不喜欢交往，喜欢独处。大部分人可能是以某种倾向为主，游走在两个极端之间。现在的儿童教育理念适合外向的孩子，但是不应该忽视内向孩子的特征及优势，应该肯定其特征，发挥他们思维深度方面的优势。

第二，神经质—稳定性维度。具有神经质倾向的个体在情绪上偏向于过度反应，并且当其在体验到一种情绪后，不易恢复常态。我们有时把这种人视为情绪不稳定或情绪化的人，他们经常对很小的挫折和问题有很强的情绪反应，并且要经过很长时间才能恢复。而具有稳定性倾向的个体很少出现大起大落的情绪体验或情绪失控。我们身边总是有一些“一点就着”或情绪不稳定的人，他们在前面一秒还和颜悦色，后一秒突然就开始发脾气，如果排除患有精神疾病的可能，这些人一般属于神经质类型。这些人如果不被理解的话，就会被排斥。社会工作者在干预过程中，可以先帮助案主认识自己的特质，然后教给案主一些技巧来有意识地控制自己的情绪。当然更重要的是案主生活环境中的人们能够理解和包容神经质类型的人。

第三，精神质—超我机能维度。精神质（又称倔强，讲求实际），并非暗指精神病。在这一维度上得分最高的人可能是孤独、不关心他人、难以适应外部环境、不近人情、感觉迟钝、对别人不友好、喜欢挑衅的人。这种类型的人在现实生活中比较少见，一般人也很难理解他们。社会工作者遇到这种案主时，最佳的选择是帮助周边的人理解他们。如果他们不伤害他人，就通过改变环境的方式为其生存发展提供一个包容的环境，这才是对他们最大的尊重。

艾森克的人格维度中的第一维度比较容易被理解和辨识，第二维度和第三维度较难被理解。社会工作者需要掌握这些精细化的分类，在服务的过程中对案主人格特质进行准确判断，并帮助案主和家人了解自身特质及其优缺点，以及承认特质的客观性，通过改善环境来帮助案主实现人与环

---

① 转引自许燕. 人格心理学［M］. 北京：北京师范大学出版社，2009：426－427.

境的和谐关系。

（4）舒茨的心理需要理论

威廉·舒茨（William Schutz）认为每个人都具有与别人建立人际关系的愿望和需要，只是有些人表现得明显，有些人表现得不明显而已。这种需要是与他人建立心理相容的人际关系的基础，是人际关系得以建立的内在动力。他归纳了三种心理需要。[①]

第一，包容的需要。这种需要表现为希望和他人交往、交际，有与别人建立并维持良好人际关系的愿望。这种需要得到满足后产生的行为特征是沟通、相容、相属、参与、出席等。反之，人际反应特质是孤立、退缩、疏离、排斥、忽视等。

第二，控制的需要。这种需要表现为在权力上有控制别人的欲望。这种需要得到满足后产生的行为特征是使用权力超越、影响、控制、支配和领导他人等。反之，人际反应特质是抗拒权威、忽视秩序、受人支配、追随他人等。

第三，感情的需要。这种需要表现为在爱情和友谊上同别人建立并维持良好关系的愿望。这种需要得到满足后产生的行为特征是喜爱、亲密、同情、友善、热心、照顾等。反之，人际反应特质是憎恨、厌恶、反感、冷漠等。

根据舒茨的观点，这三种需要对人际关系的影响表现在：如果包容需要强烈，行为主动、积极，就喜欢与别人交往，愿意积极参与各种人际关系活动；如果包容需要强烈，且感情需要也强烈，就会处处关心别人、爱护别人、尊重别人，在人际关系中重视情谊、受人爱戴，得心应手、左右逢源；如果只有控制需要，没有感情需要和包容需要，就必然争权夺利，脱离群体，受人憎恨，从而造成人际关系紧张。在关系紧张的案例中（如亲子关系或夫妻关系），社会工作者可以借用舒茨的理论对案例中关系主体的这三种需要进行结构性分析，分析出是哪种需要过高或者哪些需要未得到满足才导致关系紧张，帮助案主通过调整三种需要之间的占比结构来缓和关系。

① 转引自俞国良．社会心理学［M］．3 版．北京：北京师范大学出版社，2015：273－274.

（5）弗鲁姆的期望理论

维克托·弗鲁姆（Victor Vroom）通过考察人们的努力程度与所获得的最终奖酬之间的因果关系得出了期望理论，该理论用来说明激励过程中人们通过选择合适的行为，从而达到最终的奖酬目标。①

其理论模型为“激励水平（M）= 期望值（E）× 效价（V）”。激励水平主要是指个体动机的强烈程度；期望值是指人们对自己的行为达到所想得到的工作目标的主观概率，即对实现目标的可能性的估计；效价是指对某一目标的重视程度与评价高度，即人的主观上认为实现这个目标的价值所在。

弗鲁姆的期望理论的核心观点包括以下几个方面。

第一，当人们既有某种需要又有达到这个需要的明确途径时，实现这个需要目标的可能性越大，其积极性也就越高，往往能表现出个体的主动性和创造性。

第二，期望理论的关键是对效价的准确把握，不是某一单一效价，而是“效价体”。

第三，影响激励的因素除了期望值与效价外，还有关联性（工作绩效和所得报酬之间的关系）、报酬、能力、个人选择的特定行为方式等因素。

第四，除了客观影响因素以外，还有主观因素，重要的是与其他人的比较，付出同等劳动后获得的报酬之间的差别可能会引发激励水平和满意度的下降。

期望理论是组织管理中重要的激励过程理论，在社会工作中也有广泛的适用空间，既可以用于社会组织人员管理，也可以用于青少年学习问题方面。如在青少年厌学问题方面，社会工作者首先要找到案主关心的事情或者期望实现的目标或愿望，然后评估目标和愿望的合理性与实现的难度。如果目标不现实，可以和案主共同探讨选择替代目标；如果目标可行，则可以让案主参与其中，一同设计可行的实现路径和步骤，增强案主对实现目标的信心，再指导、督促案主通过自己的努力达到目标。当然，也要注意人的需求是不断增加和提高的，这就要求社会工作者采用阶梯式的方案持续推进案主的进步。

---

① 转引自俞国良．社会心理学［M］．3 版．北京：北京师范大学出版社，2015：277 - 278.

2. 社会交往理论

人际反应特质论是从人本身出发的理论，而社会交往理论是从环境角度理解人际关系的理论。社会工作强调“人在情境”，这也是从人本身和环境两个方面展开介入的，两者都非常重要。社会交往理论更强调人的社会性，强调人在社会互动中实现与他人之间的利益互换，进而实现自我价值。

（1）霍曼斯的社会交换理论

乔治·霍曼斯（George Homans）等人于 1961 年正式提出社会交换理论。[①] 社会交换理论以行为心理学的强化原则、经济学原则和对策论思想为基础，解释人际交往活动规律。这个理论的主要观点包括以下几个方面。

第一，人际交往活动具有社会性。当个体做出某种行为时，必定会引起交往者相应的行为，交往活动实际是一种直接的、随机发生的交换活动。进一步说，人们之间的交往关系可以被视为一种简单的经济交易关系，包括物质上的交换和精神上的交换；通过这种交换，可以维持交往双方的一种“公平关系”。

第二，各种交往关系都有成本或收益。这种成本或收益既可以是物质的也可以是精神的，既可以以物质换精神也可以以精神换物质。而且，交往的双方总是希望保持“账目”平衡，获得利益（利益 = 奖赏 - 投入），当然这个平衡也存在短期平衡与长期平衡之间的平衡。

第三，交往中存在一种分配上的“公平”原则。这是与他人交往后的心理体验。个体若发现自己的利益与自己的投入之比，与对方的这一比例大致相同，则认为是公平的，这也为后续的交往奠定了基础。反之，个体则觉得不公平，会停止交往。总之，人们希望自己得到的利益与付出的代价成比例，或者说两者保持平衡关系，从而使心情维持在愉悦的状态。

虽然，霍曼斯的社会交换理论将复杂的人际关系简化为简单的交换关系，忽视了人们交往中纯粹的感情，但是该理论具有较强的解释力，能够解释很多交往冲突问题，而且容易被人理解，所以是很多社会关系案例中常用的第一分析工具。研究者常常在这一工具不能解决问题之后，再进行深层次的人格特质和心理需求分析。

---

① 转引自俞国良. 社会心理学［M］. 3 版. 北京：北京师范大学出版社，2015：271.

（2）勒温的 ST 理论

20 世纪 40 年代后，库尔特·勒温（Kurt Lewin）等首创了敏感性训练（Sensitivity Traning，简称 ST）理论，其目的在于使参加实验的学习者理解和培养群体作业能力，包括运用群体动力学原理发挥影响力，学会分配角色及建立群体目标等。[①] ST 理论的观点如下。

第一，交往中的人们都是按照角色来行事的，只是大部分人没有明确意识到。ST 的目的就是向交往者揭示他们无意识遵循的行为模式，使交往者明白自己在交往中所担任的角色、所处的地位。

第二，交往的动机和目的对于交往者来说可以像强烈的情绪一样不为人知，隐藏在人们的无意识中。ST 的目的就是提高人们对潜意识交往动机的感受，从而便于交往者以对双方互惠的方式行事。

第三，应该努力使交往双方隐藏于内心的情感表面化，让交往双方的情感在交往过程中自然地流露出来，并不断进行情感交流，激起情感上的共鸣，形成好感，最终达成默契。

第四，内容包括观察群体行为过程与反馈，同时使用积极的和消极的情感创造一种紧张的情绪气氛，强调个人和组织变化的价值。

勒温的 ST 理论常用于人际交往问题上，尤其是交往主体对自身情绪和动机不自知的情况下。交往者对自身行为动机和情绪不自知，就会导致与人交往中的行为偏差，不能准确认识到交往困境的症结所在。社会工作者可以利用 ST 理论设计心理剧，参与者通过角色扮演的方式，以角色互换或者观摩的形式发现自身存在的潜在问题，以此达到案主重新认知自我的目的。

（3）桑代克等的社会学习理论

爱德华·李·桑代克（Edward Lee Thorndike）是公认的教育心理学奠基人。他基于联结主义理论提出了一些学习观点，后经其他学者发展，形成了著名的社会学习理论。社会学习理论的主要观点如下。

第一，模仿行为遵循学习定律，在存在奖赏的社会条件下，就会出现模仿行为。也就是说，当看到别人因某种行为而受到奖励，人们通常会习得该行为。这一理论多用于亲子关系研究，儿童模仿父母的程度可以被看

---

① 转引自俞国良．社会心理学［M］．3 版．北京：北京师范大学出版社，2015：272.

作亲子关系好坏的一个指标及影响儿童社会化的因素。

案例1-8

小学生F调皮捣蛋，经常不听指令，而且在学校打骂同学，老师与F的家长沟通过很多次，都没有效果。无奈之下，班主任请学校社会工作者介入F的行为改善。学校社会工作者K首先了解了F的家庭亲子关系。K进入F家进行了现场亲子关系观察，了解父母的自我行为和亲子沟通行为，发现孩子的很多表达性习惯源于父母对其不重视，而且父母只能看到孩子表现不好的方面，不能及时给予肯定和褒扬，没有强化孩子好的行为。K制订了一个干预方案：首先将观察到的行为与F的父母进行交流，让父母发现自己的问题，然后制订一个父母行为调整训练计划，请父母逐渐规范自己的行为。虽然这个过程比较漫长，但只要父母的依从性足够高，还是有所改善的。同时K制定了一个奖励办法，为家庭成员（爸爸、妈妈和F）制定了一个奖惩表格，三个人互相监督，当发现其中一个人表现好时，经三个人一致同意后，贴一个“笑脸”；当发现有人表现不好时，经三个人一致同意后，贴一个“哭脸”。然后，K进行一周统计，以约束和引导家庭所有成员的行为表达。

第二，受到奖励的行为比没有受到奖励的行为更容易重复出现。也就是说，当面临两种行为选择时，个体的行为选择是个体对采取哪种行为能够受到奖励而不是损失或惩罚进行估计（有意识或潜意识）的结果。这是教育机构经常用到的激励办法。尤其是对于低年级的学生，教师常在教学环节或者每天结束后奖励给学生小红花或者帽子，表现好的学生得到的多一点，表现差的学生也会有，这就是对人们的奖励需求的满足，可以产生正面效果。此外，有的学生为了得到教师的额外表扬，会超量完成作业，而当他们得到教师表扬之后，这个行为的强度会得到加强，他们会更努力。

第三，同伴加剧了个体的强化相倚。在同伴中，如果有人因为某一行为而获得了奖励或惩罚，他就会重复或者停止先前的行为，也就是得到正强化或者负强化，作为同伴的他人就会模仿此类行为。在激励办法的引导下，同伴互相学习、竞争。这个就是我们通常所说的榜样的力量，无论是在孩子的教育中还是在组织管理中都会有评优秀、评先进等激励办法，这一办法有两个基本目标：一个是对当事人进行肯定和鼓励；二是引导周边人向优秀者学习。

人际交往理论丰富多样，上述所提到的是在实践中经常被应用、解释力较强的几种，比较容易被学习和掌握。社会工作者需要在实务中，在具体的情境中灵活运用理论，而出现反复或者失败都是正常现象。理论只是帮助实务者开拓思维从而找到解决问题的依据。

第二节 社会工作者的工作原则

社会工作是一门助人的专业和职业，受专业价值观和伦理的约束。社会工作价值观是专业或职业范围内形成和发展起来的一整套对人、对事和对专业等的总体判断与核心理念，它在树立专业使命、规范专业行为和保护服务对象的利益方面发挥着重要作用。专业价值观又直接影响专业伦理的内容和伦理决定。伦理来源于价值观且与价值观保持一致，既是操作层面上的价值观，又是把价值观念转变为行动的行为守则。

一、社会工作的专业价值和专业伦理

人的价值观是后天形成的，是人在与周围环境互动过程中形成的一种思考和判断世界的概念与观念。这些概念和观念通过观察他人行为加之自身实践经验，不断被选择、重构，逐渐内化和自主化为人格的重要组成部分。对于社会工作者而言，生活经验和经过专业训练内化的专业价值观对其后来的实务工作具有至关重要的基础性作用。

（一）社会工作的专业价值

20 世纪 50 年代，社会工作国际组织积极推进社会工作发展，逐渐形成了公认的社会工作专业价值。下面结合我国的国家性质，将社会工作的专业价值归纳为以下几个方面。

1. 服务大众

社会工作者应该本着为人民服务、为广大人民群众和服务对象着想的谦和态度，真诚地对待服务对象的问题，及时回应他们，并通过专业服务来满足服务对象的需求。为人民服务不仅体现在具体的服务实践中，还体

现在社会福利政策的制定和实施过程中。

2. 接纳与尊重

无论在服务的哪个阶段，社会工作者都应该真诚地对待所有服务对象，采取包容和尊重的态度，不对服务对象做价值判断，尊重其行为和结果。对于社会工作者来说，对服务对象的接纳体现了一贯统一的原则和立场，尊重不仅意味着在服务过程中对服务对象保持必要礼节，而且意味着耐心倾听和回应服务对象的需要和问题，并将服务对象视为改变现状的主要力量。

3. 尊重个体差异

社会工作者应充分尊重每个服务对象的个性与人格，充分理解服务对象之间存在的差异。对于同类案主或者同类问题，社会工作者应该根据具体案主在年龄、性别、种族、生理—心理状况、文化背景、职业、社会地位、宗教信仰、政治情况和生活经历等方面的具体情况进行服务方案设计和专业服务。此外，尊重个体差异还包括非评判。虽然社会工作是一种价值主导的专业实践，但是社会工作者仍然要避免将自己的价值观强加于服务对象。社会工作者在服务过程中，不应该对服务对象的性格、性取向和生活方式等做倾向性批评和判断，应尊重服务对象的言行与价值观。

4. 培养有责任的公民意识

社会工作者将助人、满足困难人群需要和解决实际问题作为首要任务，但是济困不是终极目标。社会工作的目标是通过专业服务和干预，帮助服务对象提高自我能力，激发他们自我生存和发展的潜能，促使他们减少对制度和外部支持体系的依赖，真正做到“助人自助”。

5. 促进社会共融发展

社会工作既是社会福利事业的重要内容，也是促进和谐社会建设的主要手段。和谐的内容包括多个层面，涉及家庭关系和谐、人际关系和谐、群体关系和谐、干群关系和谐、社区和谐等。社会工作者须通过人性的、有效的社会行政与管理，落实社会政策，实施有效的、适当的社会服务，从而缓解各种社会问题，满足不同人群的社会需要。

（二）社会工作专业伦理的逻辑起点

社会工作者经常面临各种挑战，不仅涉及工作资源的缺乏、体制和政策的限制，而且涉及伦理基础差异和伦理原则自身的相互制约。社会工作者在实践中遇到相互冲突或相互制约的伦理决定时应该能准确判断其伦理基础。伦理是基于价值观的行为判断。关注伦理就是探索“什么是善，什么是恶”“什么是正当的，什么是不正当的”“什么是值得追求的，什么是不值得追求的”“什么是值得褒扬的，什么是应当谴责的”“我们应该怎么处理此类情境”“我们为什么又依据什么这样处理”等问题。从大类上分，伦理学分为非规范伦理学和规范伦理学。规范伦理学与实务联系密切，因此，此处仅关注规范伦理学。规范伦理学有目的论、义务论和德性论三种流派。

1. 目的论

顾名思义，目的论以结果来判断行为的正当性。目的论是一种以道德行为的目的性意义和可能产生的或已经产生的实质性价值作为道德评价的标准的伦理学理论。这是绝大多数人的绝大多数行为选择的依据，但是往往会混淆利己主义与功利主义，将“人不为己，天诛地灭”预设为人生准则。目的论有利己主义和功利主义之分，但是伦理学中的利己主义和现实生活中的极端利己主义是不同的。现实生活中的极端利己主义可能是以损害或者忽视他人利益为前提的或者完全利己的，但是伦理学中的利己主义是指如果做这件事，无论是从眼前还是长远来看都对自己毫无价值，那么做或者不做都不受道德的约束，都不应该受到谴责。在宏观层面的社会治理中，政府或者其他大型组织一般会遵循功利主义原则来制定公共政策等，但是在微观层面，具体到某个人的某件事情上，功利主义原则就不见得恰当了。

2. 义务论

义务论认为，某一行为的善恶性质或对该行为正当与否的判断，不取决于该行为是否带来或可能带来怎样的实质性效果，而取决于该行为是否符合某一相应的普遍道德规则，是否体现出一种绝对的义务性质。例如，无论父母是否有过错，父母将子女抚养长大，子女应该在父母需要的时候尽赡养义务；儿媳应像对自己的亲生父母一样尊敬和善待公婆。这就是义务论角度的伦理思维和伦理行为。义务论将约定俗成的公序良俗作为行为准则和依据，认为违背规则的行为是不道德的，可能遭受舆论谴责。

3. 德性论

德性论是指以个人内在德性的完成或完善为基本价值尺度或评价标准

的伦理学理论。与目的论和义务论不同，德性论认为内在动机是伦理行为发展的最主要原因。德性论认为，人类普遍认可的品质包括善良、宽容、谦虚、忠诚、友爱、仁慈、真诚、坚韧、勇敢、果断、节制、热情、诚实、感恩、自重、尊重他人、平等待人和值得信赖等。判断一个人行为的道德价值，不仅要看他是否履行了义务或者他的行为是否产生了善的效果，还要看他是否具有这些品质。从德性论的视角看，“尽义务并不必然地表明一个人具有美德，尽义务的人可能蔑视义务，并不情愿地履行这一义务，因此，不仅要通过考察人们的行为来评估他们的道德价值和善性，还要考察他们的德性”①。

（三）社会工作的伦理决定的影响因素

社会工作的专业伦理的丰富性和伦理价值之间的冲突是造成伦理决定困难的原因之一，伦理决定主体、伦理事件和伦理决定涉及的环境均对伦理决定有重要影响。

1. 伦理决定主体

在社会工作领域，伦理决定主体是社会工作者。有的社会工作者坚持目的论，有的社会工作者坚持义务论，有的社会工作者坚持德性论；有的社会工作者强调对法律法规和政策的遵守，有的社会工作者则更加关心案主的权利。复旦大学教授赵芳认为，社会工作的价值观、先前的经验和能力是影响社会工作者进行伦理抉择的因素。② 首先，社会工作者的价值观体系、模式和偏好，影响其对案主和伦理情境的评估，决定其行为。其次，社会工作者在做伦理决定时，常常受到自身过去经验的影响。有些社会工作者都没有意识到自己可能存在对某些事情的刻板印象或者偏见。比如，接受男权主义的社会工作者很难做好女权主义案主的服务。最后，社会工作者审视自身价值模式的洞察力、对事件的掌控力和决定后的反思能力直接决定其面临伦理问题时的伦理决定。

2. 伦理事件

社会工作者会遇到各种各样的伦理问题，有些可以按照制度规定或者惯例进行而不存在明显的决定困难，有些则必须慎重对待。这与伦理事件

---

① 赵芳．社会工作伦理：理论与实务［M］．北京：社会科学文献出版社，2016：11.

② 赵芳．社会工作伦理：理论与实务［M］．北京：社会科学文献出版社，2016：179.

本身的复杂性密不可分。首先是结果的危害程度。对于社会工作者来说，无论坚持什么伦理理论，都必须以对案主伤害最小为原则。当涉及生死问题和重大财产或者其他利益时，社会工作者必须慎重。其次是合法性问题。这里的合法性不是指合乎法律规定，而是指“被广泛接受”。社会工作者在做伦理决定时要考虑社会公众的普遍认识，过于前卫的伦理决定或许不但不能帮助案主，反而会给案主带来更多困扰和麻烦。最后是伦理事件涉及范围和产生的影响的大小。伦理事件从案主个人到案主家庭再到社区，涉及的人越多，伦理决定考虑的主体就越多，抉择就会更加困难。

3. 伦理决定的环境影响因素

从环境的层面来看，影响伦理决定的因素有社会文化、机构规范、同事影响等。社会工作者的伦理决定无法跳出其所处时代的文化背景和社会主流价值体系。比如，在印度种姓等级森严的社会中，社会工作者通常不能用民主平等的观念来进行伦理决定。机构规范包含明文规定和潜在的文化价值，有些机构偏向于服务政府，有些机构偏向于服务普通百姓，这也会直接影响社会工作者的伦理决定。机构中的领导者、前辈和优秀社会工作者对其他社会工作者的伦理决定具有直接的指导意义。

二、社会工作实践的伦理原则

在社会工作实践中，社会工作者要坚持一定的伦理原则。伦理原则存在一定的先后顺序或优先性。在具体的助人实践，社会工作者必须了解在不同情境下伦理原则对服务对象的影响，正确评估可能的结果。社会工作者要遵循以下伦理原则，做出恰当的伦理决定。

（一）保护生命的原则

生命价值高于一切，维护案主及相关主体的生命健康权是社会工作服务的第一原则。在社会工作实践中，社会工作者不仅有义务保护案主的生命安全，还有义务保护其他涉及人员的生命安全。在服务过程中，如果案主所陈述的个人隐私资料涉及第三方利益相关者的生命安全，如服务对象在服务中透露自己曾想或计划谋害第三方，社会工作者则有义务将相关信息知会第三方，告知其提前做好各种预防，以确保生命安全。

案例1-9

美国时间2017年6月9日，伊利诺伊大学中国访问学者章莹颖在校区附近失踪，后被残忍杀害。2019年7月18日，章莹颖一案最终宣判：凶手克里斯滕森被判处终身监禁，永不得保释。在案件审判过程中，被害者遗产负责人丹尼尔·迪宁律师和被告辩护律师相继对为被告提供心理咨询的伊利诺伊大学两名心理社会工作者提起民事诉讼，理由为在章莹颖遇害前90天，凶手存在可识别的具体危险，即向社会工作者吐露其存在滥用药物和酒精的事实，并存在“谋杀”他人的思想动机，心理社会工作者却未告知相关部门。丹尼尔·迪宁认为，社会工作者已知其案主存在危害第三者的行为，却未实施任何应急预案，应承担相应的民事赔偿责任。心理社会工作者未对案主危害第三人生命之动机进行干预，致使危害行为发生，从一个侧面反映了社会工作者面临的保密与披露相博弈的伦理困境。①

（二）隐私保密的原则

隐私保密的原则既关系到社会工作者对案主隐私权的尊重、与案主专业关系的建立和维护，更是社会工作者取得社会信赖、获得专业权威的必要条件，无论怎么强调都不为过。② 社会工作者一旦与案主签订了服务协议，就要在提供服务的各个环节，始终遵守保护案主个人隐私和有关信息的承诺，绝对不能轻易泄露案主的私人信息及同服务相关的隐私信息，以保护案主的个人权益。这一伦理原则要求社会工作者正确处理案主透露和提供的个人信息，包括确保信息资料的安全存放和使用程序上的专业性，不向其他人和公众透露或泄露案主的个人信息与隐私资料，以确保案主的利益不受侵犯。隐私保密的原则是社会工作者在服务过程中的实践原则，不是法律条令，没有明确的界限，所以操作难度较大。有学者提出完全保密的原则，要求社会工作者在服务的过程中必须对案主的个人隐私实施完全的保密，只有这样才能营造专业的社会工作服务环境，但也有学者认为应该坚持有限保密的原则，在涉及危害他人生命财产安全和社会治安的情

① 付钊．危机行为下社会工作保密原则的伦理困境：基于章莹颖案心理社工知情不报的思考［J］．长江论坛，2019（6）：68－73．

② 赵芳．社会工作伦理：理论与实务［M］．北京：社会科学文献出版社，2016：117．

况下，社会工作者应该突破保密原则的限制。这就涉及保密的例外原则。但是，即使是保密的例外原则，也不是可以被任意打破的，而是有指导性规定的：第一，例外的情况应先有告知，社会工作者应与案主及其他利益相关者讨论在某些情况下保密的信息可能会被公开，以及依法必须接触保密约定的要件及后果，如保密的限制情况、信息使用渠道、记录查阅权限等；第二，如果例外情况发生，公开的内容应与解决的问题有直接关系；第三，公开保密信息应该遵循尽可能少披露的原则，保护案主，选择对案主有利的时机和方式。

案例1-10

社会工作者要帮助一个青年艾滋病毒携带者找工作，这里就存在一个难题：社会工作者是否应该将青年为艾滋病毒携带者这个信息告知可能的用工单位？若告知，用工单位可能会以各种理由拒绝招录；若不告知，一旦其他人被感染，那么社会工作者可能遭受道德谴责，给所在组织带来麻烦，甚至威胁到自身的工作。

案例1-11

胸部肿瘤科转介了一个刚做完肿瘤化疗手术的患者给医务社会工作者H。H对患者情况做了基本了解后，得知这位男性患者40多岁，因为生病住院做手术，对自己的身体状况感到不乐观，情绪暴躁，不能很好地配合医生的治疗。而且H从主治医生那里了解到患者病情确实不容乐观，剩余时间不多。在H服务的过程中，这位患者始终想知道自己的真实病情，但是患者家属认为患者的心理承受能力较差，不想让H告诉患者其真实的病情。面对这种情况，H就比较为难：一方面是要尊重患者的知情权，另一方面是要考虑患者家属的保密要求；而且H也需要权衡患者是否能够承受病情恶化带来的压力，如果患者不能承受，导致病情恶化速度加快，那么自己可能会面临道德压力。

（三）案主自决的原则

“案主自决是指案主有自由选择和决定的需要与权力，社会工作者应当鼓励和促进案主面对生活做出自己的决定与选择，并按照自己想要的方式去生活，社会工作者不应当欺骗或驱使案主进入一个违背他真实意愿的行动过程。”① 社会工作者的工作不是告诉案主做什么或不做什么，而是与案主一起探索可能的选择及选择后的可能结果。② 社会工作者应该尽力鼓励案主自我决定，发挥案主的潜能，使案主在自助中成长和变化。基于积极自由和消极自由，案主自决有两种情况：一种是理想的案主自决，这是一种消极自由导向的案主自决，是指个体的行为完全出于自己的愿望、选择，反映了个体支配自己的生活并做出相关决定的权利；另一种是限制的案主自决，这是一种积极自由导向的案主自决，是指相对于特定范围而做出的自由选择，需要允许适度干预，而非无条件的自我决定或选择。

最佳的案主自决是他们被允许在自己的价值体系中生活，目的是提升案主的自助能力，培养他们自我依赖及发挥自我效能的能力。但是，这里有一个前提是案主有相对完善的理性能力，能够意识到当下的行为选择对未来的影响。然而，现实中处在困境中的人很难做出正确的决定。这就给社会工作者带来了伦理困境：社会工作者是应该尊重案主的自决权还是维护案主的最大利益？

案例1-12

王女士常年遭受家暴。在一般人看来，王女士有体面的工作，完全有能力与丈夫离婚，逃离家暴，但是社会工作者接触后发现，王女士只是在遭受家暴的时候会跟别人控诉丈夫的不好，待情绪稍微稳定后又觉得无所谓了。她说自己不离婚是因为受到她老公的威胁，她老公说如果她敢离婚，就杀了她们全家。社会工作者与王女士多次接触后认为，王女士深陷于家暴之中不仅仅是基于上述简单的原因，而是王女士可能存在心理问题：王女士常年遭受家暴，已经形成了斯德哥尔摩综合征，无法做出对自身最有利的选择。在这种情况下，社会工作者就非常为难，在“案主自决”与“结果导向”之间难以选择。如果采用功利主义的伦理观，社会工作者应该帮助案主选择离婚，这是对案主最有利的选择。可是王女士不具有精神病

---

① 赵芳. 社会工作伦理：理论与实务［M］. 北京：社会科学文献出版社，2016：125.

② HAYNES K S, HOLMES K A. Invitation to social work[M]. New York: Longman, 1994.

病症，从伦理规范上看，她是有自决能力的，她有对自己行为负责的能力，并不符合案主自决例外的条件。

案例1-13

小赵是刑满释放的社区矫正人员，司法部门通过购买社会工作服务的形式，由社会工作组织A来负责小赵的社区矫正工作。司法部门作为该服务的申请人和当事人，希望A组织能够帮助小赵再次融入社会，不再出现偏差行为。但是，小赵本人非常反感行政化安排的帮助，对A组织不信任，对A组织提供的服务有抵触心理，不会与社会工作者谈及内心的真实想法和需求，认为A组织会向司法部门报告他的情况，会给自己带来更多的麻烦。在这个案例中，案主是否接受服务、接受哪些服务、选择什么样的工作和生活都是服务项目规定的，案主既无法做出自由选择，也无法培养自决能力。

案主自决例外情况出现的情况有两种：第一种是案主的自决权受到法律限制。若案主的生理年龄和心理状态不符合法律上认定的行为能力人的条件，如未成年人、精神病患者、高龄且意识不清的老人等将由其监护人代为做出决定，社会工作者的责任是确保其监护人的决定不会对案主造成可预见的、重大的伤害。第二种是自决后果的伤害性程度较高。如果案主自决的后果对案主、他人及社会可能造成可预见的、重大的、不可逆的伤害，应当限制案主的自决权，如案主谋划自杀式爆炸、对他人施暴等。

在实践中，社会工作者开展服务大多是有经费控制和考核要求的，服务结果是主管部门或者出资方最为看重的考核内容。有时社会工作者及机构为了机构的声誉和未来顺利承接项目，不得不以结果为导向，帮助案主做出有利于案主现实利益或当前利益最大化的选择，这就使得案主自决原则很难被落实。虽然在实践中很难落实，但社会工作者还是应该把案主自决作为优先原则。

（四）专业原则

专业原则涉及社会工作者与案主之间的关系与边界问题，是社会工作者必须恪守的重要原则。在现实生活中，很多优秀的社会工作者或者关系调解员都具有一项非常重要的品质——把案主当作自己的家人，用关心爱护家人的心情来关心案主。但有时社会工作者常常不清楚什么才是正确的专业操守。专业原则包括避免双重关系的干扰、专业性的沟通与语言表达、进行恰当的身体接触和杜绝发生两性关系。

1. 专业关系的限制及双重关系

案主与社会工作者之间的关系不是首属关系，而是专业关系。专业关系聚焦在寻求帮助处理的问题上。专业人员有责任帮助案主处理他的问题。一旦实现了目标，关系就会终止。

专业关系中出现伦理问题的一个主要原因是社会工作者帮助案主处理问题所需建立的关系，超出了传统意义上对有限制的专业关系的界定。社会工作者常常遇到生活和价值观等与自身情况截然不同的案主，若要从案主的角度设身处地帮助他们，就要深入案主的生活，这种深入必然要超出办公室范围和工作时间。在这个深入了解的过程中，社会工作者本身的认识和情感也会发生变化，双方之间的关系就会超越专业关系，发展出友谊等，这是否恰当？在社会工作者与案主的接触中，案主或者社会工作者请对方喝咖啡、吃便餐，或者双方同住，或者互相帮助解决其他问题，这是否违背专业原则？如果按照《美国社会工作者协会伦理守则》的规定，这些都是不恰当的，但是在不同的文化中，这些做法可能会被认为在一定程度上有助于专业关系的建立，当然超出一定的限度，也会为专业关系建立制造麻烦。

帕曲奇·奥利里（Patrich O'Leary）等用同心圆的形式展示了专业界限的特征要素，并将专业界限划分为“可渗透的界限”与“不可渗透的界限”两类。如图1-1所示，黑色部分代表专业界限，灰色部分和最里面的白色部分代表可渗透的界限，黑色部分之外的部分代表不可渗透的界限。不可渗透的界限部分为社会工作者坚决不可为的内容，是被严厉禁止的；可渗透的界限部分是社会工作者做了会产生双重关系的行为，可能产生积极的或者消极的不确定的影响，要尤为慎重；最里面的白色部分行为为专业关系的建立提供必要的支撑，不太容易产生伦理困境。①

---

① O'LEARY P, TSUI M S, RUCH G. The boundaries of the social work relationship revisited: towards a connected, inclusive and dynamic conceptualisation[J]. British Journal of Social Work, 2013, 43(1): 135-153.

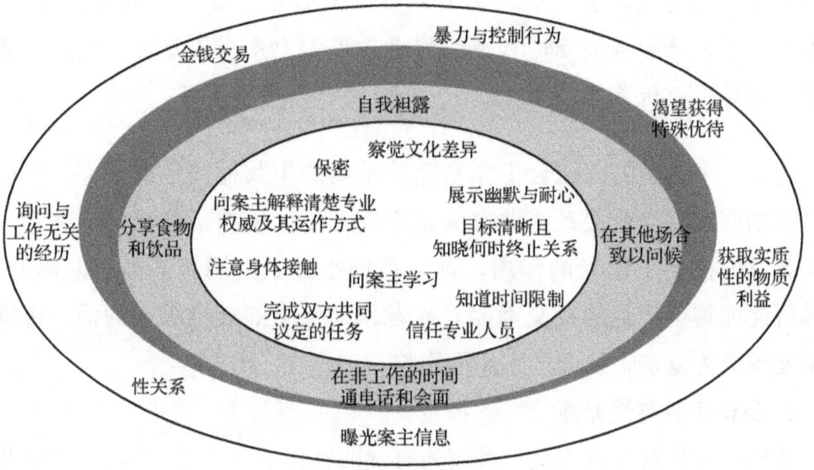

图 1-1　专业界限的特征要素

案例1-14

一位朋友知道我是社会工作者，当她遇到了夫妻关系问题时，希望我从专业的视角帮其分析和解决当前的困境。根据专业伦理守则，我本应将这个案例转介给其他社会工作者，但是朋友认为家丑不宜外扬，不愿意让更多的人知道，而我拒绝又会被朋友误解，于是无奈接案，但是实际服务很困难。

这是一个朋友关系先于专业关系出现的双重关系。社会工作者既会被自身对朋友及其老公的前期认识引导，也会因为亲属关系而做出不客观的判断。社会工作者在其中保持专业性就比较困难，可能需要给朋友先做一个关于社会工作者专业性的基本介绍，请朋友对干预保持客观态度。

案例1-15

小陈是一个离异家庭的孩子，与妈妈生活在一起，但是他们的亲子关系很差。小陈很叛逆，而且不与人交流。小陈的妈妈在他不知情的情况下，找到了社会工作者小刘，请小刘帮助自己的孩子。小刘以偶遇的方式在一次课外培训中跟小陈建立了联系。小刘在后面的接触中发现小陈跟自己的成长经历很相似，对他产生了同情和爱怜的情感，像大哥哥一样照顾小陈。

他们经常一起吃饭，甚至有时会到对方家里过夜。督导发现这个情况后，认为小刘不再适合做小陈的社会工作者。但无论是小陈还是小刘，在情感上都不愿意中断服务关系。

这是一个典型的因社会工作专业关系而产生其他关系的案例。社会工作者小刘游走在专业关系与朋友关系之间，不仅增加了自己的工作量，而且很难发挥社会工作者的作用，难以帮助小陈走出困境。当小刘离开后，小陈可能面临更严重的社交障碍。或者，如果小刘继续服务的话，可能使关系变得更为复杂，从而产生负面影响。

2. **身体接触与性无涉**

身体接触常常被认为是一种较为有效的辅助治疗手段。20世纪60年代末到20世纪70年代初，随着会心运动①的流行，身体接触成为受追捧的实际工作技巧。被“触摸”过的案主比那些没有被“触摸”过的案主对服务的评价更积极，特别是异性的“触摸”效果更明显。有人质疑身体接触的伦理问题，认为身体接触，尤其是异性的身体接触可能会导致完全意义上的性关系。《美国社会工作者协会伦理守则》规定，当身体接触有可能对案主产生心理上的伤害时，不应与案主进行身体接触。如果社会工作者因服务需要，觉得有必要与案主进行身体接触时，应该设定清晰的、适当的、具有文化敏感度的界限，以约束类似的身体接触。不同的国家有不同的文化，这就意味着同样的肢体语言在不同的国家存在意义差异。在我国，我们常常发现，中年女性社会工作者触摸或者爱抚年轻的或者年长的案主，都不大会引起反感，而且能够增加服务的效果，但是如果男性社会工作者对女性案主进行身体接触就可能会导致伦理问题，尤其是年龄差距不大的性别不同的社会工作者与案主之间最好减少身体接触。实务中经验丰富的社会工作者会主动握着老人的手，给老人以温暖和勇气；医务社会工作者每天早上查房的时候，会在男性老人的肩膀上拍一拍，拉近与老人之间的距离，使老人比较信任他，愿意跟他沟通自己的问题。

---

① 20世纪60年代，个人中心理论从个别咨询扩展到团体咨询。美国心理学家卡尔·罗杰斯（Carl Rogers）将当时存在于美国的许多性质相同的咨询团体统称为会心团体（encounter group），包括人际关系小组和个人成长小组等各种不是为了治疗而是为了促进个人成长、寻求有意义人际关系的团体咨询。

性无涉是指社会工作者与案主之间不能有任何性接近、性引诱、性要求和其他含有性本质的语言或行动的发生，这里不仅指异性之间，还包含同性之间。性关系一旦发生，则意味着社会工作者与案主之间已经出现了除专业关系之外的另一种关系。由于性关系的特殊性，社会工作伦理强调，无论是在什么情况下，无论是自愿的还是被胁迫的，社会工作者都不得与案主发生性关系。在西方性开放的国家，社会工作者与案主发生性关系的概率比较高，这是双重关系伦理中的主要问题。《美国社会工作者协会伦理守则》规定，社会工作者不得与案主的直接亲属或与案主有亲密个人关系的他人发生性关系或进行性接触；社会工作者不得和先前的案主发生性行为或进行性接触；社会工作者不能为先前曾与自己有性关系的个人提供临床服务。不过，在禁止与先前的案主发生性关系方面存在争议。有人认为“案主身份”在服务终止的时候已经终止，案主已转化为普通人；也有人认为一旦成为社会工作者的案主就永远是案主。针对这一争议，有学者认为，伦理强调的是避免对案主造成潜在伤害，并且认为从社会工作者与案主的特殊关系来看，在知道案主的大量私人信息后，这种潜在的风险是存在的。

（五）机构原则

机构原则是指任何一个进入机构工作的社会工作者都必须遵守机构的规章制度，致力于实现机构的宗旨和目标。机构原则引发的伦理问题一般是指机构利益与案主利益、机构利益与个人利益之间的冲突。

公益机构与企业只在宗旨和目标上有差别，在企业管理上有很多相同的地方。企业必须先解决生存问题，才能服务社会。企业寻找并争取项目并不被理解为是逐利的。企业在内部管理中可能存在轻微做假账等不符合规范的行为，这种情况是应该被避免和杜绝的。不过，现实中制度政策问题可能导致公益机构必须进行转化才能正常运转。比如，公益项目最大的成本是人力成本，现在很多公益项目人员多且成本限制太紧，但是物质费用比较高，机构为了能留住员工和给员工更好的待遇，就不得不将部分物质费用转化为人员费用，这是不合规的，但也是不得已的选择。

1. 社会工作者对机构的内部伦理

在机构内部，社会工作者应遵守机构的制度与规则，竭尽所能地达成机构的服务目标，呈现服务效果；致力于推进机构的规则、程序及服务效能的改善；采取合理措施确保机构的规则、程序、规章条例或命令符合社会工作的伦理要求，推动所在机构按照符合伦理的原则展开工作，社会工作者不应让受雇机构的规则、程序或命令与社会工作伦理相抵触；等等。

案例1-16

小赵是刚毕业进S社会工作机构工作的新员工，主要负责协助社会工作者开展安宁疗护项目的个案服务。个案服务过程记录表由小赵撰写，并由跟随的社会工作专业实习生进行润色。一段时间后，小赵发现虽然记录表上的记录员为自己，但内容不完全是自己写的，他认为机构此举促使自己违反了所信奉的宗教原则（不能造假），于是选择退出组织。

在这个案例中，社会组织项目的运作和小赵的自身价值排序出现了冲突。他并没有认识到自己的文字表达能力和记录能力欠缺，不能满足工作要求，以及用规范的专业化语言润色原来简单粗糙的文字不算造假，即使客观信息有出入，也可通过及时沟通来纠正。此外，社会工作伦理与宗教信仰并不冲突，任何伦理价值都需要在不同的情境中辩证地灵活应用。

2. 社会工作者对机构的外部伦理

社会工作者应协助公众了解机构，使机构在公众中树立良好形象；协助资料搜集及研究工作；协助进行志愿者的招募及训练工作；协助募捐经费；协助争取政策、法律的支持；协助真正有需要的人使用机构所提供的服务、参加机构组织的活动。

案例1-17

社会工作机构Q每年都会开展成长夏令营活动，旨在为我国西南地区某县地震灾区的儿童讲授课程。为了夏令营活动的顺利开展，Q机构会在全国范围内招募大学生志愿者，并强制向志愿者收取700元生活费和120元队费。后来，Q机构发展状况良好，得到了部分赞助费用，可以少向志愿者收取费用了。Q机构也想就此做出调整，决定志愿者费用由强制缴纳变为自愿缴纳，但是机构负责人以机构发展不稳定为由取消了这一决定。夏令营营长王婷认为机构负责人是基于私利的，而且她认为已经告知志愿者不再收取队费，现在又要强制收取，这非常不合理，让自己很为难。她与机构负责人沟通无果，决定离职。[①]

当社会工作者的职业伦理与对机构的责任发生冲突时，社会工作者应该努力寻找解决办法：与机构负责人沟通，表达自己的观点并提出建设性意见；对于严重违规行为要提出警告，防止产生严重后果；在不得已的情况下可以向主管部门报告；离开组织，寻找与自己价值观一致的机构。

三、伦理决定风险及其管理

正如前文所言，社会工作伦理决定是非常复杂且难以评价的，这也必然给社会工作者开展工作带来巨大压力，影响其专业能力。因此，我们应该对伦理决定的风险进行有效管理，建立伦理决定准则，成立伦理仲裁委员会，以保障社会工作者的合法权益。

（一）伦理决定风险的内容

伦理决定风险是指因社会工作实践中的不当行为产生的问题。关于何为不当行为，不同的学者持不同的观点。巴克（Barker）认为社会工作者的不当行为是专业人员的故意或者疏忽行为，且该行为违背了伦理、不符合专业标准，并被证明对案主造成了伤害[②]；卢曼（Reamer）认为社会工作者的不当行为是与专业标准不符合时产生的过失行为。[③] 虽然有些西方国家制定了详细的社会工作伦理守则，但是也无法有效规避因不当行为而产生伦理决定风险。

从动机上划分，不当行为有主观不当行为和客观不当行为。主观不当行为是指社会工作者可以预估到伤害发生的严重程度，但是因自身利益或者价值判断而导致或者放纵伤害行为发生；客观不当行为是指社会工作者受限于专业能力或因疏忽大意没有预见或者预见了却轻信，未采取措施或者采取了无效措施而产生的伤害行为。比如，有的案主表现出来的厌世情绪严重，总是把“要杀了谁”或者“我不想活了”之类的话挂在嘴边，但是这

---

① 案例根据张会平主编的《社会工作伦理案例分析》中的“志愿者风波”案例修改而来。参见：张会平. 社会工作伦理案例分析［M］. 北京：中国人民大学出版社，2019：2－13.

② BARKER R L. “Client dumping”: some ethical considerations[J]. Journal of Independent Social Work, 1988(2): 1－5.

③ REAMER F G. Malpractice claims aganist social workers: first facts[J]. Social Work, 1995, 40(5): 595－601.

个案主真的有自杀或者杀人动机吗？这个是很难判断的。现实中把“死”挂在嘴边的人往往不会采取极端行为，会采取极端行为的人往往都很隐蔽。

从专业标准上划分，不当行为有不恰当方式行为和未尽责行为。不恰当方式行为是指不适当地实施了不符合专业标准的行为，或用不合法的手段达到目的，如歧视案主、与案主发生不正当性行为、违反保密条例、诽谤案主、不当结案、妨碍案主行使正当权利等；未尽责行为是指依据专业标准未能履行职责或者承诺，没有尽到应尽的义务，如未能合理诊断案主问题、未能防止案主自杀、未能防止第三者受到伤害、未给案主提供足够的信息或者服务等。

（二）伦理决定风险的管理机制

社会工作伦理的风险管理是指为了有效应对社会工作实务中可能出现的伦理问题及其不利影响所执行的步骤与过程，包括风险的识别、评估、处理、监控等。风险管理不是追求“零”风险，而是强调在可接受的风险下，追求最大的利益。[①] 建立完善的伦理风险管理机制，突出伦理申诉和问责是降低伦理风险的重要措施。伦理风险管理机制包括成立社会工作伦理委员会，制定和完善伦理守则，提供专业准入、在职培训及咨询，建立伦理核查制度，建立伦理申诉与问责机制，进行典型案例研讨与发布，以此为循环不断修订守则（图 1-2）。

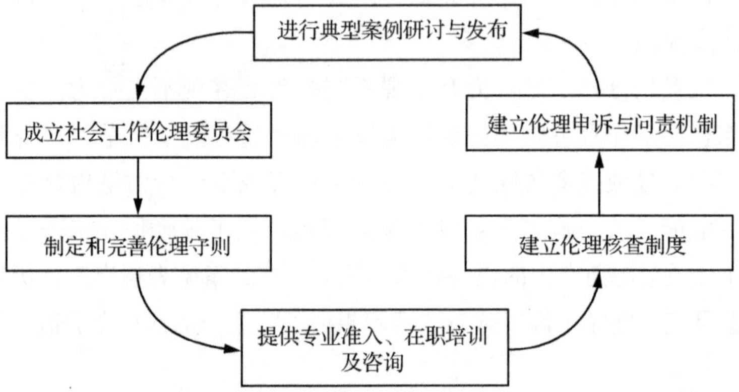

图 1-2　伦理风险管理机制[②]

① 秦燕. 社会工作伦理［M］. 台北：华都文化事业有限公司，2013.

② 转引自赵芳. 社会工作伦理：理论与实务［M］. 北京：社会科学文献出版社，2016：200.

第一，成立社会工作伦理委员会。该委员会由社会工作专业人士（学者和实务精英）组成，主要职责是制定和完善伦理守则，进行伦理培训与咨询、伦理核查，促进社会工作专业伦理工作发展。

第二，制定和完善伦理守则。伦理守则是对社会工作专业的基本价值、伦理原则及伦理标准的具体阐述，用以指导社会工作者做出伦理决定。伦理守则为社会工作者提供了相对明确的指导，使社会工作者有章可循，对防范伦理不当行为有积极的预防和约束作用。

第三，提供专业准入、在职培训及咨询。对社会工作者进行不同层次和形式的教育培训，提高社会工作者的伦理责任意识，为社会工作者提供伦理困境咨询平台。

第四，建立伦理核查制度。伦理核查是机构对内部潜在伦理风险进行核查与评估，通过核查机制预防和减少伦理风险的发生。

第五，建立伦理申诉与问责机制。伦理申诉与问责机制是对社会工作者权益进行保护的重要机制。社会工作者或者社会工作组织向权威机构（伦理专业委员会及更高层级的机构）申诉、主张自己的权益，是一种行业内的自律机制。

第六，进行典型案例研讨与发布。召开典型案例专业研讨会，对当下和本土的伦理案例涉及的伦理问题的发生、处理进行总结，然后发布，以指导更广泛范围内的社会工作实践。

第二章

社会工作实训形式与操作流程

社会工作实训是将社会工作知识转化为社会工作服务实践的桥梁。社会工作实训，顾名思义，是指通过多种不同实践形式来训练学生或者初涉社会工作服务领域的社会工作者的一种模拟的或者说是“学徒式”的实践探索过程，它强调的是被训练者在教师或者督导的指导和监督下开展实务，并在实践后加以反思与总结。

第一节　社会工作实训形式的分类

依据不同的划分标准，社会工作实训有不同的形式。按照实训内容，实训可以分为模拟性实训、服务性实训和调研类实训；按照服务领域，实训可以分为学校社会工作实训、社区社会工作实训、司法社会工作实训、医疗社会工作实训等；按照服务群体，实训可以分为老年人社会工作实训、儿童社会工作实训、残疾人社会工作实训、妇女社会工作实训等。

本书按照时空和形式来划分，将社会工作实训分为校内同步课程实训和校外集中实训。

校内同步课程实训也称为并行式实训，是指社会工作专业学生在不中断学校课程的情况下开展的实训，实训穿插于理论课程教学过程。学校会根据自身对社会工作实训的理解和自身条件自主设计同步课程实习形式。在我国，有理论学训与专业实训交替进行的做法，如中国劳动关系学院在大三第二学期安排学生周一、周二在学校学习专业知识，周三至周五（有些机构可能是周六和周日）在机构（单位）进行专业实习[①]；有将理论学习和实训安排在一个课程中，形式和方法由授课教师自定的做法，如江南大学；有将实训经验或者实训项目直接内嵌于课程的做法，如珠海科技学院近五年来聘请广东省某戒毒社会工作服务机构总干事担任专业兼职教师，长期为学生讲授禁毒领域的理论和实务课程[②]，以及“身边项目”[③] 等。校内同步课程实训的主要类型有心理剧、沙盘游戏、小组社会工作、个案社会工作、“真人图书馆”、“世界咖啡屋”等。

校外集中实训是指社会工作专业学生在学完所有理论课程之后，由学校统一安排在固定时间内进行的全天候实训。校外集中实训往往安排在大三下学期或者大四上学期。在我国，不同地区和学校对实训形式的安排有所不同，以华东理工大学为例，该校的社会工作专业实训主要分为三个层次：第一个层次是累计积分制，要求学生在大学前三年内完成300个小时的社会实践活动，主要在周末和寒暑假分散进行；第二个层次是社会工作实验室训练，约200个小时，主要在理论课学习结束后进行；第三个层次是社会工作实务与毕业实训。社会工作实务课程要求学生在社会工作机构实习两周，了解社会工作机构的工作内容与基本工作流程；毕业实训在毕业前进行，时间为8—10周。[④] 校外集中实训主要还分为社区实训、机构实训和政府部门实训三类。

---

① 王晓慧，张默．社会工作专业实习教学的探索：以中国劳动关系学院为例［J］．教育观察，2019，8（39）：105－107．

② 杨艳花，庄琳，唐立．独立学院社会工作专业实践教学改革探索［J］．产业与科技论坛，2018，17（20）：143－145．

③ 严学勤．“身边项目教学法”在高校社会工作专业教学中的运用［J］．科教导刊，2015（6X）：117－118．

④ 朱眉华．在理想与现实间的徘徊：社会工作专业实习教育的反思［J］．华东理工大学学报（社会科学版），2000（1）：91－94．

第二节　具体实训方式的优劣势及操作流程

一、校内同步课程实训

校内同步课程实训的形式很多，但在实际教学实践中比较流行和被广泛实施的有小组社会工作、个案社会工作、心理剧和沙盘游戏四种。

（一）小组社会工作

小组社会工作作为一种普遍且重要的实训方式，在专业教学中占据重要位置。除了专业基础课程“小组社会工作”之外，“儿童青少年社会工作”“老年人社会工作”“医务社会工作”“矫正社会工作”等专业选修课也非常注重小组社会工作方法的训练。在专业社会工作者广泛参与的社会实际场景及工作中，小组社会工作也是最为重要和常用的形式。因此，掌握小组社会工作的流程及技巧尤为重要。小组社会工作是在小组工作者的带领下，通过组员间的互相支持、充分互动和分享，激发组员的能力和潜能，改善组员的态度和行为，提升他们的社会功能性，解决个人、群体、社区和社会问题，促进个人、小组和社区的发展，实现社会和谐、公平、公正发展。① 更具体地讲，小组社会工作是将面临同类问题的服务对象组织起来，利用群体动力和群体工作的策略和方法，帮助服务对象转变观念，重新认识自我，然后积极采取行动实现改变的一种方法。从小组工作的任务上分，小组工作可以分为教育小组、成长小组、支持小组和治疗小组四类，前面三类小组的目标性不强，意在实现小组成员的共同进步，而治疗小组的任务明确，需要通过小组工作实现案主的问题解决或状况改善。

1. 小组社会工作的优势及使用原则

小组社会工作的目的不是通过社会工作者解决案主的问题，而是通过社会工作者为同类型案主提供一个对话的平台和空间，为案主的个人主动改变或能力提升创造有利的支持性环境。案主的改变源自对问题的重新认识和组员的支持性力量，而小组工作引导者只是在其中扮演着协助案主学

① 刘梦. 小组工作［M］. 2 版. 北京：高等教育出版社，2013：6.

习、反思、提高和成长的角色。并不是所有案主的问题都可以通过小组社会工作的方式解决，这就必须明白小组社会工作的优势及适用情况。

小组社会工作的优势：小组社会工作可以帮助案主找到归属感和认同感，有利于其积极面对自身存在的问题或者困境。小组社会工作方法比个案社会工作方法更加节约时间和成本。小组社会工作可以更快速地加深社会工作者对此类问题的认识，为其评估问题和采取合理的介入方式与技巧提供帮助。在教学过程中进行小组社会工作训练能够全面综合地提升社会工作介入能力（包括方法、技巧、理论、价值及情感的收放）。小组社会工作的开展可以给案主提供建立人际关系的机会，有利于他们相互帮助、共同进步。

小组社会工作的使用原则：一是适合处理非隐私性问题。有些案主有个人隐私问题，如被性侵、生殖健康问题等，他们担心个人隐私泄露会给自己的社会参与带来不必要的麻烦，一般不愿意选择小组社会工作方法。二是案主存在的问题与社会隔离有关。这个方面的发现是基于社会工作者通过前期接触对案主进行初步评估。当案主始终认为自己与别人不同，并感觉低人一等时，社会工作者可以采用小组工作的方法让案主认识到不只是他个人面临此类问题，以提升案主的自我效能感。此类问题具有一定的普遍性，比如，残疾人面临的婚恋问题和家庭矛盾问题、青少年网瘾问题、家庭暴力问题等。这些问题是在社会层面上得到广泛讨论的，案主比较容易接受小范围公开讨论的形式。三是当案主认为社会工作者属于“异类”，不愿意吐露心声时。这是开展小组社会工作的重要原因。很多案主认为社会工作者不能“换位思考”，而是“俯视”他的问题，不仅无法解决问题，反而会让更多人歧视他。案主愿意与和自己情况相同的人交流。现实中存在社会工作者认为小组社会工作方法对案主最有帮助，但是案主坚决不同意与其他人交流的情况。在这种情况下，社会工作者不可以勉强案主。

2. 小组社会工作的核心理论准备

小组社会工作的核心理论有小组动力理论、符号互动理论和镜中自我理论。

小组动力理论是由心理学家库尔特·勒温（Kurt Lewin）创立的。小组动力理论是描述小组中各种因素和力量的相互关系的理论，该理论研究小组的形成、维持、发展的整个过程，过程中小组的人际关系、小组的内在动力和冲突产生的机制及化解方式，以及小组领导方式对小组及其成员的影响等。小组社会工作是一个动态的、不可重复的过程，对小组领导具有极高的要求。小组领导不仅要敏锐地发掘和创造小组的内聚力，还要有识别和解决冲突的协调沟通能力，更要有对小组中沉默者的调动能力等多种人际沟通能力。

符号互动理论是由美国社会学家乔治·赫伯特·米德（George Herbert Mead）创立的，他的学生赫伯特·布鲁默（Herbert Blumer）将其正式提出。符号互动理论强调语言、文字和记号或者物品等所具有的象征意义在人们互动关系中发挥的作用，认为通过符号的互动，人们形成和改变自我、建立和发展相互关系、处理和应对外在变化。例如，对于一个名牌包，在我们不认识它之前，它只具有实用价值，而当我们发现某一社会阶层或者群体都在使用这款包，或者这款包被某一群体追捧时，它就具有了象征意义——身份地位的象征，当我们想融入这个群体时，就会选择使用这款包来表明自己的身份地位，如此，也就形成了新的观念，建立了新的人际关系。在小组社会工作中，小组领导应该观察小组成员交流的语言和应对动作甚至穿着打扮对小组互动的影响，对此做出积极的应对或者调整。

镜中自我理论是由美国社会学家、社会心理学家查尔斯·霍顿·库利（Charles Horton Cooley）提出的。镜中自我是指我们在与他人的互动过程中，通过感知他人对我们的反应和评价，从而建立起的我们的自我意识、自我形象和自我评价。他人犹如一面镜子，我们正是从他人这面镜子里发现了自我。镜中自我理论对小组社会工作的指导意义在于：一是可以使小组成员通过其他小组成员的陈述了解自己的状况；二是小组领导可以利用榜样的力量使小组成员认识到自我改变的可能。在小组社会工作中，社会工作者应该尽可能通过社会工作技巧使小组成员真诚勇敢地袒露心声，使小组成员互相参照，从他人身上发现自己，从而产生改变的内在动力。

3. 小组社会工作的阶段性特点及社会工作者的任务

小组社会工作涉及的人员较多，处理的关系较复杂，对社会工作者的能力要求较高。为了使社会工作者较好地组织小组活动，一般要控制小组的规模和时长。功能不同的小组，其工作的规模要求也不同。治疗小组一般控制在5—7人，儿童小组为6—8人，工作小组会议为5—9人，讨论性小组不超过15人，督导小组为8—10人，而具有活动性、辅导性和教育性的小组规模可以稍大，人数一般控制在30—50人。根据组员的年龄、身体状况和注意力等各种因素控制小组活动时长，一般以30—60分钟为宜。

（1）开始阶段的特点及社会工作者的任务

开始阶段是指小组刚组建起来、组员之间还不熟悉的阶段。在这个阶段，组员不太清楚自己要做什么、能从活动中获得什么，会出现不知所措等困惑甚至焦虑的情绪。这个阶段的主要特点有两个：一是出现矛盾的心理与行为。组员对小组活动既有期待，又有怀疑。二是出现观望试探与沉默被动。在刚开始的时候，大多数组员都比较拘谨，不会主动积极配合社会工作者的引导，而是会观察其他组员的反应，或者通过自己的经验判断，有选择地与部分组员进行简单的认识沟通。

在这个阶段，社会工作者扮演着领导者、鼓励者和组织者的角色。社会工作者的重点工作是帮助组员之间、组员与社会工作者之间建立信任关系，消除陌生感，明确目标，建立活动规则，营造活跃氛围。首先，社会工作者可以通过破冰游戏和自我介绍等方法，帮助组员互相认识，催化他们之间的互动；其次，社会工作者可以将活动前设定好的目标呈现出来供大家讨论；再次，明确大家认同的小组活动目标；最后，制定小组规范。小组规范包括程序规范、角色规范和文化规范。程序规范界定组员之间互动的准则，角色规范界定和明确组员所期望的具体角色与行为，文化规范用来澄清和说明小组工作的价值观点，如开放、平等、保密、非批判和团结合作等。此外，社会工作者须在小组活动前明确保密原则，并签订书面的保密协议。活跃的小组氛围是检验开始阶段工作完成情况的重要标准。如果小组氛围没有营造起来，那么就很难进入下一个阶段。社会工作者可以通过主动与组员沟通、创造机会让组员表达自己、强调组员之间的相似性等方法调动和增进互动。

（2）转折阶段的特点及社会工作者的任务

转折阶段是指组员之间建立基本的互动关系，可以围绕小组目标展开实质性活动的阶段。在这个阶段，小组出现新的特征：一是组员关系由松散转变为紧密。小组内部组员出现分化，小组内部出现角色差异，有的掌握小组话语权，有的则处于活动的边缘。二是角色冲突。一些组员希望更真实地表达自己不同的意见和分歧，可能会出现观点、意见冲突，而有的组员会因此感到失望或不安从而退出小组活动。

在这个阶段，社会工作者主要扮演协助者和引导者的角色，在冲突发生后扮演辅导者、调解人和支持者的角色。社会工作者的任务主要有处理抗拒行为、协调和处理冲突、保证活动朝目标方向推进、协助组员重建小组关系、适当通知小组进程。这个阶段主要是在尽可能激发大家表达自己观点的同时维护好小组关系，防止发生冲突和组员退组。

（3）关键阶段的特点及社会工作者的任务

关键阶段是指组员能够围绕目标而展开有效互动的阶段。在这个阶段，小组的主要特点有：一是组员关系稳定，相互之间的信任度增强、组员相互支持和肯定；二是能够讨论并提出建设性意见和可行性方案。

在这个阶段，社会工作者扮演信息和资源的提供者、链接者，小组及成员能力的促进者，小组的引导和支持者的角色。社会工作者的主要任务是维持关系、协助组员转变认识、提供建议。

（4）结束阶段的特点及社会工作者的任务

结束阶段是指小组活动达到预期目标，任务完成后要解散的阶段。这个阶段既可以是一个逐渐退出的过程，也可以是一次有仪式感的结束。这个阶段的特点体现在两个方面：一是组员建立了亲密的互助关系，大家对这个活动形式比较留恋；二是组员对小组活动效果比较满意，对未来生活充满信心，关系逐渐转化为私人关系。

在这个阶段，社会工作者主要扮演引导者、领导者和评估者的角色。社会工作者一方面要引导组员处理好离别情绪和后续关系的维持；另一方面要做好评估工作，评估这个小组活动对组员状况改进的效果。评估包括社会工作者对组员的评估、组员自评、组员对社会工作者和小组活动形式的评估、观察员或者督导对整个小组工作的评估等内容。

4. 小组社会工作的操作技巧

小组社会工作包括建立关系、诊断、系统观察、组织和介入小组、领导、沟通、参与小组、专业诊断、运营社会资源、过程记录和评估小组过程等主要内容，每个环节的有效完成都离不开社会工作者对技巧的灵活运用。下面重点介绍小组活动的设计技巧、沟通技巧和评估技巧。

（1）小组活动的设计技巧

小组活动的设计非常考验社会工作者对小组工作方法的熟悉程度、对服务对象类型的了解情况和实务经验积累情况。社会工作者在活动开始前就必须在自己的脑海中形成整个活动的图式，并且能通过方案书呈现出来。社会工作者在活动设计阶段须注意以下内容。

一是梳理组员需求和确定小组活动目标。社会工作者不能想当然地根据服务对象类型和个人经验来设想需求，而应该做扎实的前期调研，并明确需求与目标是不同的。服务对象的是需求是多样的，但是社会工作者能够帮助满足的需求是有限的，社会工作者应该根据组织及自身的能力和小组工作方法的特点，确定有限的明确的小组目标。而且小组目标应该形成目标体系，由总目标和阶段性目标组成。更重要的是，小组各个阶段的活动设计一定要紧扣阶段性目标，还要保持不同阶段活动方案的逻辑性和内在联系。

二是熟悉小组活动的组员特征。社会工作者在设计小组活动之前，一定要对每位组员进行综合性分析，只有充分了解组员的生理、心理、情绪、家庭情况、成长经历和文化水平等多方面特征，才能设计出可行性方案，才能在活动过程中做到有的放矢。比如，在医院血液科儿童病房开展小组活动，就必须考虑患病儿童对无菌环境的要求和精力持续时间，以及医院的治疗时间安排等多种因素。

三是开展小组活动一定要进行经验总结和分享。很多小组活动以游戏等形式展开，游戏结束活动就结束是小组活动的大忌。不同阶段的小组活动方案都要设计经验总结与分享环节，而且要求做详细的活动记录，记录活动反馈和效果。每个阶段的经验总结都是下一阶段活动开始的重要前提和基础，是设计阶段必须高度重视的部分。

（2）小组活动的沟通技巧

从沟通对象上分，小组沟通包括社会工作者与组员的沟通、小组成员之间的沟通两个部分；从内容上分，小组沟通分为关系建立的人际沟通和问题解决的讨论沟通。下面分成两类进行介绍。

一是社会工作者与组员之间的沟通技巧。社会工作者在小组活动中扮演着不同的角色，始终以一种深度参与的形式维持和推进小组活动的开展。在活动开始阶段，社会工作者应营造轻松、安全的人际沟通氛围。在小组活动过程中，社会工作者要突出专注、倾听、回应和自我表露的能力，专注于倾听和积极回应最能体现对组员的尊重与接纳。社会工作者要通过语言和非语言的专注，让组员感受到自己被关注、被重视。同时，社会工作者也要在组员表达时做到倾听而不是敷衍应付，要注意组员表达的观点、潜在的信息（价值观、态度）、表达时的情绪，然后及时给予积极回应，以同理心向发言者表达对其发言的肯定，鼓励其继续积极发言。当小组活动遇到瓶颈，没有组员愿意表达观点时，社会工作者应通过适当自我表露的方式使组员认识到自己不是孤独的，不是只有自己有过艰难的时刻。在小组活动的后半段，社会工作者要注意提炼和总结小组成果，对信息进行磋商、梳理和有效总结。组员在表达观点的时候，社会工作者要耐心地与发言者协商交流，帮助发言人梳理其发言内容，直到信息被正确认知或达成共识。

二是社会工作者主持小组讨论的技巧。小组讨论是小组活动的核心内容，是实现小组工作的重要形式，为了使小组讨论充分而有效，社会工作者应具备开场、了解、提问、联结、鼓励、限制、中立、示范、澄清、聚焦、催化和总结等12项技能。开场是指社会工作者要根据组员之间的熟悉程度和对活动的认识情况营造适宜的氛围，奠定小组工作的基调；了解是指社会工作者能敏锐理解组员的语言、认知、情绪、行为反馈的信号；提问是指社会工作者应该以恰当的方式发起对话，提问一般有封闭式提问（如“是不是”）、深究问答型提问（如“你能将刚才说的再详细描述/解释一下吗”）、重新定义型提问（如“对于刚才组员A提的问题，其他组员对这个问题有什么想法吗”）、反馈和阐述型提问（如“我们已经讨论了一段时间，谁能总结一下”）、开放式提问（如“你为什么不开心呢”）；联结是指社会工作者基于对组员内在相似性的把握，协助组员之间建立联系，形成小组互助动力；鼓励是指社会工作者要高度关注比较内向、害羞的组员，以目光和动作暗示鼓励他们发言，在发言结束后给予肯定性评价；限制是指有些组员发言可能脱离主题或者言辞激烈，或者容易引起其他组员反感，社会工作者应以友好的类似建议的方式及时阻止其发言；中立是指小组讨论中可能出现观点不一致的争论，如果这个争论有助于问题的解决，社会工作者不应该中止争论，而应该保持中立的态度，不给予任何一方观点以肯定或者评判；示范是在组员不知道如何参与的时候，社会工作者自身或者让其他组员示范参与的过程和方式；澄清是指当组员陈述内容不清楚或者忽略某些议题时，社会工作者运用澄清技巧引导组员更加清晰地表达自己的观点；聚焦是指社会工作者在讨论的话题游离、多元和分散的时候，要及时将话题拉回到以目标为导向的讨论上来；催化是指当小组动力不足时，社会工作者推动组员之间直接互动、促进小组沟通；总结是指社会工作者应简明扼要地整理、归纳、概括和阐明小组讨论的要点。

（3）小组活动的评估技巧

小组活动评估的目的是评价小组工作的有效性和效率，一般分为作为研究方法的小组评估和作为工作方法的小组评估。前者主要包括过程性评估和结果评估，评估的内容包括组员对小组工作内容、工作方法、社会工作者表现等方面的评价；后者主要包括组前计划评估、小组需求评估、小组过程评估和小组效果评估。在整个评估过程中，社会工作者要注意评估设计、评估资料收集两个方面的技巧。评估设计是指社会工作者在项目实施之前就要考虑评估所需要的资料，在一开始就要决定评估的方法是质化还是量化，要有目的地在后期按照方法要求进行资料收集，同时还要考虑评估的节点。在评估资料收集方面，社会工作者一定要保证资料的真实性和原始状态，尽量保存未被整理过的第一稿资料，而这些资料也应该是在小组工作过程中和结束后及时被记录的内容。

（二）个案社会工作

个案社会工作是指以单个人或家庭作为服务对象，对其展开专门的、专业的帮助的活动。个案社会工作不仅是社会工作的一种类型，也是诸如心理学等其他很多专业常用的一种干预或者治疗方法。1965 年，美国社会工作协会出版的《社会工作百科全书》提出“个案工作所注重的不是社会问题本身，而是‘个案’，尤其注重为社会问题所困难或无法与社会环境或社会关系圆满适应的个人或家庭。个案工作的目的在于帮助人与人或人与环境的适应遭遇困难的个人及家庭，恢复、加强或改造其社会功能”①。

1. 个案社会工作的特点、优势及使用原则

个案社会工作具有“三高”的特点：高要求、高投入、高风险。高要求是指个案社会工作的社会工作者必须具备丰富的理论储备、实践经验和良好的沟通融合能力。所以，对于初学者或者刚进入社会工作行业的社会工作者来说，并不鼓励和支持其采用个案社会工作方法。高投入是指个案

① 全国社会工作者职业水平考试教材编委会．社会工作综合能力：中级［M］．11 版．北京：中国社会出版社，2022：125．

社会工作需要投入大量的时间和进行其他辅助性消费。个案社会工作的前期是对案主自身及其家庭、社区（学校）环境的全面了解和掌握，而这并不是一两天能够完成的。社会工作者发现问题后，与案主一起分析问题，使案主认识到自身问题的机理也需要很长时间。案主践行改变也需要很长时间，不仅可能会出现对抗、反复等，而且后期的维持并内化为一种习惯更需要很长时间。此外，高投入还包括昂贵的个案工作费用及过程中的高物资消费。高风险是指社会工作者需要深入案主的生活场景，可能需要与案主同吃同住，这些无疑给社会工作者带来安全风险或者其他方面的不便，甚至还会增加案主与社会工作者的服务与被服务关系改变为恋人关系或者其他关系的风险。

个案社会工作的优势体现在三个方面：首先是对案主的全面了解，这是其他方法所无法比拟的最大优势。对案主的全面了解是进行有针对性介入或治疗的前提。其次是可以基于具体事务或场景灵活实施，摆脱理论说教的弊端，帮助案主从具体的事务中发现自己存在的问题，觉察自己在社会工作者的干预下出现的向好转变。最后是个案社会工作带来的转变不仅可以实现案主自身的提升，也有利于其家庭关系及家庭其他成员生活的改善。

由于个案社会工作的时间、精力和资金的投入都比较大，而且考虑到效果出现和持续的问题，应慎重择用。一般应该坚持两个使用原则：一是个案问题较为严重，个人或其家庭具有强烈的积极改变的诉求；二是案主及其家庭有充足的时间和财力配合个案社会工作的实施。

2. 个案社会工作的核心理论准备

个案社会工作的核心理论有理性情绪治疗理论、危机介入理论和家庭治疗理论三种。

理性情绪治疗理论是由美国心理学家阿尔伯特·艾利斯（Albert Ellis）在多年临床经验，以及对心理分析和行为主义理论进行批判的基础上，与R. A. 哈帕（R. A. Harper）合作提出的。[①] 该理论强调探究情绪产生的根源，以解决根源来化解情绪问题。该理论认为服务对象的认知、情绪和行为都是由引发事件导致的，但是其中有一个中间变量——信念，这就要求

① 阿尔伯特·艾利斯. 理性情绪行为疗法［M］. 郭建，叶建国，郭本禹，译. 重庆：重庆大学出版社，2015.

社会工作者尤其要重视对信念的辨识和改变。社会工作者在对个案进行服务的时候，要区分非理性信念和理性信念，对非理性信念进行检查和辨析。具体步骤：第一步，让案主具体描述自己的情绪、行为及各种感受，引导其寻找深层的信念；第二步，让案主根据发现的信念，演绎某件事的可能行为结果，从而判定其为非理性信念；第三步，与案主共同确定或者选择理性信念，然后用理性信念来模拟或者实践，固化案主的新信念。

危机介入理论是由 E. 林德曼（E. Lindermann）与 G. 卡普兰（G. Caplan）合作提出的。危机介入模式是一种具体的工作方法，通常涉及两个方面：一是减轻危机事件的负面影响；二是利用危机事件帮助服务对象解决目前面临的现实问题，同时提升服务对象适应环境的能力。危机介入模式的运用对社会工作者提出了很高的要求，这也形成了危机介入模式的自身特点：迅速了解服务对象的主要问题，快速做出危险性判断，有效稳定服务对象的情绪，积极协助服务对象解决当前问题。该理论一般应用在应激性创伤的场景中，如急诊室、癌症科室和临终关怀。

对于家庭治疗理论，这里主要介绍结构式家庭治疗模式和萨提亚家庭治疗模式两种。结构式家庭治疗模式是由萨尔瓦多·米纽庆（Salvador Minuchin）根据自己多年的实际工作经验总结提出的。结构式家庭治疗模式以家庭为基本的治疗单位，假设家庭的动力和组织方式与个人的问题密切相关，通过家庭动力和组织方式的改变来解决个人与家庭的问题。它的基本概念涉及家庭系统、家庭结构、病态家庭结构及家庭生命周期，关注家庭功能失衡的评估，强调家庭功能的恢复。实施过程中的治疗技巧有改善家庭看法的重演、集中焦点、感觉震撼、家庭成员边界确定、打破以后结构、改变错误家庭观念和建立合理的家庭关系视角等。① 萨提亚家庭治疗模式是由美国著名心理治疗师、家庭治疗的先驱维吉尼亚·萨提亚（Virginia Satir）创立的。萨提亚家庭治疗模式的理论假设可以被概括为对人、对困难和对家庭三个方面的理解。这三个方面互相影响，一起构成萨提亚家庭治疗模式的理论基础。该模式的核心观点有：一个人能否充分发挥自己的能力和资源，取决于这个人与他人交往中的感受好坏及所获得的自尊心的高低；不幸的事情并不能导致人出现问题，导致人出现问题的真

---

① 萨尔瓦多·米纽庆. 家庭与家庭治疗［M］. 谢晓健，译. 北京：商务印书馆，2009.

正原因是应对方式不对；封闭式和开放式是家庭处理成员差异的两种方式，某些家庭会选择封闭式的应对方式，是因为受到以往家庭经验的影响，因此，通过回顾家庭历史，可以帮助家庭提高警觉性。①

3. 个案社会工作的操作技巧

社会工作者只有掌握必备的技巧，才能将所学的社会工作理论转化为具体的方法和途径，才能更好地服务案主。个案社会工作涉及的技巧很多，下面主要对收集资料、会谈和面质三个方面的技巧展开阐述。

（1）收集资料的技巧

个案是一种深度的社会工作干预方式，这就要求社会工作者必须对案主的情况十分了解，对社会工作者收集案主资料的能力要求更高。收集资料通常有会谈、问卷调查和观察三种方法。会谈是社会工作者与案主或案主周边人谈话获得资料的方式，具体为案主自我陈述和社会工作者提问两种方式。在某些案例中，案主有强烈的表达和获得他人认同的需求，社会工作者应尽可能鼓励案主主动表达内心感受和主观经验，这是对案主进行深入了解的最终的资料来源。问卷调查是在案主不善于表达、收集的资料比较敏感或者个人隐私难以在他人面前直言时采取的方法，具体分为结构式问卷和非结构式问卷，前一种回答的内容比较明确，后一种回答的内容相对开放。观察贯穿服务的整个过程，无论是在会谈还是在问卷调查中，社会工作者都要善于观察案主的行为方式与情绪，以及其与相关关系人的互动，然后结合他们提供的资料，对案主的真实情况进行推理。观察一般分为参与观察和非参与观察两种。参与观察获取的信息更加真实，但是进场困难且耗时，非参与观察相对来说要省时省力一些，但是被观察者可能会进行“表演式”呈现，从而不能提供真实信息。

（2）会谈的技巧

会谈并不是我们通常所讲的聊天，而是有目的的专业谈话。根据个案服务的阶段，会谈可以分为一般性咨询会谈、建立关系的会谈、收集资料的会谈、诊断性会谈和治疗性会谈。收集资料的会谈已在前面被提及，下面只介绍其余四种会谈类型。一般性咨询会谈的主要目的是通过为服务对

---

① 维吉尼亚·萨提亚，约翰·贝曼，简·格伯，等. 萨提亚家庭治疗模式［M］. 聂晶，译. 北京：世界图书出版公司北京公司，2007.

象提供相关的知识和信息，帮助服务对象认清自己面临的问题，可以出现在接案前中后不同阶段。建立关系的会谈的目的是帮助社会工作者与服务对象建立专业合作关系，会谈内容主要包括建立专业信任关系、阐明社会工作者服务的内容和边界、告知服务过程中的伦理原则。诊断性会谈的目的是帮助社会工作者重新认识掌握的有关案主的信息，从而对案主进行正确的分析和推断。在诊断性会谈中，社会工作者需要不断地从观察到的事实出发做各种判断，然后再验证这些判断，这样一步一步地逐渐深化对案主的理解，最后形成正确判断，明确案主的问题及制定适当的服务目标。治疗性会谈是个案服务的核心内容，目的是解决案主面临的问题。在这个阶段，社会工作者要针对案主的困扰产生有目的的影响，从而促使案主发生积极的改变。通常情况下，社会工作者要根据前期工作设计详细的干预方案，包括理论、方法、技巧和实施步骤，还要根据案主的反馈进行动态调整，这个阶段并不是直线顺利发展的，往往是反复螺旋式推进的。

（3）面质的技巧

面质的技巧是社会工作者用来指出案主提供的信息中的矛盾的一种技巧。矛盾有两种形式：一种是案主的行为与他的陈述不一致，另一种是案主的陈述内容与其他人的陈述内容不一致。面质应该以不判断、无威胁和非对抗的方式进行。社会工作者必须与案主建立信任关系和营造安全环境，以降低案主的戒备，减少案主的焦虑和“被攻击”的感觉。因此，在进行面质之前，社会工作者需要提供大量的支持。这种技巧可以帮助案主解决被他们回避的问题。面质也有助于从案主的观点中辨识案主的真实状况。[①]社会工作者应该将个人的价值观、个人准则和信念置于助人关系之外，监控自己对案主的反应。如果发现自己对案主态度不好甚至粗暴，就应该立刻停止服务或者邀请督导一起服务。如果不注意面质的方式，案主会因保全面子而很难接受或承认那些确定无疑的矛盾。希尔（Hill）和奥布赖恩（O'Brien）建议，与案主面质时，社会工作者可采用以下两段式的表述形式，如“一方面你……但是另一方面……”“你说……但是你也说到……”

① HEPWORTH D H, ROONEY R, LARSEN J. Direct social work practice: theory and skills[M]. 6th ed. Pacific Grove, CA: Broods/cole, 2003.

"你说……但是行动上你似乎……""我听到……但是我也听到……"[①]。

案例2-1

在一个离异家庭中，法院将女儿的抚养权判给了母亲，父亲每月给付孩子的抚养费，同时有两次探视孩子的权利。但是最近父亲以各种理由拖欠孩子的抚养费，母亲就不再让他探视女儿。男性案主对社会工作者说："我很爱我的女儿，我想让她和我生活在一起，可是她母亲不让。"社会工作者用面质的方式回应："据我了解，你已经好几个月没有给女儿抚养费了，如果你不能按时给付抚养费，那么你见女儿的机会就会更少。"

这是案主行为与案主陈述不一致的情况。在这个案例中，社会工作者会对案主言语的与非言语的信息之间的明显脱节感到困惑，所以需要通过面质的方式让案主明白这里面有矛盾，同时发现案主的真正问题。

案例2-2

在一个婚姻矛盾的案例中，在谈论双方之间是否还有感情时，丈夫说："我怎么不爱她了？我辛辛苦苦挣钱，还房贷。"在谈到分担家务时，丈夫说："家务也没有多麻烦，她顺手弄一下不就行了吗？我下班回来休息休息怎么了？"在被问及妻子一边工作一边照顾家庭的辛苦时，丈夫却不回应（持不愿意承认的态度）。

这是案主的多个陈述相互矛盾的情况，社会工作者可以用面质的方式回应："你说你很爱她，但是当我问及你是否看到妻子的付出时，你却不正面积极回应，这说明了什么呢?"

4. 个案管理

个案管理可以是介于社会工作直接服务与间接服务之间的一种整合性服务方法。个案管理强调提供一套整合各种资源而形成的服务，是由专业社会工作者评估服务对象及其家庭的需求，并安排、协调、监督、评估和

---

① HILL C E, O'BRIEN K M. Helping skills: facilitating exploration, insight and action[M]. 2th ed. Washington, DC: American Psychological Assocization,2004.

倡导一套包含多种项目的服务，其目标是加强服务对象日常生活的管理并提供必要的支持。个案管理的特点：一是案主遭遇多重困境。案主面临的问题复杂，需要多名专业人员的服务，而且案主在获得与使用潜在资源方面有困难。二是强调服务的系统性。个案管理既要为案主寻找和建立资源网络，又要帮助他们将各类资源协调起来以有效解决服务对象的系统性问题。例如，一个负责严重精神疾病治理计划的个案管理者，在面对一个无家可归的“瘾君子”时，必须使案主获得公共支持和治理服务，将正式的和非正式的支持整合起来，如自助团体、家庭成员和朋友等，目的在于保持对患有精神疾病案主的有效管理，限制其毒瘾的复发，提供就业技能培训，在最艰难的时候提供情感支持。① 个案管理的工作流程包括个案发掘与转介、评估与选择、服务计划的制订、服务计划的执行、监督与评估、结案（图 2-1），同时个案管理还要做好记录，记录案主的基本信息和服务的详细内容，如表 2-1 所示。

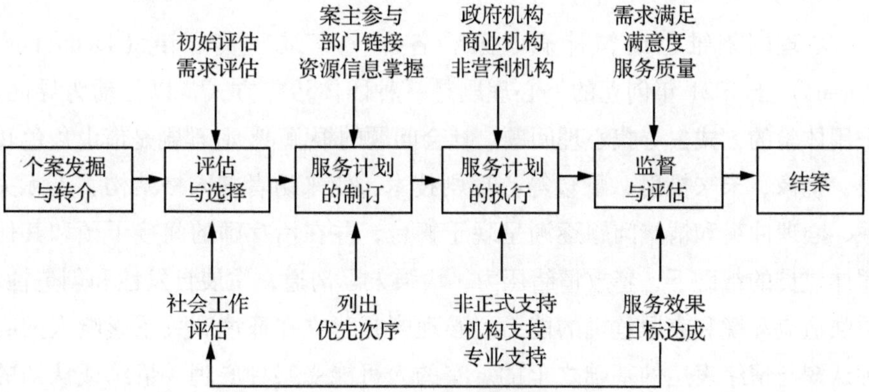

图 2-1　个案管理流程②

① 琳达·卡明斯，朱迪思·塞维尔，劳拉·佩德瑞克. 社会工作技巧演示：直接实务的开始［M］. 韩晓燕，陈赟，译. 上海：格致出版社，上海人民出版社，2010：13.

② 全国社会工作者职业水平考试教材编委会. 社会工作综合能力：中级［M］. 11 版. 北京：中国社会出版社，2022：165.

表 2-1 个案辅导记录表①

<table>
<tr><td>姓名</td><td colspan="2"></td><td>年龄</td><td></td><td>档案编号</td><td></td></tr>
<tr><td>性别</td><td></td><td>民族</td><td></td><td>身份证号</td><td colspan="2"></td></tr>
<tr><td>时间</td><td>辅导活动</td><td colspan="2">辅导对象</td><td colspan="2">辅导内容</td><td>社会工作者/督导备注</td></tr>
<tr><td></td><td></td><td colspan="2"></td><td colspan="2"></td><td></td></tr>
<tr><td></td><td></td><td colspan="2"></td><td colspan="2"></td><td></td></tr>
<tr><td></td><td></td><td colspan="2"></td><td colspan="2"></td><td></td></tr>
<tr><td></td><td></td><td colspan="2"></td><td colspan="2"></td><td></td></tr>
<tr><td></td><td></td><td colspan="2"></td><td colspan="2"></td><td></td></tr>
<tr><td></td><td></td><td colspan="2"></td><td colspan="2"></td><td></td></tr>
<tr><td colspan="6">社会工作者签名：</td><td>日期：</td></tr>
<tr><td colspan="6">督导签名：</td><td>日期：</td></tr>
</table>

（三）心理剧

心理剧是维也纳精神病学家雅各布·李维·莫雷诺（Jacob Levy Moreno）于1921年创立的。心理剧是一种团体治疗方式，以行动为导向，采用体验的方式去寻找心理问题、社会问题的根源。[②] 心理剧是借由角色转换、镜像、未来投射、雕塑等心理剧技术，使来访者的人格结构、人际关系、心理冲突和情绪问题逐渐呈现于舞台，并在治疗师的间接干预和其他团体成员的帮助下，释放情绪压力，增强人际沟通，发展自发性和创造性，增强适应环境和克服危机的能力。心理剧是建立在环境和关系影响人的心理认知与情绪表达的基础之上的。有的人可能受某种心理、情绪或认知的困扰而焦虑不安，但事实并非如想象的那般艰难或可怕，所以可以以戏剧的形式为人们创造类真实的场景，既可以是过去的也可以是未来的，帮助受治疗者勇敢地体验彼时彼地的环境与人物关系，让其在安全的环境中尝试突破自己。心理剧治疗方法是莫雷诺在观察儿童游戏行为的过程中形成

① 全国社会工作者职业水平考试教材编委会. 社会工作实务：中级［M］. 11版. 北京：中国社会出版社，2022：102.

② MORENO J L, MORENO Z T. Psychodrama：Ⅲ action therapy and principles of practice［M］. New York：Beacon House，1959：24.

的，他发现与生俱来的自发性和创造力是人类健康的两大支柱。[①] 心理剧就是要通过对虚拟场景的设置来激发案主的自发性和创造力，从而实现自愈。

1. 心理剧的特点、优势及使用原则

与个案社会工作相比，心理剧的突出特点是将孤立的个人治疗转变为团体中的治疗；与小组社会工作相比，心理剧的突出特点是将语言交流的治疗转变为行动方式的认知治疗。心理剧具有行动取向的特点，且有很高的兼容性，既可以单独使用，也可与以上方法联合使用。在心理剧的舞台上，现实可以被模仿，营造出一种类似社会实验室的安全氛围，人们在其中检视对某些情境和问题的习惯反应模式，探索新的方式和可能性，无须担心因为犯错而被惩罚。其最大的优势是能够更加真实和全面地呈现行为场景，代入感强，产生的心理影响更加迅速、直接，从而能产生更好的治疗效果，而且这种治疗效果是彻底的、永久的。利用心理剧进行行为干预，动用的资源非常多，成本非常高，不具有复制和重复使用的价值，而且制作、设计剧情对治疗师具有极高的要求，所以在案主心理问题极其严重且其他方法无效的情况下使用心理剧较为合理。

2. 心理剧的理论基础

符号互动理论中的拟剧理论是心理剧最主要的理论基础。美国社会学家欧文·戈夫曼（Erving Goffman）对拟剧理论进行了阐释，即人在社会生活中的相互行为在某种程度上可视为一种表演。生活中的每个人都是某个剧目的演员，总是在特定的场景，按照一定的角色设定，在被他人关注的情况下进行角色呈现，这些角色行为并非演员的真实面目。只有当“表演”结束，回到“后台”，“演员”才会恢复自我。戈夫曼用舞台设置中的前台和后台概念来区分人们行为的制约因素。前台是一种制度化的社会存在，人们扮演的通常是具有一定程度的理想化和社会化的自我，而后台则不同，后台没有前台的制度和规范限制，在后台人们能够完全自发地展现自我。在这个表演过程中，表演者通过印象管理或者印象整饰（impression management）来管理别人对自己的印象，通过使用一些表演技巧来展示自己的形象，从而控制对方的行为。[②] 戈夫曼之所以要用舞台表演来解释人们

① APTER N. The human being: J. L. Moreno's vision in psychodrama[J]. International Journal of Psychotherapy, 2003, 8(1): 31-36.

② 转引自郑杭生. 社会学概论新修 [M]. 4 版. 北京：中国人民大学出版社，2013：150.

的社会行为，意在阐释社会场景和制度框架对人们行为的影响，以及人们如何利用这些外在条件或制约来通过目的性的表演达成目标。如果人们能够发现这个规律和特点，就可以有意识地进行印象管理。但是在现实中，人们很难将前台和后台完全区分开来，个体在进行特定的角色扮演时，总是不能完全遮盖真实的自我，所以就会出现角色表现不佳的情况，导致出现人际矛盾或冲突，比如，一个人的好朋友取得了非常高的成就，社会规范要求其发自内心地祝贺好朋友，但是他在祝贺时表情流露出嫉妒或不屑，这些微表情被好朋友察觉后，他们的友谊小船就面临着搁浅或翻覆的风险。现实生活中的人际冲突产生往往就是因为人们无法区分和控制前台、后台行为。心理剧就是让人们通过拟剧的形式重复自我行为或者预演行为，以他者身份来审视自己的行为及动机，从而发现问题的症结，在此基础上提出解决问题的办法。

3. 心理剧的实操技巧

心理剧是一种具有创造性的形式，它运用一些基本的人类能力来增加自发性和创造力，包括想象、身体移动、团体动力、即兴表演、在戏剧的特别情境中实验的机会。[①] 心理剧有五个要素，分别是导演、主角、辅角、观众、舞台。导演是“指挥心理剧来帮助主角探索问题的专业人士”；主角是“整个心理剧的主要人物”，他只要在演出自己个人的生命情境，他就是主角；辅角是“除导演和主角之外的其他参与者”；观众是“在心理剧中其余未上场的人”；舞台“是心理剧演出的地方。它可能是一个正式的平台，也可能是团体中空出来的一块地方，或是在实际冲突发生的原地”。[②]

心理剧在结构上分为三个部分，包括暖身、演出和分享。暖身是让团体成员彼此熟悉，建立联结，创造出安全、开放的团体氛围，激发成员的自发性和创造力，引出主角和议题。想要解决问题的人可以演出他的生命情境。事情可以发生在过去、现在或未来。团体成员分享观看心理剧的感受，在分享过程中不分析、不评价、不解释，而是分享心理剧所触发的个人经验和故事。成员如果在剧中曾经扮演辅助的角色，就可以分享角色中

---

① BLATNER A. Foundations of psychodrama: history, theory, and practice[M]. New York: Spring Publishing Company, 1988: 40－51.

② ADAM BLATNER. 心灵的演出：心理剧方法的实际应用［M］. 程小频，胡嘉琪，洪千惠，等译. 台北：学富文化事业有限公司，2002：3－5.

的体验。分享阶段是加强支持和拓展认识的过程。生活中我们有内在的丰富感受，有外在的各种关系的纠结，把这些呈现出来，就是心理剧的演出。导演需要有长时间、扎实的专业训练，成员则不需要有戏剧经验。演剧既不需要剧本，也不需要经过排练。

在课程教学中，设计制作心理剧在实践中比较困难，因此，社会工作者可以将心理剧的运用改为心理影视作品的欣赏及理论分析，如此不仅可以发挥心理剧的优势，而且可以避开现实条件不足的问题。此外，优秀的心理影视作品能够被反复挖掘和利用。较优秀的心理影视剧有《那山·那人·那狗》《暖》《我是山姆》《跨越边界》《死亡诗社》《心灵捕手》《发条橙》《美丽心灵》等。例如，江南大学社会工作系开设了“影视作品与社会工作”课程，授课教师会精心挑选合适的影视作品在课堂上分享；学生分组进行讨论，组内各自提交影视分析报告，同一影视作品至少产生三份分析报告；教师对三份分析报告进行详细分析，帮助学生理清自己的分析理论基础和某个理论在该影视作用中的解释力。

（四）沙盘游戏

沙盘游戏的原初模型源自英国剧作家H. G. 威尔斯（H. G. Wells）的作品《地板游戏》，后经儿童精神病学家玛格丽特·洛温菲尔德（Margaret Lowenfeld）和心理分析师多拉·卡尔夫（Dora Kalff）发展，形成经典的“沙盘游戏”治疗技术。洛温菲尔德发现当儿童在沙盘里面摆放玩具和模型的时候，实际上他们是在表达和呈现他们的情绪与心理状态；他们使用的沙盘和玩具模型为客观记录和分析儿童的心理或内在世界创造了条件。有了这样的方法，洛温菲尔德也就能够有效地探索儿童心理过程的研究和儿童心理治疗工作了。而且，她认为游戏本身便是重要的治疗因素和治愈途径；游戏本身即使不用解释，也能够起到有效的治疗作用。沙盘游戏的设置是装有沙子的盘子，沙子可干可湿，所以很多人只将具备沙盘的游戏称为沙盘游戏。其实，从沙盘游戏的演化过程来看，任何游戏的形式都可以用于沙盘游戏治疗，在任何场景下，只要有充分的材料、玩具或者模型被治疗者使用，而且治疗师对这些模型所具有的象征意义有深入的研究和理解即可。

1. 沙盘游戏的特点、优势及使用原则

沙盘游戏将游戏本身的价值和意义凸显出来。对于儿童来说，游戏是其表达潜意识幻想和探索世界的重要方式。简单来讲，沙盘游戏就是将游戏作为与儿童建立分析性关系的方式，作为观察的中介和分析资料的来源，作为分析治疗的主要方法和工具。所以，沙盘游戏最大的特点就是游戏本身既是工具又是治疗过程，案主是治疗的积极主体，而非被动接受治疗的对象。沙盘游戏最大的优势是对于具有表达障碍的案主而言的，这是一种最佳的探知其内心世界的有效方法。高岚和申荷永在其著作《沙盘游戏疗法》中将沙盘游戏治疗的原则划分为无意识水平的工作、象征性的分析原理、游戏的意义和治疗、共情的作用与治愈，以及感应的能力与转化。① 从操作的角度看，沙盘游戏实施操作的原则有三：一是必须提供充足的游戏时间；二是必须耐心等待和仔细观察；三是多次游戏，发现变化，通过游戏（语言补充）的形式进行沟通与治疗。除此之外，沙盘游戏是针对有表达障碍和心理障碍的人群而设计的，从4岁的儿童到成年人均适合，尤其适合那些患有身心失调疾病，面临教育、工作或生活困难，人格失调或社会交往困难的案主。对于表达顺畅和能够与治疗师展开积极讨论的人，并不需要采取这种治疗方式。而且沙盘游戏治疗是一个漫长的过程，时间成本较高，所以采用沙盘游戏治疗时，应坚持必要原则。

2. 沙盘游戏的理论基础

荣格心理学是沙盘游戏的重要理论基础。尽管《地板游戏》的作者威尔斯并非心理学家，但其集体潜意识和原型理论能够提供对于他所感兴趣的研究问题的合理解释。虽然瑞士著名心理学家 C. G. 荣格（C. G. Jung）并非沙盘游戏的创始者，但是沙盘游戏的发展得到了荣格心理学的加持，或者说，它们在本质上是一致的，在理论与实践两个方面殊途同归。荣格心理学对弗洛伊德（Freud）的精神分析进行了继承与发展。荣格心理学将精神或心灵分为三个部分：意识自我、个体潜意识和集体潜意识。荣格的“自我”概念的内涵与弗洛伊德的“自我”一样，都是指人格中有意识的一面。个体潜意识包括当前不在意识层面的思想和情绪。个体潜意识中的思想活动也可以被觉知。个体潜意识既包括对于当前活动来说不重要的想法和冲动，也包括那些被主动压抑的、可能威胁到自我的想法和冲动，而且个体潜意识包含过去的和未来的。集体潜意识是荣格心理学中非常重要

① 高岚，申荷永．沙盘游戏疗法［M］．北京：中国人民大学出版社，2011：82－107．

且与沙盘游戏密切相关的内容。荣格用集体潜意识来表示人类心灵中所包含的共同的精神遗传。或者说，集体潜意识中包含着人类进化过程中整个精神性的遗传，被注入我们每个人的内心深处[①]，内心深处的潜意识具有强有力的情感象征，他们被称为原型（archetypes）。集体潜意识是通过某种形式的继承进化而来，是由原型这种现存的形式构成的。原型赋予某些心理内容以独特的形式。换言之，原型的象征意义就像人类基因得以传承和传递，成为不同人在心理上的共鸣的联结点或载体。这一点也是心理剧的核心。例如，患有孤独症的儿童很难用语言或者其他行为表达自己的内心世界，但是他们可以通过绘画等形式展现，其绘画内容就有“原型”的影子，心理治疗师可以通过这些“原型”的象征意义去触探他们的内心世界，从而帮助他们表达自我和实现自我与外界的有效沟通。

荣格心理学中的“自性化”和“积极想象”等概念也在沙盘游戏中发挥着重要作用。自性包含着意识与无意识的整体性，以及呈现这种整体性的事实。自性化即人的整体性化。沙盘游戏的整合性作用，或者说沙盘游戏的整合性意义，可以表现在若干方面：意识与无意识的整合、身体与精神的整合、内在与外在的整合、自我与自性的整合。换言之，荣格心理学认为，如果人们实现不了以上整合，则会导致心理的冲突，从而产生心理问题甚至心理疾病。[②]在分析心理学中，意象本身即具有心灵的自主性，积极想象展现的是人的潜意识内容。荣格将积极想象阐述为自我认识的途径。

3. 沙盘游戏的操作技巧

沙盘游戏是一个投资较高的实验教学方法，需要相对较大的空间来摆置沙盘和模型，而且还要设置相对安静、舒适的游戏空间，既不能过于狭小密闭，也不能过于开阔空旷。此外，沙盘游戏的治疗对象一般是有严重心理障碍的人群，这属于心理学治疗干预的范畴，并不属于社会工作干预的范畴。所以，在社会工作中，沙盘游戏治疗技术的应用场景相对较少。对于社会工作者来说，沙盘游戏能够帮助他们与案主建立友好信任关系，辅助他们了解轻微心理困扰者自己无法觉察的潜意识问题等。

下面以不愿意与父母及他人交流的一名12岁男孩为例进行沙盘游戏操

---

① 转引自高岚，申荷永．沙盘游戏疗法［M］．北京：中国人民大学出版社，2011：56.

② 高岚，申荷永．沙盘游戏疗法［M］．北京：中国人民大学出版社，2011：80.

作技巧展示。

第一步：将男孩带去沙盘游戏治疗室，以介绍玩具的形式邀请其自由玩耍。

第二步：以男孩不觉得被关注的形式对其进行远距离观察。

第三步：在男孩邀请自己一起玩耍或者情绪出现波动的情况下，及时介入，参与游戏。

第四步：以请教或崇拜的口吻试探性地激发男孩表达其所摆置场景的意涵。

第五步：在交流的过程中，逐渐把男孩父母的诉求引入谈话，探究男孩的内心世界，但是一定要注意节奏，不能操之过急。当男孩感到有压力时，应该立即停止，由主动转化为被动，等待男孩主动交流。

第六步：当男孩感到疲惫，或对沙盘游戏没有兴趣的时候，可以结束治疗；当以50分钟为限，告诉男孩只可以玩这么久，如果还想玩，下次再来。总之，要为下次治疗打下基础。

如果以沙盘游戏作为主要疗法，那么绝非一次就能够实现治疗目的，治疗师应该详细记录沙盘游戏中的每次发现（沙盘反映的问题及寻找治愈线索），对治疗过程进行统计描述分析，追踪案主的变化过程，而且对初始沙盘与结束沙盘进行比较分析，以总结治疗经验。

二、校外集中实训

校外集中实训主要是鼓励学生走出校门，切身感受和认知社会工作实务，形式多样灵活。校外集中实训大致可以分为两类：一类是灵活分散自由实习，学生可以根据自己的兴趣爱好和当地的公益发展情况，选择以志愿者身份参与公益项目；另一类是学校规定实习。学校规定实习主要包括校外见习和校外集中实习两种形式。

（一）实地参访

实地参访是社会工作专业为大一新生设置的一种短暂的、浅层次的实践形式，其主要目的是增加学生对社会工作专业机构及其服务的一般性了解，增强学生对社会工作的了解和兴趣，培养学生初步的社会责任感与助人精神，帮助学生认识专业对口的就业内容和形式，以及所在辖区社会工作或者公益事业的发展情况。

（二）志愿者服务

志愿者服务既是大学生社会实践的重要形式，也是社会工作专业学生初步接触社会和了解专业的重要机会。社会工作专业学生在校期间，以志愿者身份参与社会公益组织和社区治理的项目的意义重大。首先，可以培养学生关注社会和关注民生的社会责任感；其次，可以帮助学生培养助人自助的精神，体现积极的生命价值；最后，可以提高学生对专业的认同感，提高其学习理论知识的效率。

（三）专业集中实习

专业集中实习是实习中时间最长、要求最高的实习形式，主要是以基地实习为主。基地实习就是社会工作专业和各类单位签订协议开展实习合作，让学生在实习单位把自己在课堂上所学到的理论、方法和技巧等直接应用到实际工作之中，与实践结合。基地实习在社会工作人才培养中有着不可替代的优势，比如，帮助学生认识真实的职业环境和工作内容，通过现实体验加深其对理论知识和社会工作价值观的理解；通过在实际工作中锻炼学生的活动策划、项目开展、个案服务、资源整合等能力，多方面满足社会工作职业要求；提升学生的专业服务能力、沟通能力、团队合作能力等。

（四）项目式实习

项目式实习是以项目为抓手，以学生为主体，以机构为平台，以教师为保障的多方协同的人才培养模式。这一实践模式突出了实践教学环节在专业人才培养中的重要性，搭建起了学生从学校走向社会的坚实桥梁；在对机构进行人才和劳务输出的过程中，也得到了机构实务经验丰富的社会工作专业人才的培养和指导；教师以督导的身份参与学生的实习过程。项目式实习是社会工作专业学习从“教师主导”向“项目主导”转变的有益探索。项目式实习具有明显的人才培养优势。学生可以全流程参与各单位项目的设计、执行、调整和评估，可以充分在实践中回顾和反思课堂教学中的理论、方法与技巧，以及思考各种方法和技巧的使用情境，这不仅可以强化学生的专业理论能力和实践能力，而且还能整体地提高学生融入社会活动的能力。项目式实习可以有效弥补教师队伍实践能力的不足，有利于专业人才的培养。项目式实习有两种形式：一是学校（学院）承接相关社会工作者类或公益类项目；二是学校与实习基地合作，以实习基地项目为实习项目。前一种形式方便学校掌握实习节奏，但是存在因体制机制而出现项目缺少等问题；后一种形式项目较多，但是可能存在项目运行阶段与学校安排实习时间不协调等问题。

第三章

社会工作实训专项能力提升

第一节　儿童及青少年问题干预能力

儿童及青少年阶段是人一生中最关键的成长阶段，这个阶段的教育在一定程度上决定了人一生的高度和幸福感；这个阶段是人的生理和心理各方面发展变化最快的阶段，诸多心理学家详细划分了人早期成长的生理特征、心理特征及需求，这些为我们认识儿童及青少年提供了丰富的理论依据。

一、儿童及青少年问题的理论基础

人生而为人的关键是有自我意识。每个人的思想和行为均建立在“我是什么样的人”及“我与周围环境关系如何”的基础之上，这就是自我意识的体现。自我意识萌发从婴童时期的家庭成长开始，家庭环境及家庭关系对青少年的自我意识和自尊形成具有重要影响。

（一）自我意识的相关理论

1. 哈特的自我发现理论

自我发现，或称自觉、自我意识，是人的生理机能与社会活动相互作用的结果。借鉴苏珊·哈特（Susan Harter）的观点，自我发现的过程如表 3-1 所示。人的自我发现不是天生就完善的，而是在后天的社会化过程中逐渐形成并完善的。社会工作者在做儿童和青少年问题干预工作时，必须对他们年龄段的特征进行准确把握，然后再制订对症下药的干预方案。

表 3-1 “自我发现”过程

时间	表现
18 周	18 周的婴儿凝视着镜子中的婴儿并没有意识到看到的是自己
18 周—1 岁	不足 1 岁的婴儿并不知道镜子中的是自己，会以为是别的婴儿
2—3 岁	这个年龄段的幼儿会对着镜子中的自己咯咯笑，说明他们已经可以进行“自我发现”
4 岁	直到 4 岁，幼儿才能顺利描述和回忆过去的自我映像。幼儿开始从长相、喜好、拥有物、社会特征等方面描述自己，尽管这些描述经常不准确（自己是小眼睛，却说眼睛跟艾莎公主的一样，大大的），自我描述不一致
5—7 岁	开始从能力方面描述自己，开始协调独立的概念，但仍然不能处理对立的概念，对自己的描述非常积极，并高估自己的能力
8—10 岁	更加清楚地意识到个体自我和自身独特的感受与想法，开始用更复杂的方式描述自己，能够将不同方面的自我成功地整合在一起，他们的自我建构与所属的文化群体的价值观、角色和倾向越来越匹配
11 岁—青少年初期	开始从社会关系、个性特征，以及其他普遍且稳定的心理特征方面进行自我描述。他们的自我描述关注人际特质和社会技能、能力和情绪。他们开始在不同的交往对象面前表现出不同的自我，开始用更为抽象的词汇，如“才智”
青少年中期	开始自省并关注其他人对自己的看法。以前毋庸置疑的自我变成了可疑的假设。多种不同的自我涌入自我领域；抽象思考能力的增强使得青少年能够以更加整合的方式看待自己，但是他们不能理解为什么随着角色的不同会有这么多不同的自我，因而时常体验到自我属性的冲突
青少年后期	自我描述更加强调个人信仰、价值和道德标准；会思考未来的和可能的自己；他们会整合潜在的矛盾特征并发展出一个一致的自我理论

注：借鉴并整合了苏珊·哈特对童年期和青少年自我描述的划分。①

2. 皮亚杰的儿童发展阶段理论

著名的儿童学家让·皮亚杰（Jean Piaget）非常强调儿童积极领会世界的能力。他的研究发现，儿童并不是被动地吸收信息，而是对他们从周遭世界中看到、听到和感受到的东西有所选择并解释，这也就能解释一对双胞胎为什么会发展出不同的性格特征和兴趣爱好。皮亚杰将儿童认知过程

① 转引自罗斯·D. 帕克，阿莉森·克拉克-斯图尔特. 社会性发展［M］. 俞国良，郑璞，译. 北京：中国人民大学出版社，2013：136－138.

分为四个阶段，每个阶段都包含着获得新的技能，并有赖于前一个阶段的成功完成。四个阶段分别是：感觉运动阶段（从出生到2岁左右）、前运算阶段（2—7岁）、具体运算阶段（7—11岁）和形式运算阶段（11—15岁）。[①] 皮亚杰认为，前三个阶段是普遍的，也就是正常的孩子都会逐渐具有的，但并不是所有的人都会达到第四个阶段即形式运算阶段，有很多成人仍然停留在以自我为中心的具体运算阶段，这是因为形式运算思维的发展在一定程度上有赖于学校教育。一方面，这说明了为什么文化程度低的成年人不能变换思维思考，不能理解复杂的问题或关系，总是在自我的认知范围内打转；另一方面，这也是对文化层次低的人进行社会工作干预的过程非常艰难和漫长的原因。

3. 米德的符号互动论

符号互动理论的提出者、著名社会学家乔治·赫伯特·米德认为儿童一旦学会区分“主我”与“客我”，也就获得了自我觉知。“主我”是未经社会化的婴儿，是一堆自发需要和欲望的聚合，“客我”则是社会自我。个体通过他人看待自己的眼光来看待自己，发展自我意识，然后在此基础上开始理解社会生活赖以开展的整体上的价值与道德。儿童从自己散漫地玩耍到参与无组织的游戏再到参与有组织的游戏（社会交往），逐渐发展出了“主我”“客我”的概念，形成了规则意识和道德感。[②] 比如，儿童要想参与有组织的游戏，就必须理解和遵守游戏规则，在这个过程中就会形成“公平”“平等”等观念。有些儿童由于在3—5岁参与有组织的游戏时没有形成很好的组织观念和游戏规则，而出现交往困难或者交往困扰问题，这就需要社会工作者或者心理干预者在游戏中培养儿童的规则意识，帮助他们发现“客我”。

（二）自我认同的内涵及理论

自我认同是将自己定位为有别于他人的、独立的个体。稳定和满足的自我认同最理想的状况应该是高自尊、高认知灵活性、更成熟的道德推理能力、更明确的目标设定及更好的目标实现。自我认同包括两个阶段：一

---

① 詹姆斯·W.范德赞登，托马斯·L.克兰德尔，科琳·海恩斯·克兰德尔．人类发展：第八版［M］．俞国良，黄峥，樊召锋，译．北京：中国人民大学出版社，2011：54.

② 安东尼·吉登斯．社会学［M］．李康，译．北京：北京大学出版社，2009：134.

是自我评价，二是自我接纳。自我评价是自我接纳的前提和基础，自我接纳是自我评价的结果。错误的自我评价会导致不恰当的自我接纳，进而会影响社会交往效果。青少年的自我认同的情绪准备和基础对其未来一生的心理健康和人际关系情况具有决定性作用。

1. 萨提亚的自尊理论

自我评价的核心概念是自尊。“我是不是最漂亮的？我是不是最乖的？”这样的问题是儿童自我评价显现的早期表现。自尊是自我评价中可评估的部分，表明了人们通过与他人进行比较而产生的对自身的积极的或消极的看法。自尊对儿童的身心健康具有重要影响，也直接影响其一生的社会交往。维吉尼亚·萨提亚通过研究和实践建立了成长模式，她将人们对于世界的感知方式分类为等级模式和成长模式，而且从关系、个体、实践和改变的态度四个方面进行了对比评估。换言之，可以从这四个方面分析我们如何看待世界，具体为我们怎么定义一个人、我们怎么解释一个事件，以及我们对于改变抱有怎样的态度，这些都极具个性地刻画出所有个体与他人之间的关系特点。萨提亚的关于“基本三角关系”和“自尊与生存姿态”的研究成果详细阐述了两种模式中人的内心状态与生存姿态。萨提亚认为自尊形成于家庭中最基本的三角关系：父亲、母亲和孩子。在众多由我们参与构成的体系当中，这种三角关系既是最先接纳我们的，也是对我们影响最深远的。萨提亚相信，我们每个人生来就具有平等的内在价值。所以，关于自我价值的问题绝不是我们是否拥有它，而是我们应该如何去体现它。自我价值永远根植于我们的心底，并不断挣扎着，希望被发现、被承认和被证实。当儿童的自我意识觉醒时，他们需要外界来觉察自己的存在及肯定自己，而这个外界大多是父母给孩子营造的生活环境，儿童从这个环境中逐渐形成别人对自我的期待和自己对他人（父母）的期待，掌握期待实现的方式及程度。正是由于人们彼此之间存在着最初的希望，失望的情绪常常歪曲实际所发生的一切。那些未能实现的预期可能会引发自我怀疑、责备、冲突，有时甚至是暴力的内部或外部对话。期待若被充分满足、被过分满足、得不到满足就会形成不同自尊类型的人格。萨提亚创设了由情境、自我及他人三要素构成的生存模型。[①]

2. 影响自尊形成的重要社会因素

首先，家庭的影响。心理学家库珀·史密斯（Cooper Smith）发现，在家庭决策上尊重孩子看法的父母与没有采取积极接纳并关爱孩子、建立明确一贯的规则、使用非强制性的纪律规范教养方法的父母相比，他们的孩子在童年中期和青少年期拥有更高的自尊水平。[②] 相对于父母采用独裁、高控、惩罚型养育方式的青少年，那些父母采用温情、慈爱、权威型养育方式的青少年具有更高的自尊水平。受父母虐待的孩子相比正常孩子自尊水平更低。父母的赞许似乎对学生能力和行为领域自我知觉的建立具有特殊的重要性。

其次，同伴的影响。儿童的社交圈子超出家庭以后，同伴意见对他们的影响越来越大，甚至可能在一段时间内成为主导性的力量。群体社会化理论（GS 理论）的提出者美国社会心理学家朱迪斯·里奇·哈里斯（Judith Rich Harris）认为，随着儿童年龄的增长，家庭外的行为系统逐渐取代、超越了家庭内的行为系统，并最终成为他们成人人格的一部分，而家庭外的行为系统主要是指同伴群里的行为系统，是对儿童人格产生重要影响的环境。在正式场合（班级、社团、团队和工作环境等），同伴的支持比在私人场合的亲密朋友的支持对于个体自我认同更为重要，可能是公开支持被视为更客观和可信。有相当一部分青少年为了获得同伴的认同而积极主动地向同伴的价值观和行为方式靠拢，如有的本来乖巧懂事的孩子却染上吸烟、打架的恶习。

最后，教师的影响。教师在学生的成长过程中扮演着极其重要的角色。教师拥有对学生表现进行评价的权威性，加之学生的人格尚未完全独立，他们常常因为教师的评价而产生不同的自尊水平。有研究表明，获得教师更多支持的 6—8 年级的学生的自尊水平更高。读书期间，教师对学生的评价往往影响学生一生的自我评价高度。尤其是求学时受到教师的歧视的孩子，长大后很难摆脱自卑心态。

---

① 维吉尼亚·萨提亚，约翰·贝曼，简·格伯，等. 萨提亚家庭治疗模式［M］. 聂晶，译. 北京：世界图书出版公司北京公司，2007.

② 转引自罗斯·D. 帕克，阿莉森·克拉克-斯图尔特. 社会性发展［M］. 俞国良，郑璞，译. 北京：中国人民大学出版社，2013：140.

二、青少年行为偏差

从人际互动关系理论来看，行为偏差是导致人际关系失衡或者破裂的常见动因，消极的人际关系又会加剧偏差程度甚至诱发新的行为偏差，恶性循环便就此形成了。社会心理学将社会关系中的消极表现分为偏见和攻击行为（或伤害他人）。偏见可能不会被付诸实践，更多的是一种认知和情绪问题，因此，此处对偏见不做讨论。

（一）行为偏差的概念

行为偏差，即偏差行为，是社会学研究的重要概念，是社会对人类行为进行标定的一种结果。标签理论认为，没有一种行为偏差是与生俱来的，行为是在复杂的社会互动中产生的，是被社会定义出来的。“悬衡而知平，设规而知圆”，任何社会的和谐健康运转都离不开一套约束社会成员的行为准则，也就是说行为必须被社会加以评价、约束，社会学将这样一套规则称为社会规范。社会规范在得到多数社会成员认同后被作为评价个体行为的标准，然而不是所有的社会成员都会遵守社会规范，总会有社会成员偏离或者违背社会规范，产生不被其他社会成员认同甚至损害自身和社会健康发展的行为。因此，可以将行为偏差理解为社会成员在社会互动中表现出偏离或违反社会规范的行为，而且这种行为会或者损害个体身心健康，或者冲击社会秩序。

（二）行为偏差的特点

人类行为看似多样复杂，但并不是无迹可寻的，偏差行为亦是如此，认识和研究偏差行为的特点，可以更好地判断行为是否发生偏差，进一步定位偏差类型，厘清偏差行为的发生机制，从而选择合适的干预方案以改变偏差行为。下面将偏差行为的特征界定为三点。

1. 具有建构性

行为偏差是社会建构出来的，不同社会依据自己制定的社会规范对社会行为进行控制，将违反社会规范的行为界定为偏差行为，以此来引导社会成员谴责偏差行为，从而发展出正常的行为模式。譬如，在传统社会中，男女二人只有在领证结婚之后才可以生活在一起并共同养育子女；在现代社会，婚前同居等行为已经被人们接受，也不再被视作偏差行为。

2. 具有相对性

行为偏差的界定是有标准的，这个标准主要是社会规范。然而标准并非一成不变。社会规范其实是一个历史范畴，具有很强的时效性，不同社会孕育着多样的社会规范，即使是同一个社会在不同历史阶段也会对社会规范发展出不同的理解，这就解释了为什么一种行为在某些国家被界定为偏差行为，在其他国家却被包容。

3. 具有可控性

行为是个体在认知指导下对社会环境所做出的反应。根据认知行为理论，行为会受到认知及环境刺激的影响，偏差行为也不例外。偏差行为的发生是有原因和发展过程的，只要把握住偏差行为发生的原因，就可以对症下药，加以矫正，这为我们干预偏差行为提供了理论依据和可能性。如校园霸凌已经成为学校管理的一个重要方面，虽然霸凌行为时有发生，但霸凌行为还是可以被干预和纠正的。

（三）典型行为偏差：欺凌

欺凌是攻击行为的一种特殊表现形式，这种攻击方式表现为在某种关系中反复滥用权力。加拿大的一项对近 900 名儿童进行考察的研究发现，约有 10% 的儿童从青少年早期到晚期一直表现出很高的欺凌水平；13% 的儿童从始至终维持了中等程度的欺凌行为。可以说，欺凌问题已经引起全世界的关注。

1. 欺凌的参与主体

欺凌行为涉及欺凌者、受欺凌者和旁观者三类主体，三者在整个欺凌过程中扮演着不同的角色，对结果产生不同的影响。

欺凌者是欺凌行为的实施方，在欺凌过程中占据强势地位。有时欺凌者不是单独的个体，而是一个固定的小团体，此时欺凌者可以被细分为领导者和协同者，他们均参与欺凌行为。欺凌者通常冲动易怒，身材高大健壮，带有强烈的攻击性。欺凌者的欺凌行为存在性别和年龄差异。在性别方面，研究发现，男性欺凌者多使用身体攻击和关系攻击，女性欺凌者多采用言语攻击和关系攻击。女性欺凌者使用关系攻击的策略相对更多，而男性欺凌者则更热衷于进行身体攻击。男生扮演欺凌者角色的比例远高于女生，而且进入青春期后，男生不管是欺凌还是被欺凌的比例都大于女生。还有研究显示，无论男女，进入高中后，间接欺凌行为相对于初中都有所上升，女生的间接欺凌行为则上升至首位；男生由以直接的身体欺凌为主逐渐转化为以言语欺凌为主，女生则由以直接的言语欺凌为主逐渐转变为以间接欺凌（散播谣言、孤立或排挤）为主。在年龄方面，受欺凌的比例总体上随年龄的增长而降低，但不同欺凌类型之间存在差异，其中，受直接身体欺凌的比例随年龄增长而下降，受直接言语欺凌的比例随年龄增长而上升，受间接欺凌的比例随着年龄增长未表现出明显的规律。

受欺凌者是欺凌行为的承受者，它是指那些长期受到他人伤害的个体，属于欺凌行为中的弱势群体。这一群体通常是那些在年龄和身材上都不占优势的儿童，性格比较自卑、懦弱、胆小。调研发现，也有一些学习优秀者成为被欺凌的对象。受欺凌的儿童大约有以下两种：

一种是对欺凌不做任何攻击性回应的消极受害者。大多数受欺凌者都是消极的，他们会传递出不会保护自己或不会对欺凌行为进行报复的信号。受欺凌者往往具有容易哭泣、太过担心、恐惧或悲伤的性格特征，或者存在某种“社会关系缺陷”，比如，父母离异、学习成绩优异且不合群等，或者在身体方面存在“缺陷”，如形象不佳、身材矮小等。那些害羞、天生胆小焦虑、性格内向的儿童非常容易成为被欺凌的对象。如果不及时加以阻止，帮助受欺凌者摆脱困境，则会形成一个恶性循环。在面对欺凌时，受欺凌者往往做出顺从、哀求、屈从并交出自身财物的行为，他们未能意识到这些行为是对欺凌者的鼓励，由此会遭到更加频繁和强烈的欺凌，最终导致他们产生严重的心理问题、社会行为问题，严重者可能出现自杀等行为。

另一种是挑衅型受害者。这类受欺凌者可能会做出积极的外向的反抗，但是对自己的威慑力判断不准。事实证明，具有攻击性并不足以远离伤害，只有高效的攻击才能避免受到欺凌。有研究发现，在一年级具有更多内化症状（哭泣、恐惧和焦虑）的儿童在三年级时会成为他人欺凌的对象；在一年级时表现出攻击性的儿童很可能在三年级时会成为受害者。①

旁观者主要是指看见或知道别人被欺凌却视若无睹，对欺凌行为持默认或支持立场的人。旁观者的存在会大大弱化欺凌者实施欺凌行为时的内

① LEADBEATER B J, HOGLUND W L G. The effects of peer victimization and physical aggression on changes in internalizing from first to third grade[J]. Child Development, 2009,80(3): 843 - 859.

疚感和道德感，是对欺凌者行为的变相支持，会助长欺凌者的气焰。

2. 欺凌的后果

毋庸置疑，欺凌对个体的身心健康会产生巨大的危害，这些危害不仅作用在受欺凌者身上，而且会对欺凌者的社会化进程造成障碍。这里分别针对欺凌各方展开讨论。

第一，对受欺凌者的危害。在生理上，受欺凌者因身体受到攻击可能遭受身体损伤，如损害身体机能，甚至造成残疾，危害其生命安全。在心理上，受欺凌者会长期处于恐慌、无助甚至绝望的状态，生活在被欺凌的阴影中，这种阴影甚至会伴随其一生，使其产生严重的心理疾病，严重影响其身心健康，阻碍其社会功能的正常发挥。研究表明，长期受欺凌会导致个体注意力分散，成绩快速下降，自尊心受损，人际关系失调并趋于恶化，逐渐对现实世界失去希望和信任，产生诸如“我没有优点，我不配被人喜爱，活该被欺负”等不合理的信念，形成习得性无助感，在极端情况下会产生自杀念头。当这些消极情绪和认知得不到疏解时，有些受欺凌者难免会产生报复心理，从而成为欺凌者甚至走向犯罪。

第二，对欺凌者的危害。欺凌行为发生时，欺凌者作为欺凌行为的实施主体，占据强势地位，看似不会受到欺凌行为的危害，但欺凌本身也会对欺凌者产生负面影响，只不过这种影响容易被人们忽视，没有受欺凌者所遭遇的危害那样明显。一方面，欺凌者本身在性格方面就存在偏差，对人际关系的认知不完善，若长期实施欺凌行为，尤其是在其欺凌行为未被批判或控制的情况下，他们就会在无意识中强化欺凌这种偏差行为，并且更加肯定自身的这种行为模式，认为自己通过攻击就可以轻松满足自己的需求，长久以往，就会发展出攻击型人格，成年后其犯罪率会大大提高。另一方面，欺凌者一旦被周围社会成员识别，便会被贴上“欺凌者”的标签，难以获得社会成员的认可，很容易被周围人边缘化，被社会排斥，丧失社会归属感。此时他们为了寻求认同感，会加入欺凌者亚团体，甚至成为暴力组织的成员，最终发展出犯罪行为。

第三，对旁观者的危害。对于目睹欺凌行为的旁观者来讲，欺凌同样会给他们带来心理压力和阴影。他们会感到恐慌，感觉对安全的基本需要受到了严重威胁，担心自己也会受到欺凌，做事畏畏缩缩，会形成懦弱怕事、无担当的性格，严重的还会产生厌学情绪。同时，行为是可以被模仿的，频繁的欺凌行为会使旁观者进行模仿，以显示自己的强大，甚至会转而加入欺凌组织，以避免自己遭受欺凌。

第四，对校园及社会风气的危害。欺凌行为严重破坏和谐友好的校园风气建设，会降低学校的社会信任度，难以为学生提供正常的学习环境，严重干扰学生的正常学习和生活，不利于学校的长期发展，甚至会造成恶劣的社会影响。欺凌者若得不到及时有效的教育，进入社会后也会成为危害社会安全的“定时炸弹”。

3. 欺凌行为产生的原因

第一，受基因的影响。从生物学角度出发，遵循“物竞天择，适者生存”的自然法则是与生俱来的天性，人类会发起攻击行为来证明自身强大，以获得生存下去的机会。

第二，受早期依恋关系的影响。有研究发现，早在欺凌行为发生之前，通过儿童的表现就能判断谁将成为欺凌者或受欺凌者，受欺凌者通常对母亲产生焦虑型依恋。而挑衅型受害者更可能遭受过身体虐待、严酷的管教和婚姻暴力。“男孩受害者更可能拥有一个对其保护过度的母亲，这种母亲会阻碍孩子自主能力的发展，或鼓励孩子表达其恐惧、焦虑的情绪。女孩受害者更可能具有强制、拒绝、无响应的母亲。这种母亲阻碍了女孩建立社会关系能力的形成，使她们更加容易受到欺凌。欺凌者也很可能具有无响应的母亲，和攻击行为逐渐减少的儿童相比，攻击行为贯穿整个高中阶段的欺凌者和父母的沟通更少、冲突更多，父母对其行为的监控也更弱。”①

第三，受家庭教养方式的影响。欺凌是个体与社会生态系统互动的结果，家庭是社会系统的基本单元，是个体社会化过程中极为重要的载体之一，家庭教养方式直接影响早期儿童性格的养成。弗洛伊德认为个体社会化在儿童早期便完成了，儿童时期形成的人格特质和行为模式具有稳定性，甚至会影响个体的一生。父母采用的教养方式不同，便会传递给儿童不同的社会价值观念、行为模式和社会道德规范。有学者将教养方式划分为权

---

① 罗斯·D.帕克，阿莉森·克拉克-斯图尔特. 社会性发展［M］. 俞国良，郑璞，译. 北京：中国人民大学出版社，2013：321.

威型、专制型、放任型和冷漠型四种（表3-2）。①

表3-2 四种教养方式

类型	特征	结果
权威型教养方式	在权威型家庭中，父母崇尚理性和民主，能够给予孩子恰当的关爱，恩威并重，有益于构建民主和谐的家庭氛围。这种教养方式对孩子的成长起着积极的建设作用，是值得学习的一种教养模式	处于这种教养方式下的儿童自然会学习正确的行为模式，树立清晰正确的价值观，建立良好的人际关系，卷入欺凌行为的可能性最小
专制型教养方式	父母以自我为中心，一切以自己的标准来要求孩子，要求孩子绝对服从自己，对孩子的所有行为都加以保护和监督，没有意识到要求过高对孩子的个性是一种变相的扼杀	处于这种教养方式下的儿童常常表现出焦虑、退缩和不快乐，容易形成对抗、自卑、畏缩、依赖等不良的性格特征。在青少年时期，与权威型教养方式相比，在专制型教养方式下成长的儿童的自我调节能力和适应性都比较差，但有时他们在校的学习表现比在放任型和冷漠型教养方式下成长的儿童好，而且在校期间的反社会行为也较少，较少卷入校园欺凌
放任型教养方式	父母对子女宽容溺爱，对孩子抱有积极肯定的情感，但过于相信孩子，对孩子缺乏行为方面的要求和控制，放任孩子自己做决定，没有认识到孩子尚未拥有正确认知的能力，对孩子的不合理行为未加以及时教育	处于这样的教养方式下的儿童大多很不成熟，随着年龄的增长，会变得依赖、任性、冲动、幼稚，做事缺乏恒心。他们往往具有较强的冲动性和攻击性，而且缺乏责任感，合作性差，很少为别人考虑，自信心也不足，往往会变成校园欺凌的卷入者
冷漠型教养方式	父母对孩子投入过少的情感，对孩子持有消极反应，对孩子缺乏最基本的关注，对孩子的行为缺乏反馈，且容易流露厌烦、不愿搭理的态度，容易使孩子的内心滋生敌意、愤恨、报复等负面情感	处于这种教养方式下的儿童与处于放任型教养方式下的儿童一样，具有较强的攻击性，很少替别人考虑，对人缺乏热情与关心，在青少年时期更有可能出现不良行为问题，比放任型家庭中的孩子更容易卷入校园欺凌

① 罗斯·D.帕克，阿莉森·克拉克-斯图尔特. 社会性发展［M］. 俞国良，郑璞，译. 北京：中国人民大学出版社，2013：164－166.

三、儿童及青少年问题案例

案例3-1

被家暴男孩重返校园之路

一、案例背景

（一）案主的基本情况

1. 个人情况

好好（化名），男，8岁。好好经常以身体不舒服等为借口要求妈妈给他请假在家休息，他与同龄小朋友的关系疏远，不合群，也不愿意接受老师的主动沟通。当陌生人靠近他时，好好会表现出非常明显的抵触情绪，会尖叫，敲打自己的脑袋。问题长期得不到有效解决，学校以好好需要治疗干预为由，建议家长将小朋友带回家治疗之后再送去学校。好好的爸爸带好好去医院做过检查。经医院检查，好好的智力水平和精神状态都在正常范围之内，但是好好存在轻微适应性障碍，需要好好的妈妈始终在其左右陪护。

2. 家庭情况

好好的家在小县城，好好的爸爸无固定工作，日常靠打零工来为维持生活，好好的妈妈因身体不好和患有轻微间歇性精神疾病而长年在家。好好的爸爸性格粗暴，好好的妈妈性格懦弱，好好的爸爸经常打骂母子二人，家庭关系紧张。从居住的环境来看，好好家的房间杂乱无章，卫生状况极差。

（二）案主的社会支持情况

1. 家庭方面

在核心家庭中，仅有好好的妈妈能够给予好好情感的支持。好好的爸爸仅仅提供生活和经济来源支持；好好的爷爷奶奶和外公外婆都住在乡下，他们文化水平不高而且经济条件差，自顾不暇，也很难对好好的成长有所帮助。

2. 社区方面

好好家所在的小县城社区服务尚未发展起来，好好难以获得社区帮助，只是由于情况较为严重而得到了妇联的关照，妇联为其提供社会工作者服务介入。

3. 学校方面

学校因为自身没有提供专业服务的能力和教学任务重等将好好推回家庭。

4. 邻里方面

好好的父母属于社会底层，社会关系资源匮乏，邻里关系一般，没有人愿意且有能力关心其家庭。

二、需求评估

（一）生活照料层面

家庭收入虽然不高，但是能够维持基本的生活。好好的日常生活基本全部由妈妈负责，由于没有较好的育儿理念，好好的妈妈对孩子比较溺爱，不让好好做任何事，好好白天不起床，在床上吃喝都可以。

（二）心理认知层面

从好好的现状来看，其早期的心理认知发展没有得到非常好的尊重和认可。好好从小没有建立起安全感和社会信任感，而且较少得到来自监护人的积极鼓励和暗示，有明显的自我否定的认知情绪。而且 8—10 岁这个年龄段正是孩子清楚地意识到个体自我和自身独特的感受与想法的时候，他们开始用更复杂的方式表达自己，他们的自我建构与所属的文化群体的价值观、角色和倾向越来越匹配。好好爸爸的不善表达、行为粗暴，好好妈妈的懦弱回避等逐渐被习得。

（三）人际交往层面

由于好好的父母没有正常的人际交往关系，好好也缺乏人际交往的正常环境，又因为他不能适应学校生活，而被排斥在学校的朋辈关系之外，其人际交往对象仅有妈妈一人。

（四）社会成长层面

好好正处于学知识的重要阶段，但是被排除在学校之外后，不能享受正常的义务教育。

三、理论支持

（一）家庭治疗理论

家庭治疗理论大多建立在社会学对家庭问题的分析理论基础上。社会学理论认为，人的早期社会化过程主要在家庭中完成，对人的一生有至关重要的影响。家庭治疗法以此为依据，提出应以整个家庭为治疗单位，通过改变家庭的结构与交往方式来发挥家庭的功能，从而使个人问题真正得以解决。家庭治疗理论认为，治疗的目的在于去除阻碍家庭功能发挥的结构，取而代之以较健全的结构，使家庭成员在这样的结构中的角色扮演恰当得体。具体的治疗方法：以家庭为治疗单位，以改变案主与家人的交往方式为目标，运用系统理论、学习理论、沟通理论去了解案主的个人心理状态。治疗应注意此时此地的现实状况，而不注重对家庭历史的回顾与家庭成员问题的追溯。在治疗方法方面，不采用直接的、单对单的谈话方式，而是应多元地、多层次地介入家庭成员的交往过程。改变家庭的结构与组织，使家庭的功能得到正常发挥，从而解决困扰案主的问题。“家庭系统”“家庭结构”“家庭结构病态”“家庭生命周期”都是家庭治疗的核心概念。

（二）社会支持理论

社会支持是一个复合维度的概念，在个人及其环境之间存在着多种水平的关系，其理论基础也在不断发展，由最初的系统论、社会整合论发展为社会支持网络理论与社会资本论。社会支持理论最简单的内涵就是通过发挥周围他人的力量来帮助案主解决问题，但是服务介入事件探索表明，社会支持干预策略经历了从“以案主为中心，周围他人是案主改变的手段”，“案主与周围他人的关系不是以谁为中心，而是兼顾两者的需要，让两者之间维持某种平衡关系”，发展到“案主和周围他人借助日常的互动交流，根据自己的经验和发展要求，在相互影响的过程中选择自己的发展方向，发展方向的选择又会反过来影响案主与周围他人之间的沟通交流”的共生发展模式。

四、服务目标

(1) 帮助好好的父母认识到问题的严重性，正面对待问题，达成解决问题的共识。

(2) 帮助好好建立起安全感，使其逐渐参与陌生社会交往活动。

(3) 帮助好好与学校进行沟通，实现好好早日正常读书的权利争取。

五、服务计划

第一步：建立与好好的家庭的良好信任关系。

第二步：与好好的父母沟通交流，获得他们问题方面的认知情况及他们的期待信息。

第三步：引导好好的家庭建立亲子互动的正常模式。

第四步：帮助好好学会主动表达自己的想法和诉求。

第五步：联系学校及相关部门，帮助好好返校读书。

第六步：保持与好好的家庭的服务关系，维护和固化已经取得的效果，帮助好好的父母发展出自己正确解决孩子成长问题的能力。

六、服务过程

（一）第一阶段：建立信任关系

在收到妇联的转介信息后，社会工作者组织 S 选派 40 岁的有经验的社会工作者 M（女）作为此案例的主干预者，配新进社会工作者 L（男）为其助理。M 和 L 接到任务之后，开始设计家访方案。由于担心第一次家访时案主家庭有抵触情绪会影响到后续服务的有效开展，M 先通过社区了解到邻居 Z 与好好家关系较好，先与邻居 Z 取得联系，说明缘由，在争取到邻居 Z 的帮助后，与邻居 Z 约定一同到好好家的时间。第一次家访时，邻居 Z 向好好的父母说明了 M 和 L 的来意，好好的父母在茫然中接受了他们的家访。社会工作者询问了家庭结构、父母工作情况，同时观察了家庭生存环境。社会工作者对好好不上学的情况进行了询问，好好的爸爸说："学校的老师可坏了，孩子现在正是上学的时候，就是去学校接受教育的，可是老师不让孩子上学，我们做家长的能怎么办?" 好好的妈妈在整个家访过程中都沉默寡言，感觉自己也不知道说什么好。第一次家访时，社会工作者为了避免家长有抵触情绪，没有对他们的状况做评价，采取了接纳的态度和做法。

M 和 L 在第一次家访之后，制订了详细的家访计划，第二天单独前往好好家，再次与好好的父母沟通好好的问题。好好的妈妈被动接受，好好的爸爸对社会工作者能解决其问题深感怀疑，不拒绝，但是也不主动。M 将观察到的家庭环境和行为作为话题。M 看到都快中午了，好好还没有穿好衣服，还在被窝里玩，就问好好为什么不起床出去玩，好好默不作答。她又问好好的爸爸为什么不让好好起床，好好的爸爸说："让他起，他不起，打他才行，我一早出去干活，也顾不上管他。" 总之，好好的父母认为孩子不上学，在家无所事事，在床上玩和在外边玩是一样的，无所谓。L 以同为男性的身份，与好好的爸爸聊现在的工作内容，聊一些闲暇时常做的事情。刚开始好好的爸爸也只是敷衍应付。M 和 L 进行了约三次家访之后，才逐渐取得了好好的父母的浅层次信任。在第五次家访时，好好的爸爸遇到一件令人头疼的事情——他认为自己的妻子应该能够享受到残疾人补贴，但是不知道怎么申请。M和L积极主动地帮助他们，告诉他们应该去什么部门询问、有什么样的政策、他们需要提供什么样的证明材料等。在社会工作者的帮助下，好好的爸爸顺利为好好的妈妈争取到了残疾人补贴，他非常感激社会工作者给予的帮助，对社会工作者的能力信任感陡然增强，这为后续对好好教育问题的深入解决奠定了非常好的基础。

（二）第二阶段：父母与孩子一起进步

M和L与好好的父母约定好就好好的问题进行深入的交流与沟通。沟通之前，M和L先让好好的父母将自己认为好好存在的问题说一说，然后他们再从外人的角度谈好好存在的问题，之后大家再讨论好好这些问题出现的原因，以及如果改正的话，可以采取什么措施。好好的父母认为好好的问题就是内向、懒惰、不爱学习。M和L认为他们对这些问题的概括都很抽象，让他们把问题具体化。好好的爸爸说好好“自己不吃饭、不穿衣服，也不帮爸爸妈妈做事情”，M和L就问有没有尝试过他不吃饭就不给他吃，或者主动要求他帮自己做事。好好的父母都默不作声，好像从来没有想过可以变换方法来让好好动起来。M和L帮好好的妈妈分析好好存在问题的原因和解决的办法。好好的父母似懂非懂地接受了。M和L给他们布置了作业：每天8点让孩子起床；起床后让他自己洗脸、吃饭；每天要让孩子穿干净整洁的衣服；给孩子收拾出一块自己的空间，让孩子维持这个空间的整洁。一个星期之后，M和L来检查时发现好好还是邋里邋遢的，而且家里还是没有一个孩子的独立空间。M和L就对好好的父母再次明确让孩子在这些力所能及的事情上主动改变起来，这对他尽早返回学校很有帮助。好好的父母说他们会努力的。在之后的两三次回访检查中，M和L发现好好的父母做得不是很好，原因有二：一是他们意识不到这些行为的意义，二是他们的生活习惯也不好。后来，M和L引导好好的父母给孩子做表率，一起改变，虽然很难很慢，但还是有明显的改变。

（三）第三阶段：改善亲子关系，学会表达自我

在服务介入的过程中，M和L也发现好好的情绪很不稳定，行为有偏差。比如，在M和L与其父母交谈的过程中，好好会无缘无故地趴在妈妈的身上，用手抠掐妈妈，妈妈则是好好弄得不太痛就忍受，或者实在忍不了了，打他一巴掌；爸爸一般不管，只是在影响到自己的时候，不由分说，

一耳光打过去。M和L采用家庭治疗的方法，要求每次家访的时候好好和其父母都在，不管好好是否能听懂，或者是否能够坐得住，M和L都会非常关注和重视好好的参与。M和L选择一些当下家长遇到的亲子问题，与好好一起讨论，去寻找原因和解决办法。M和L还是先让好好说，好好不愿意说，或者不能表达自己的时候，M和L再请其父母讲，在其父母讲的过程中，M和L密切观察好好的反应，然后跟其父母交流好好对他们观点和评价的反应，引导其父母关注好好和认识好好。在好好的父母分享之后，M和L会再次澄清其父母的观点，然后就确认后的观点与好好沟通，来确认好好的态度。如果好好不认可父母的观点，M或L就抛出自己的观点去探索好好的内心世界。在反复的多次多事件的交流过程中，好好逐渐开始主动表达自己（学会了如何表达自己），其父母也略微觉察到了自己与好好的沟通中存在的偏差。之后，M或L还会以观察者的身份观察好好的父母和好好在矛盾焦点中的沟通方式，给予适当引导，效果良好。在这个过程中，好好家的亲子关系得到有效改善，同时好好也与M和L建立了非常密切的信任关系。

（四）第四阶段：重返校园

在好好和其父母都有了明显的进步之后，M和L提议带好好参加一些社交活动。由于好好的父母的社会关系网络单一，而且环境不可控，因此，M和L征得其父母同意后，带好好参加了社会工作组织安排的其他适合儿童参与的项目，通过父母不在场的社会交流训练，为好好重返学校创造试验机会和空间。由于长时间的自我封闭，好好在前几次活动中表现得都不是很好，迫切想逃离，但是在M和L的陪伴与帮助下，好好勉强坚持下来，后来慢慢可以参与部分活动。后来M和L邀请其他小朋友主动与好好玩耍，之后好好逐渐进入正常的社交角色中。之后，M和L带好好的父母一同去辖区所在学校与校长沟通返学事宜。虽然校方有顾虑，但是接受义务教育是好好的权利，学校没有拒绝的理由，而且有社会工作者的帮助和支持，学校同意好好返学。为了给好好营造一个返学的友好学校环境，M和L在校长的帮助下，召集班主任和代课教师进行了一次座谈，座谈的核心内容是请教师不带偏见地、宽容地对待好好，而且希望教师提前跟班级学生开班会，避免同学对好好存在歧视和排斥。在准备好之后，好好以忐忑的心情开始了新的学校生活。社会工作者在好好放学后及时与其沟通上学的体验，给他信心和鼓励，有问题随时与学校教师和好好的父母沟通，保证了好好前期拥有较好的上学体验。当然，其间好好也出现过情绪低落、不想上学等各种状况，但是这些问题都在社会工作者不断给好好进行心理建设的过程中被解决了。

（五）第五阶段：结案与回访

在好好正常上学一个月之后，社会工作者做了结案。结案内容包括：将服务效果明晰地展示给好好的父母，告诉他们好好改变的原因和方法，希望他们能够继续保持已经形成的良好亲子沟通模式；结案后可能出现的情况及应对策略；结案后可以继续请求帮助的方式。

在回访方面，M和L制订了逐渐剥离的回访方案，从一周打两次电话，到一周一次，再到两周一次，再到一个月一次，直到不再需要他们的密切关注。

七、成效评估

成效评估如表3-3所示。

表3-3　成效评估表

服务目标	服务前情况	服务后情况
帮助好好的父母认识到问题的严重性，帮助他们正面对待问题，达成解决问题的共识	爸爸妈妈不仅没有意识到孩子不能上学及其他问题与自身有关，而且认为这是学校的问题	爸爸妈妈认识到孩子的问题与自身认识不足和教育方式不佳有关
帮助好好建立起安全感，逐渐参与陌生社会交往活动	好好不上学，每天只想在家里和妈妈待在一起	好好能够单独与社会工作者待在一起；社会工作者带好好参加儿童类活动时，好好可以正常参加活动
帮助其与学校进行沟通，实现其早日正常读书的权利争取	学校以好好心理有问题和学校老师精力不足为由拒绝好好上学	学校以试试看的心态允许好好返校，好好返校一个月内没有出现明显问题，也没有被劝退

案例3-2

一、案例情况

S市D小学二年级有一名男生X在学校屡次实施恶性校园霸凌事件，导致整个班级41名家长联名向校领导、区领导和市领导反映情况。男生X的“罪状”有：无故殴打其他同学，以此为乐，屡教不改；随意冲撞、绊倒其他同学；胡乱向周边同学吐口水；恶意将女生拉入男厕所；自行随意进出女厕所；在课堂上随意号叫，到处乱跑且不服从老师教导，严重扰乱课堂秩序；在课间堵路，不让同学去厕所；等等。最恶劣的是殴打女同学L，致其下前牙松动、牙周膜间隙增宽，惹恼了L的父母，L的父母直接在班级群里指责X的爸妈，要求“给予妥善处理方案，并保证今后不再发生此类恶性暴力事件”。从班级群信息中，可以看到X经常欺负L。由于X的父母毫无愧意，言语激烈，被其他家长扒出是开足浴店的，在早期经营中曾涉黄。

二、案例分析

二年级小学生出现严重的行为偏差的主要原因是父母创造的家庭氛围和父母的教育方式不佳。X的父母可能存在价值观偏差，缺少正确的教育理念和教育方式。学校请社会工作者M进行干预，但是X的父母并不认为自己的孩子有过错，而是认为过错在于其他孩子对自己孩子的不接纳（X被私立学校劝退回户籍所在地公立学校D上学）。M多次与X的父母沟通，但根本无法介入。由于接受义务教育是每个儿童的权利，公立学校D不能劝退X，在社会工作者干预无效的情况下，学校只得安排一名保安保护其他同学不受该生欺负。

三、专业反思

小学阶段的儿童偏差行为的干预必须从家庭入手，但是很多儿童的家庭属于问题家庭，其父母很难理解和接受社会给予的帮助，这是儿童偏差行为干预效果差的最主要原因。

第二节　婚姻家庭问题干预能力

成年早期的显著特征是个体从原生家庭中脱离，开始独立自主地参与社会活动，组建新的家庭，建立新的家庭人际关系，因此，工作中的友谊和家庭中的爱情及亲子关系则是这个阶段的重要情绪发展内容，这将直接关乎一个人的事业发展与家庭幸福。然而，又有多少人能比较恰当地处理婚姻家庭关系呢？家庭暴力、夫妻关系冷漠、亲子关系破裂、婆媳矛盾等是较常见的婚姻家庭问题。

一、婚姻家庭问题的理论基础

婚姻家庭中有诸多关系，核心关系是夫妻关系，夫妻关系深受夫妻双方对亲密关系的观念和爱的能力的影响。

（一）成年早期的亲密关系

亲密关系是个体与社会联结过程中重要的中介关系，亲密关系可以使个体更好地融入社会，可以使个体在面临环境压力时得到心理支持。埃米尔·涂尔干（Émile Durkheim）利用社会隔离来分析自杀，从一个侧面说明了亲密关系的重要性。亲密关系缺失的结果是孤独。鲁宾斯坦（Rubinstein）和谢弗（Shaver）从大约25 000名美国人中，获得了有关孤独体验的详细信息。[①] 他们发现，在孤独者的生活史中，父母离异是主要原因，这些人的痛苦产生于被父母明显地遗弃这样的事实。那些长期处于孤独状态的人，即使对自己已经适应的、完全能应付和参与的偶尔的社会接触，也是畏首畏尾。孤独往往伴随着胆怯等消极的情绪。

爱情是成年早期的典型亲密关系，其含义、特征及社会功能如下。

1. 爱情的含义及特征

传统上，爱情分为浪漫的爱情和伴侣的爱两种类型。浪漫的爱情一般是指受荷尔蒙刺激的男女之间的相互吸引，而伴侣的爱是指以责任为基础

---

① 转引自约瑟夫·P. 福加斯. 社会交际心理学：人际行为研究［J］. 张保生，李晖，樊传明，译. 北京：中国人民大学出版社，2012：145.

的有亲密合作关系的爱。后者对于一个人的情绪管理更加重要，是本书关注的重点。一项关于各种事情对人们的相对重要性的调查发现，对于大多数被调查者来说，与金钱和事业相比，拥有好朋友、美满的婚姻和幸福的家庭更重要。[①] 爱情是人类情感中最典型、最强烈和最难忘的情感体验。何为爱情？“直教人生死相许”“至死不渝”“海枯石烂”等表达了爱情的强烈。鲁宾（Rubin）用爱情量表和喜欢量表来发现爱情的特征，认为爱情具有三个有别于喜欢的特征，分别是挂念、依恋和亲密[②]；斯腾伯格（Robert J. Sternberg）在其爱情三角理论中提出爱情的三元素，即激情、亲密和承诺[③]；德莫（Dermer）和派斯芩（Pyszczynski）研究了性兴奋与爱情之间的关系，研究表明爱情能够激发更强的性兴奋。[④] 此外，爱情还具有强烈的排他性。由此可见，爱情是将开放关系变成私密的、封闭的、专属的稳定关系的过程，这对于个体而言都是美好但严峻的挑战。美好是因为人们能够从中获得其他关系中无法享受到的高自尊和高支持的情绪体验，而严峻则是指爱情对其他关系的排斥会使人们产生束缚感，会改变人们原有的生活习惯和人际关系处理方式，加之人们拥有不同的爱情观，会产生比其他关系更为激烈的冲突和矛盾。现实生活中很多人因为无法适应这种挑战而在爱情中受伤或导致婚姻破裂。在亲密关系中受挫的最严重的后果是拒绝和恐惧亲密关系。

2. 爱情的社会功能

第一，爱情影响人的生理健康。孤独或独身的人与已婚或生活于亲密关系网中的人相比，其患中风、癌症等疾病，以及酒精中毒、意外伤亡的可能性要高得多，其死亡率和自杀率也更高。

第二，爱情是家庭和社会的稳定器。因为爱情组建家庭，男女双方之间形成具有共同财产、利益和隐私的组合，这些利益联结对双方的牵制作

---

① 转引自约瑟夫·P. 福加斯. 社会交际心理学：人际行为研究［M］. 张保生，李晖，樊传明，译. 北京：中国人民大学出版社，2012：175.

② 转引自约瑟夫·P. 福加斯. 社会交际心理学：人际行为研究［M］. 张保生，李晖，樊传明，译. 北京：中国人民大学出版社，2012：176.

③ 转引自詹姆斯·W. 范德赞登，托马斯·L. 克兰德尔，科琳·海恩斯·克兰德尔. 人类发展：第八版［M］. 俞国良，黄峥，樊召锋，译. 北京：中国人民大学出版社，2011：531.

④ 转引自约瑟夫·P. 福加斯. 社会交际心理学：人际行为研究［M］. 张保生，李晖，樊传明，译. 北京：中国人民大学出版社，2012：177.

用有利于家庭的稳定，而家庭稳定给双方带来的心理和社会性支持又有利于社会稳定。

第三，爱情有利于人类的繁衍。两人因爱情而结为夫妻，组建家庭，然后生育子女，完成人类繁衍。父母之间亲密的爱情关系能够为儿童成长提供相对稳定的社会环境和心理环境，有利于提高人口素质。

（二）成年中期的自我转变

除了面对爱情外，成年还面临着重要的社会责任和压力。成年中期以过渡和适应为主要特征，在这个阶段大多数人要稳固现有的社会地位且承担更多的社会责任，在职业上或已到达瓶颈期，生活重心逐渐从职场向家庭转移。近年来的跨文化和性别发展研究显示，个体在成年晚期之前的转变期可以有多种选择，有的人会面临中年危机，也有的人并不会经历这些。“对于不同的个体，在不同的时间和地点，中年生活有着不同的意义。”①

1. 成熟

中国有句古话“四十不惑”，意为人到了四十岁的时候很多社会问题也就看清楚了，不再愤世嫉俗，不再怨天尤人之类了，开始接受现实的安稳甚至不公，也就是变得成熟了。成熟是精力连续性变化来成功适应及自如应对生命要求和责任的能力，成熟并不是某种平稳期或最终阶段，而是变化的一种生命过程，是一种心理认识能力的提升。成熟人格元素暗含的是积极的自我概念。“自我概念是指，我们总是能视我们自己为‘真实自我’或‘我确实是我自己’。”② 例如，对于一个中年男性，他的恐惧自我包括担心成为心脏病患者，对此可能会促使其养成锻炼习惯。认知行为理论告诉我们，每个人的认知影响着其对事物的理解和对情绪的表达。如果我们看待事物是消极的，那么我们的感觉和行动更可能是抑郁的；如果我们看待事物是积极的，那么我们的感觉和行动更可能是快乐的。所以，有的人恐惧中年危机，有的人视中年期为最稳定和安全的阶段，他们会更加投入工作，以体现更多的自我价值。

---

① 詹姆斯·W.范德赞登，托马斯·L.克兰德尔，科琳·海恩斯·克兰德尔. 人类发展：第八版［M］. 俞国良，黄峥，樊召锋，译. 北京：中国人民大学出版社，2011：602.

② 詹姆斯·W.范德赞登，托马斯·L.克兰德尔，科琳·海恩斯·克兰德尔. 人类发展：第八版［M］. 俞国良，黄峥，樊召锋，译. 北京：中国人民大学出版社，2011：603.

2. 成年中期的任务重心与情绪管理

成年中期的人们大多已经完成了繁衍后代的使命，其职业成长也进入平稳或者停滞阶段，他们的社会责任不再是养育子代和创造卓越的劳动价值，他们要退居“二线”，从社会的主角转变为社会的配角。有的人有清晰的生命周期概念，能够提前做好转换的准备，主动、顺利进入下一阶段，而有的人不肯接受现实，只能是被动地退出，这些人就会出现严重的情绪和心理问题。在这个阶段，人们的任务重心转移体现在三个方面：一是从工作中心转向家庭中心，二是从个人成就转向社会服务，三是从夫妻合作转向夫妻扶持。这个阶段的情绪管理方法是进行工作内容和方式的改变，以有利的环境建设来调整心态。

二、婚姻家庭问题的主要表现

（一）爱情行为偏差

因错误的爱情观而导致的爱情偏差行为甚至犯罪在现实生活中并不少见。两性关系中的偏差行为有很多种，比如，有的人坚持认为爱一个人就可以强迫别人做某事或不允许别人做某事。电影《不要和陌生人说话》的被暴力虐待情节、现实中“北大女生因不是处女遭男友精神折磨自杀”等都是典型的案例。爱情行为偏差甚至犯罪有极其严重的负面社会效应。

1. 爱情行为偏差的样态

爱情行为偏差的样态主要有以下几种。

一是性骚扰与性伤害。非情侣之间的性骚扰或性伤害行为很容易被辨识，但现实生活中也存在伴侣之间的性骚扰与性伤害行为。这是不容忽视的。

二是不受欢迎的追求行为。与“坚贞的爱情追求者”不同的“死缠烂打的爱情追求者”常给被追求者造成压力甚至伤害，主要表现为尾随跟踪和病态迷恋，以及在追求失败后出现的报复行为。

三是性暴力。性暴力包括肢体的暴力、言语的暴力、性行为暴力及分手时的威胁。

四是殉情。若爱情关系不被家庭或者社会认可，有些人则会以自杀的极端行为来进行回应。

2. **爱情行为偏差的危害**

爱情行为偏差会导致有人受到伤害，甚至出现扭曲心态，主要表现在：

第一，陷于虐人或被虐的怪圈之中，困于爱情是非，不知道自己还可以有更好的选择。

第二，出现厌世情绪，讨厌和仇恨现世，或者自暴自弃，甚至自杀。

第三，出现报复社会心理，不再相信爱情，寄希望于通过极端行为使对方或者他人体验自己遭受的不公。

第四，形成错误的爱情观。

（二）典型行为偏差：家庭暴力

欺凌行为和暴力行为都是常见的攻击行为，年少时的攻击行为多发生在校园，多表现为前面所讨论的欺凌行为，这种攻击模式若得不到改变，便会在成年后出现在家庭中，衍生为家庭暴力。家庭是暴力行为的频发场所，家庭暴力近年来也是社会各界密切关注的热点问题。

1. **家庭暴力的内涵及特点**

家庭暴力，简称家暴，是指发生在家庭成员间的，以殴打、捆绑、禁闭、残害或其他手段对家庭成员在身体、心理、性等方面进行伤害和摧残的行为。家暴的背后推手是权力不平等所带来的绝对控制，包括身体上、精神上和经济上的控制。需要注意一个误区，在中国，社会公众受“家丑不可外扬”思想的影响，将家暴视为家务事、隐私，完全未认识到这是一种犯罪行为。还有人认为家暴就是丈夫对妻子施暴，事实上，家暴不限于夫妻之间，也不限于男性对女性施暴。

家庭暴力的特点主要包括以下几点：

一是普遍性。2020 年，中华全国妇女联合会（以下简称“妇联”）曾做过统计，在全国 2.7 亿个家庭中，有 30% 的已婚妇女曾遭受家暴，平均每 7.4 秒就有一位女性遭到丈夫殴打。我国每年约有 15.7 万名妇女自杀，其中，60% 是因为家暴。[①] 妇联和国家统计局 2018 年发布的数据显示，

---

① 中国青年网．多地已将谩骂、侮辱列入家暴，全国 30% 已婚妇女曾遭受家暴［EB/OL］（2020 - 08 - 03）［2022 - 05 - 24］．https://baijiahao.baidu.com/s?id=1673971289379749432&wfr=spider&for=pc.

22.9%的女性和19.9%的男性曾遭受家暴。①

二是反复性和循环性。家暴研究专家提出了“家庭暴力循环期”这一概念，主张家暴不是连续出现的，而是呈现出周期性，会经历紧张状态、暴力、诚心道歉和亲密互动三个阶段，这也意味着受害者会受到反复的周期性伤害。

三是隐蔽性。受“家丑不可外扬”“一个巴掌拍不响”等传统落后思想的影响，大多数受害者会将家暴视作家庭私事，不会告知外人，变相为施暴者提供了保护伞，也使得施暴者变本加厉，大肆实施暴力行为。

2. 家庭暴力的类型

家暴主要包括身体暴力、性暴力、精神暴力和经济控制四种类型。

一是身体暴力。身体暴力是最早引起社会关注的一种暴力行为，指的是施暴者采用殴打、捆绑、残害受害者或限制其人身自由等方式使受害者产生恐惧的行为。出于防卫目的对施暴者的反抗不应以身体暴力论处。

二是性暴力。性暴力与身体暴力存在概念交叉，性暴力既伤害受害者的身体，也侵害受害者的性自主权，严重损害受害者的个人尊严。具体是指施暴者强迫受害者以其感到屈辱、恐惧、抵触的方式接受性行为，或实施残害受害者的性器官等行为。

三是精神暴力。精神暴力是施暴者以侮辱、谩骂或不予理睬、不给治病、不肯离婚等手段对受害者进行精神折磨，使受害者产生屈辱、恐惧、无价值感等。与传统的身体暴力相比，精神暴力的隐蔽性使得越来越多的施暴者选择在精神层面折磨他人，精神暴力的爆发率持续上升。

四是经济控制。经济控制是指在家庭占据主导经济地位的施暴者通过对夫妻共同财产或家庭收支状况的严格控制，摧毁受害者的自尊心、自信心和自我价值感，以达到控制受害者的目的。经济控制造成的伤害结果隐蔽，伤害方式缓和，不容易引起外界甚至受害者本人的察觉。

3. 家庭暴力的危害

家暴的危害是深远而持久的。

一是对受害者的危害。家暴严重威胁受害者的生命安全，损害受害者

① 腾讯网. 家暴，只有零次和无数次的区别［EB/OL］（2020－11－21）［2022－05－24］. https://new.qq.com/omn/20201121/20201121A0C1ZB00.html

的身心健康，侵害受害者的人格尊严，是对受害者人身权利的侵犯。暴力对受害者的伤害不仅包括外显的生理伤害，还包括严重的心理创伤，这种创伤有可能无法愈合，影响他们的正常生活。

二是对家庭的危害。家暴直接破坏了家庭的和谐完整，妨碍家庭功能的正常发挥。充满暴力的家庭只会让家庭成员感到恐惧，尤其影响孩子的健康成长，特别是直接对孩子施暴时，非常容易让孩子在毫无信任感的环境下长大，产生焦虑、厌世心理，发展出自卑、孤僻的性格，影响学习和生活。更令人担忧的是，目睹暴力行为的儿童很有可能模仿暴力行为，发展出攻击性人格，甚至走上犯罪道路。

三是对社会的危害。社会是由一个个家庭组成的，家暴破坏了社会最基本的运行系统，给社会带来了不稳定因素。如果家暴得不到有效遏制，受害者没有能力用法律保护自己，在长期遭受暴力而忍无可忍的情况下就可能会采用以暴制暴的手段来解决问题，最终酿成恶性事件，引起社会恐慌，危害社会的和谐安定。

4. 家庭暴力的成因

家暴的成因包括以下几个方面。

一是原生家庭暴力的代际传递。个体早期的人格发展是在家庭互动中进行的，许多行为方式也是在与家庭成员互动的过程中模仿来的，暴力行为一旦被新一代家庭成员目睹并且模仿，就会形成代际传递效应，将这种行为模式带入新生家庭，也就是说，个体在童年早期经历的虐待或目睹的家暴行为极易导致其成年后的家暴行为。

二是受传统文化的影响。社会性别理论将家暴归结为两性权力间的不平等。个体在社会化过程中会获得性别角色，这意味着男性和女性需要承担不同的责任和义务，表现出不同的行为模式。社会将男性定义为刚强的角色，认为男性主外，以事业为主，同时却期待女性温婉顾家。这种角色期待带来了资源、机遇、权力等方面的不平等，压抑女性的平等意识，迫使女性承受丈夫的暴力行为，并服从在家庭和社会上占有强势地位的丈夫。受“男尊女卑”“男主外女主内”的传统夫权思想的影响，部分男性持有大男子主义思想，将女性视为自己的附属物，企图控制家庭成员，尤其是自己的伴侣，而暴力则是他们实施控制的一种手段。另外，很多人认为“家庭暴力是家庭内部的事”“清官难断家务事”，这种错误思想只会助长暴力行为，使受害者选择忍气吞声，再次给施暴者实施暴力行为提供了机会。

三是个人因素。部分家暴完全是施暴者个人性格扭曲、品行不端等因素造成的，比如，一些男性生性多疑，无端怀疑配偶生活不检点，或者持有不合理的信念，如不许配偶和异性说话，若配偶有所反抗，就会实施暴力行为。还有一些施暴者处于生活压力中，缺乏调节情绪的能力，开始酗酒，借着酒劲实施暴力行为。探讨家暴形成的个人因素，可以从受虐女性的角度分析，主要侧重于分析她们长期忍受暴力的原因。研究发现，部分女性缺乏独立的自我意识，其平等意识长期受到压制，再加上受教育程度不高，没有稳定的工作，在情感和经济上对丈夫存在强烈的依赖感，一味服从、忍让丈夫。也有学者认为受虐女性在尝试以各种途径逃离暴力失败后会变得“习性无助”，沮丧和无助感使她们在暴力面前越来越难采取行动，直至放弃反抗。

三、婚姻家庭问题案例

案例3-3

一、案例介绍

H女士和她的丈夫S同为高级知识分子，共同养育一个儿子。H女士常年遭受丈夫的言语和肢体暴力。据H女士所说，丈夫对她的社交活动管制甚多，即使是非常正常的群体性社交也不同意H女士参加，H女士如若违背丈夫意愿，回家后必会受到一顿拳打脚踢，而且丈夫会当着儿子的面打她，还会将工作中的不满情绪发泄在她身上。这样的婚姻状况已经持续十多年了。当社会工作者问及其有没有过离婚的打算时，H女士说有过，但是丈夫说如果敢离婚，会杀了她全家，H女士认为丈夫会说到做到，所以不敢离婚。当社会工作者问及其成长过程及其与丈夫的相识相爱过程时，H女士说她是独生女，从小备受爸妈疼爱，结婚后头几年遭受家暴都不敢跟父母讲，因为父母本身就不看好自己的丈夫，当初是反对他们结婚的，后来父母知道她遭受家暴的情况后也劝她离婚，但是她没有下定决心，父母也没有办法。她和丈夫是在大学认识的，她丈夫是文艺青年，当时她很爱慕他，后来他们就在一起了。她丈夫家经济条件不好，而且兄弟姐妹较多。从社会工作者的观察看来，H女士属于典型的小鸟依人的娇小型美女，其与丈夫的结合，从世俗的角度来看，是女方“下嫁”男方。H女士对社会工作者诉说的目的并不明确，刚开始社会工作者以为H女士无法忍受家暴，想寻找一个解决的办法，但是后来发现H女士在谈及自己被打的情况时像是在讲述他人的故事，而且好像仅仅是诉苦而已，并没有想采取果断措施将自己从婚姻泥潭中拔出来的意思。

二、案例分析

施暴者与受害者都存在一定的心理问题。男方可能存在大男子主义倾向，而且在早期成长经历中由于家庭经济条件不好和在原生家庭中不被重视等，形成了深深的自卑感，但是这种自卑感的外在表现是自负，自负心越强，内心就越自卑。控制妻子的社交活动表现出其对妻子的不信任。女方有轻微的斯德哥尔摩综合征，遭受男方的暴力伤害后，她表现出来的不是憎恨和厌恶，反而是对丈夫的同情，认为这个世界上只有她能够包容理解丈夫，觉得丈夫也是个可怜人。

社会工作者能做的事情比较有限，从与H女士的交谈中可以发现她是有文化、有思想深度的人，是一个具有浪漫主义情怀和传统保守主义倾向的女性。虽然在自己的专业领域有独到见解，但是她理不清自己的婚姻状况。在服务过程中，社会工作者应该坚持案主自决的原则，让案主自己决定婚姻的存续和发展方向。前期社会工作者只能做耐心的倾听者和建议的提供者。在信任关系建立之后，社会工作者可以给H女士讲述相关案例，给其启示，帮助她寻找出路。此外，由于H女士还在继续遭受家暴，社会工作者可以教给她一些与丈夫沟通相处的技巧，尽量避免冲突发生，并且对她进行《中华人民共和国民法典》《中华人民共和国妇女权益保障法》的普法教育。

第三节　老年人问题干预能力

随着医疗水平和生活质量的提高，全球已然进入老龄化社会。老年人问题不再是个体或家庭问题，而是社会发展问题。只有了解老龄化的相关理论，认识老年人问题的客观性和干预的可能性，才能更好地开展老年人社会工作，满足老年人的多样化需求，利用好老年人资源，促进老龄社会的可持续发展。

一、老年人问题的理论基础

老年人问题是由身体机能衰退而引发的社会性问题。老年阶段同生命周期的其他阶段一样都要完成社会转化。社会工作者只有清楚老年服务对象的社会化特征和各种老龄化理论，才能更好地服务具有不同需求的老年人。社区社会工作与老年人社会工作的服务场域、服务对象和资源重叠，所以社区社会工作是老年人问题干预的重要场域。

（一）老年人面临的老化挑战

老年人不仅面临身体机能衰退，而且也面临社会功能的弱化，更面临对死亡的认识问题。老年人因自身的身心健康状况、文化教育水平、原先的职业性质、退休后的经济能力、家庭关系的不同，面临的老化问题也不同，但是大体都会遇到三个方面的挑战：一是社会角色重点转移和对自我价值的再认识。人在一生中要扮演很多角色，其中，工作角色既是家庭角色之外最重要的角色，也是很多人一生投入精力最多的角色。在现代社会，通常职业地位最富决定性。① 所以，老年人面临的第一个问题就是退休后重新确定一个主导性角色，重新规划生活，寻找工作之外的自我价值，获得新的满足感和价值感，防止出现“我是个没用的人，我是一个坐吃等死的人”这样的消极认识。二是重新认识健康和接纳老年病。老年人的消极感受从身体开始。因身体机能的衰退带来的疼痛和不方便是老年人担心和焦

① 让·卡泽纳弗. 社会学十大概念：第 2 版［M］. 杨捷，译. 上海：上海人民出版社，2011：84.

虑的问题，有些老年人将失去健康视为耻辱，担心别人将自己视为可怜的人，因而自卑或隐藏疾病。这就需要老年人重新认识健康问题。健康不是完全的舒适，而是能与一定限度内的不适和疼痛和平相处，接受老年病，通过现代医疗药品和辅助手段减少不适，使自身能够正常参与社会活动，减少对健康的关注。三是直面死亡和积极生活。老年人必须承认死亡离自己很近，他们的调试不是消极地退缩，而是可以借助向外的社会贡献来获得自我超越，关注生命的价值而非生命结束的消极想象。他们需要认识和接受客观现实，转变认知，创造超越肉体生命的快乐和价值。

大多数人认为，随着身体机能的下降，疾病或损伤等会导致低落、烦躁、抑郁等负面情绪的产生。不过随着健康管理能力的增强、对过渡期的重视和积极调试，越来越多的老年人过上了满意的老年生活。

（二）老年人应对老化的策略

老年人具有共同的衰老特性，但是老年人个体的身心健康、文化水平、经济条件和观念等对其认识与应对老化有重要影响，也就会出现各种不同的老化现象。下面基于老年人的资源和态度将老年人的老化应对策略划分为以下三种类型。

1. 整合型

采用整合型老化应对策略的老年人通常是机能运转良好的个体，他们具有较强的认知能力及自信心，有弹性、温和、成熟，不过他们的活动水平各不相同。整合型可以分为三个子类：重整型、专注型和脱俗型。采用重整型老化应对策略的老年人把保持年轻、有活力且拒绝变老放在首位，当他们失去一种人生角色时，他们会寻找另一种，继续重新组织他们的活动模式；采用专注型老化应对策略的老年人显示出中等水平的活动，把精力放在所选择的集中活动和一两个角色领域里；采用脱俗型老化应对策略的老年人显示出完整的人格和很高的生活满意度。总体上，他们都是以一种平静的、退缩的、满足的方式来追求自己的兴趣，很少需要复杂的社交互动。

2. 防御固守型

采用防御固守型老化应对策略的老年人都是努力奋斗、有抱负心、有成就取向的个体。他们建立抵御焦虑的防御机制，在生活实践中能够维持主控权。防御固守型也有两个子类：紧握型和闭锁型。采用紧握型老化应对策略的老年人是将老化视为一种威胁，尽可能维持中年的生活状态，他们认为“我要工作到死”，只要自己能够维持旧有的模式就算调适成功；采用闭锁型老化应对策略的老年人构建自己的世界，专注于“照顾自己”，但这是与他人和体验隔离而自闭的专注方式。

3. 被动依赖型

采用被动依赖型老化应对策略的老年人的老化过程可以用“分裂”来描述。他们显露出心理功能的重大缺陷及思考过程的整体衰退，他们的活动水平和生活满意度都很低。被动依赖型有两个子类：求助型和冷漠型。采用求助型老化应对策略的老年人有着很强的依赖需求，特别需要他人的回应；采用冷漠型老化应对策略的老年人则是“摇椅族”，他们不再参与社会活动，没有追求，需求少，生活满意度低。

（三）流行的老化理论

除了从生理衰退视角和心理调适视角研究老年人之外，还有更多学者从老年人的自我知觉和与社会环境互动的角度研究老化问题。

1. 脱离理论

脱离理论是最传统的老化理论。该理论认为随着身体机能的衰退，人们逐渐从工作舞台上退出，从家庭的中心地位退居边缘，直至死亡，与这个世界完全脱离。与此同时，社会发展的要求和人们对老年人的态度也使社会在一定程度上排斥老年人，减少或者停止向老年人提供有用的角色，这种理论代表了消极的老化观念，在这种理论指导下的老化实践会忽视老年人的社会性需求。

2. 活跃理论

活跃理论是一种积极的老化理论。该理论认为老年人并不是无用的，老年人有其优势资源。老年人一方面可以发挥优势、服务社会，另一方面可以以积极的心态促进身心健康。这一理论对低龄健康老年人过有意义的退休生活有非常强的积极引导价值，同时，它也是符合老龄化社会发展需要的理论。

3. 社会交换理论

社会交换理论认为人们进入社会关系是因为可以从中得到好处——经济支持、认可、安全感、爱、社会赞许、感激等，而且在寻找这些好处的同时，也要付出代价——努力、疲倦、尴尬等。社会交换理论之于老年人，似乎显示出他们的被边缘化的不利处境。随着老年人在身体、技能等方面的逐渐落后，其交换能力逐渐减弱。

4. 现代化理论

现代化理论认为老年人的地位在传统社会通常较高，但在都市化社会及工业社会则较低。在传统社会，知识传播方式有限，社会技术变革缓慢，老年人积累的技术经验和社会经验具有很高的社会价值，所以长者的地位较高，但是在现代社会，技术创新等成为关键，老年人的优势有一定程度的减弱。

（四）社区社会工作理论

社区社会工作理论强调社会工作者运用专业知识和技能，与社区居民群策群力，通过有计划地行动和集体参与的方式，解决社区问题，满足社区需要，塑造居民自助、互助和自觉的精神，培养居民的社区归属感和认同感，充分调动和利用社区资源，以提高社区福利水平、促进社区发展和社会进步为宗旨。社区社会工作以社区为对象，从宏观的分析视角和较广的层面介入，强调居民的集体参与性，兼顾事工目标与过程目标。罗斯曼（Rothman）将社区工作的目标分为两大类：一类是事工目标，旨在解决一些特定的社会问题，包括完成一件具体事工，达到一些社会福利的目标，满足社区需要，如社区中失独老人和独居老人的照护问题；另一类是过程目标，旨在促进社区居民一般能力的提高，建立社区内不同群体的合作关系，发掘及培育社区领袖参与社区事务并加强其对公民事务的了解，以期增强其解决问题的能力、信心及技巧。①

1. 社区社会工作的主要形式及内容

社区社会工作的模式繁多，主要可以分为策略模式和过程模式两大类，经常用到的具体包括社区照顾、社区组织、社区发展、社区规划、社区教育和社区行动几种。

社区照顾是在20世纪50年代以后出现的一种新的专业社区工作实践理论和工作模式。社区照顾提倡把需要照顾的人留在原本居住的社区接受照顾，社区以种种正规社会服务及非正规支持系统去为他们提供照顾，并努力在社区环境中提高他们的生活质量。社区照顾有三大策略，分别是在

---

① 徐永祥．社区工作［M］．北京：高等教育出版社，2004：22.

社区内照顾、由社区照顾和为社区照顾。社区照顾的工作对象有两类：一类是传统的服务对象，如老人、残疾儿童、精神病人等；另一类是家庭照顾者，如不能自理老人的子女、智障儿童的家长等。社区工作者既是照顾服务的提供者和照顾者，又是照顾服务的组织者和协调者，主要扮演辅助、支持、保护和调节的角色。

社区组织主要是社区内的居民组织，但是居民组织本身包括的范围相当广泛。整体而言，居民组织有两个特征：第一，其关注重点是地区内居民的福祉；第二，这些组织属于志愿性质。社区组织引导和帮助社区居民认识他们的共同需要，并互助合作，进行民主自治；合理利用社区资源，发挥社区的最大潜能，预防和解决社区问题，增进社区成员的共同福利，促进社会关系和谐与社区进步。

社区发展是运用社区组织的方法，合理利用民间资源，发挥社区自主力量的构想而产生的。社区发展既是一种社会运动观点，又是一种实务模式。社区发展模式的基本主张是，通过发现社区需要，解决贫困、住房和环境等社区问题。社区发展的模式一般有三种：一是整体式，由政府设立专门机构，主管制定社区发展的基本政策，研究社区发展的长远规划，再分设地方相应机构和组织，推行社区发展计划；二是代办模式，政府将社区发展工作交给一个或几个部门负责；三是分散模式，社区发展的组织是分散的，由各有关部门、团体分别制订计划并执行。

社区规划是指针对社区整体发展或者项目而进行的从计划到评估的一系列的科学设计。任何社区活动都需要有社区规划，所以社区规划的活动范围广泛，主要包括四个方面：第一，分析条件、政策和现有的服务，确定社区的工作目标与工作重点；第二，为了完成目标，制定和设计相应的服务项目，寻找合适的资源，并且进行动员；第三，贯彻和执行这些服务项目，而且对项目的完成情况进行评估。工作方法可采取咨询技术专家，技术专家、社区居民和社区管理者三方合作；社区工作者不是规划技术专家，而是处在技术专家和社区居民之间，主要扮演信息提供者，以及社区分析者、组织者、联络员、中介人、规划实施者与协助者的角色。

社区教育是一种教育社会化、社会教育化、教育社会一体化的新教育模式。作为实现终身教育理念的有效途径，社区教育迅速发展，基本可以分为三类：一是“民众教育”的社区教育，以各级各类学校为教育载体，充分利用各级各类学校的教学场地和设施、图书馆等，对社区内的居民进行教育和培训；二是“社会教育”的社区教育，充分利用社区内的企业、科研单位和科学技术资源及各种社会公共设施，如博物馆等社会公共文化教育资源，开展各种形式的社区教育；三是非正规的社会教育服务的社区教育，指的是为整个社区各种年龄、各种职业、各种类型的居民提供的非正规教育服务。

社区行动是指在社区工作者不再作为局外人，而是扮演同行者的角色，如倡导者、行动者、教育者和资源提供者，与居民一起面对问题，而不是完全由居民独自面对。社区行动的目标就是改变社区资源分配不公平，增强弱势群体的参与意识，提升他们解决问题和维护自身权益的能力，帮助他们改善自己的生活状况，进而在社区政策和社区制度层面引发变革。

2. 社区工作在老年人问题中的适用性

老年人的生活大多集中在社区范围内，他们既是社区管理和照顾的重点对象，也是社区治理的主要行动者。无论是哪种形式的社区活动，都涉及老年人，比如，在社区照顾中，照顾对象大多为老年人和需要帮助的残障人员，而帮助他们的活动可能是社区组织的由老年人志愿团体参与实施的项目。再比如，社区环境治理等主要依靠的仍然是社区中有富余时间的低龄活力老人。目前社区中开展的很多项目都涉及老年人难以适应现代城市生活和移动互联网生活等问题。所以，针对老年人的群体特征和资源优势，社区社会工作可以有效帮助解决老年人问题。

二、老年人问题的主要表现

由于机体老化带来功能性衰退，以及伴随着各种疼痛感受，老年人容易产生消极情绪，加之社会参与的减少、社交范围的缩小、社会地位的下降、话语权的丧失、对死亡的恐惧，老年人的心理健康问题就成了老龄社会工作的重要内容。

（一）身体机能退化的痛苦

老年人因身体机能退化而产生的日常生活痛苦主要集中在饮食消化能力、平衡能力和认知功能三个方面。

1. 饮食消化能力的下降

随着年龄的增长，人的中枢神经系统的机能会衰退，基础代谢率也会下降。基础代谢率的降低通常会导致身体活动的减少，当一个人不再像从前那样进行积极的身体活动时，他对食物的需求也就减少了。很多老年人都胃口不好，而有的老年人虽胃口好，但是消化功能减弱，会导致各种肠胃病。

2. 平衡能力的下降

平衡能力下降的表现就是老年人摔跤现象。防摔是老年人日常防护的重要内容。老年人摔跤与小脑萎缩有关。随着年龄的增长，人的小脑会出现萎缩现象，小脑萎缩导致人的平衡控制能力减弱。此外，老年人摔跤也与感觉功能减弱有关。随着年龄的增长，人的感觉功能和对刺激的敏感性会不如从前，这也是衰老的表现。其中，老年人用双脚察觉地板凹凸不平和粗糙的能力会下降，他们很难分辨出地表是硬还是软。随着肌肉力量减弱，人的支撑能力变弱，会导致体形发生改变，这也会引发摔跤。老人摔跤还与老年人视力和听力下降有关。此外，摔跤还与基础性疾病有关，如关节炎会导致腿脚僵硬，帕金森病、脑卒中后遗症会导致走路不稳，心衰、慢阻肺病人普遍体力不支；与原发性体位性低血压有关，这是自主神经退化的表现，人由躺位变成坐位或由坐位变为站位时就会头晕，容易诱发跌倒。

3. 认知功能的下降

认知功能指的是包括知觉、记忆、言语、抽象思维等在内的大脑高级功能。认知功能减退在老年人中较为普遍，它对老年人的身心健康都有影响，特别是当认知功能过度减退时即为阿尔茨海默病，这种疾病会使老年人的生活质量下降，期望寿命缩短。认知障碍主要包括记忆障碍、失语、失认、失用、痴呆，以及其他包括唠叨、情绪多变、焦虑和抑郁等精神、神经活动方面的异常改变。除了阿尔茨海默病外，还存在老人走失现象，这也是认知功能下降导致的。

（二）社会参与减少的苦闷

除了深受身体不适的困扰之外，有的老年人因退出职场而未能融入社区，感到空虚和失落。

1. 被排斥在工作关系以外

老年人尤其是刚退休的老年人常常会因为刚从工作关系中剥离出来而感到失落和孤独。现在人的寿命延长，健康水平得到极大提高，退休的老年人的身体和精神状态都非常好，他们觉得自己还不老，但是按照国家政策，已经要从工作中退出来，这对他们来说，还是比较难接受的，尤其是那些事业心比较强的老年人或者领导干部，退休后会有被冷落的失落感。

2. 尚未融入社区关系

很多人在工作期间很少参与社区活动，而且现在城市社区居民之间的联系较少，城市社区中的人员异质化程度高，其社会融入度比较低。有些老年人不知道如何融入社区生活，还有一些老年人不屑于参加社区活动，也较少参与志愿者服务，所以很多老人的社会交往便被局限在家庭范围内。

（三）家庭地位下降的无奈

退休不仅意味着老年人不需要工作了，更意味着他们不再是家庭建设的主力军。随之而来的是家庭地位的下降和话语权的旁落。对于那些一生强势的老年人来说，这将带来巨大的挑战和痛苦。

1. 子女成为家庭的主导力量

由于不再是家庭中的主要财富创造者，以及社会参与度下降，老年人逐渐在家庭中退居“二线”；子女对家庭建设具有决定权，老年人只有建议权；老年人的生活要服从于子女的生活；老年人的很多现代智能生活需求只有依赖子女才会得到满足。

2. 男性老年人的地位下降更为严重

男性老年人和女性老年人在老化后的社会地位变化也有明显差异。首先，女性老年人的平均身体健康水平高于男性老年人，女性老年人退休后积极参与社区活动，生活丰富多彩，而男性老年人大多待在家中；其次，老年人退休后，家庭成为主要活动空间，因为能够为自己或者子女做家务、照顾子女等，女性老年人对于子女而言更有帮助性，更容易被尊重。因此，一般而言，女性老年人的家庭地位比男性老年人的家庭地位在某些方面要高一些。

（四）对老化死亡的恐惧

死亡是人必然要面对的问题，一般人都害怕死亡，毕竟中国有句老话“好死不如赖活着”。人们恐惧死亡的原因有很多：一是害怕未知事物；二是害怕像动物一样死亡后腐烂；三是害怕离开亲人，害怕被亲人忘记；四是人世间美好的事物让其不舍得离去；五是人的求生本能使然。

三、老年人问题案例

案例3-4

一、案例介绍

社会组织F在区民政部门的资金支持下，在T社区开展“‘尊享天伦乐’随迁老人高自尊生活提升项目”。W市在探索积极养老思路和实践中总结了丰富的经验，大多聚焦于空巢老人、独居老人和高龄老人群体，取得了丰硕的实践经验和良好的社会效应，但是对占绝对比例的城市随迁老人的关注不足。随迁老人大多是为了减轻子女负担而迁居W市照顾孙辈或者养老的，他们有着背井离乡、与原有生活圈脱离的无奈，承受着与子女小家庭生活习惯不同而产生家庭矛盾的压力，还面对着在照顾孙辈过程中与子女在教育抚养理念上的冲突问题。调查显示，老人常常认为自己是“出力不讨好”，得不到儿女的理解和感恩，子女们也往往嫌弃老人思想陈旧、行为习惯与城市文化格格不入。因此，随迁老人处于一种低自尊的生存状态之中。无论是从体量上还是从社会影响上看，随迁老人的生活理念更新和生活方式城市化应该进入政府部门的关注范围。

二、案例分析

T社区属于改善型住房社区，是实行住房改革政策之后的第一批商品房小区，经过近30年的发展，小区内部人口更替较快，换房率高，小区中外来人口大大超过本地人口。小区约有1.2万人，平均每四人中有一名老人，除去1 200多名W市本地退休老人外，有2 000多位老人为随迁老人。这些老人的大部分时间和精力被用于照顾孙辈，而不是用于自我关爱和发展，而且由于过去物资匮乏时代的烙印深刻，他们勤俭节约，自我提升要求不高，积极的养老需求未被激发并显现出来。项目活动以开展文娱趣味活动为载体，在活动中进行社区教育，帮助随迁老人逐渐认识到城市生活与农村生活的差异、城市生活的规则与秩序、三代同堂中与子女相处的方式及边界问题。这不仅丰富了老年人的业余生活，增进了老年人之间的交流，而且实现了提升老年人的生活品质的目的。

第四节 残疾人社会融入问题干预能力

残疾人社会工作是社会工作中的一个非常重要的领域。做好残疾人社会工作，帮助更多的残疾人融入正常社会生活，是创造和谐文明社会的重要内容。

一、残疾人社会融入问题的理论基础

残疾人社会工作的主要思路无外乎发现和发挥残疾人自身的优势，以及创造有利于残疾人融入社会的社会支持系统。因此，指导残疾人社会工作的最基本的理论有赋能理论、心理动力学理论和社会支持理论。

（一）赋能理论

赋能理论起源于西方发达资本主义公民社会中的社会福利运动和平权运动，它以弱势群体和受压迫群体的抗争运动和自我解放行动为特征，日渐成为西方社会工作理论发展过程中的创新焦点和理论突破口。赋能理论强调案主在社会工作实践中的主体性和能动性，超越了社会福利工作的传统模式，在一定程度上重塑了人们对弱势群体的认识。

1. 核心理念

赋能理论认为，弱势群体之所以面临严重的问题，根本原因在于他们缺乏足够的能量和信心。社会工作者要做的就是给案主“增能”，通过社会工作干预让案主找回信心并逐渐建立对生活的希望，让案主变得越来越有“权能”，从“失权”的状态中慢慢走出来。弱势群体往往会有“无助”和“不讨人喜欢”的信念（表 3-4），赋能理论的目的就是帮助弱势群体消除或者弱化这些消极信念。

表 3-4 “无助”和“不讨人喜欢”的信念内容一览

信念类型	信念内容
无助	我是无助的
	我是不能胜任的
	我是无法掌控的

续表

信念类型	信念内容
无助	我是无能的
	我是容易受伤的
	我是没有资格的
	我是陷入困境的
	我本身就是个失败者
	我是没有力量的
	我是不被尊敬的
	我是软弱的
	我是有缺陷的（我达不到别人的标准）
	我是贫穷的
	我不够好（在成就方面）
不讨人喜欢	我是不讨人喜欢的
	我是没有价值的
	我是不可爱的
	我与别人不同
	我是不受欢迎的
	我是有缺陷的（因此别人不会爱我）
	我是没有吸引力的
	我不够好（不值得别人爱我）
	我是没有人要的
	我注定会被拒绝
	我是没有人关心的
	我注定会被遗弃
	我不好
	我注定会孤独

2. 核心观点

赋能理论其实也是一种建构理论，该理论认为人是否有能力或者失能是社会规定的问题，而不一定是客观的事情。第一，个人的无力感是由于环境的排挤和压迫而产生的。社会中的弱势群体之所以会处于弱势地位，并非因为他们自身有缺陷，而是由于他们长期缺乏参与机会。其中，无力感的根源有三个：一是受压迫群体的自我负向评价；二是受压迫群体在与外在环境互动过程中形成的负面经验；三是宏观环境的障碍使他们难以有效地在社会中行动。第二，社会环境中存在着直接和间接的障碍，使人无法发挥自己的能力，但这种障碍是可以被移除的。第三，每个人都不缺少能力，个人的能力是可以通过社会互动不断得到提升的。第四，服务对象是有能力的、有价值的。服务对象的能力不是助人者赋予的。社会工作者的作用在于通过共同的活动帮助案主去除环境的压制和自身的无力感，使他们提升能力，并正常发挥他们的社会功能。

3. 赋能的三个原则

赋能理论要求社会工作者鼓励案主自我表现，帮助他们肯定自我能力和价值。斯蒂芬·罗斯（Stephen Rose）提出了赋能的三个原则。①

第一，情景脉络化。情景脉络化是指把焦点放在案主对自己所处社会环境的理解上，这比社会工作者的预设和政策更重要。社会工作者和案主之间的对话交流基于案主自身的生活体验，在这种对话中，案主谈论自己的生活体验和对它的理解将受到鼓励。

第二，权能增强。通过社会工作者的支持，案主辨识可能满足自己需求的不同可能性。此项工作原则旨在帮助案主去做那些能够影响自己生活事务的决策。

第三，集体性。集体性旨在降低案主的孤独感，并促进案主彼此之间的联系，通过社会化的经验，案主产生强烈的自我价值感。

（二）社会支持理论

在社会生活中，人与人之间的相互支持对维系正常的社会生活是必不可少的，而人们生活中的许多问题往往也是由于缺乏必要的社会支持而产生的。

1. 社会支持理论的内涵

关于社会支持的概念有很多讨论，学者们从不同角度对社会支持给予了不同的界定。林南（Lin N.）综合了众多学者对社会支持的讨论而给出了一个综合的定义：社会支持是由社区、社会网络与亲密伙伴所提供的感知的和实际的工具性或表达性支持。社会网络只是个人可以直接接触的一

---

① ROSE S M. Advocacy/empowerment: an approach to clinical practice for social work[J]. Journal of Sociology and Social Welfare, 1990, 17(2): 41 -51.

些人，包括亲戚、同事、朋友。这些人对于个人来说十分重要。亲密伙伴关系是个人生活中的一种紧密关系，关系中的人认同和期待彼此负有责任。工具性支持包括引导、协助、有形支持与解决问题的行动等；表达性支持包括心理支持、情绪支持、自尊支持、情感支持、认可等。①

社会支持网络指的是一组个人之间的接触，通过这些接触，个人得以维持社会身份并且获得情绪支持、物质援助和服务、信息及新的社会接触。根据社会支持理论，个人所拥有的社会支持网络越强大，就能够越好地应对各种来自环境的挑战。个人所拥有的资源又可以分为个人资源和社会资源。个人资源包括个人的自我功能和应对能力，社会资源是指个人社会支持网络的广度和网络中的人所能提供的社会支持的程度。以社会支持理论为取向的社会工作，强调通过干预个人的社会支持网络来改变其在个人生活中的作用。对于那些社会支持网络资源不足或者利用社会支持网络的能力不强的个体，社会工作者致力于给他们提供必要的帮助，帮助他们扩大社会支持网络资源，提高其利用社会支持网络的能力。

2. 影响社会支持程度的因素

社会工作者对影响案主的社会支持的因素进行准确判断，是提供有效服务的一个重要前提。下面从发展因素、个人因素和环境因素三个方面进行分析。

第一，发展因素。个人对关系的内在呈现是自人出生以来就不断发展的。从发展的观点来看，个人对关系的观感是个人的内在特质和外在环境交互作用的结果。不同的关系观感直接影响个人以后的关系建立。从发展的观点来看社会支持，关键在于个人过去的经验如何影响其今后的社会生活。从治疗的角度来看社会支持，关键在于如何改变个人过去生活中的负面经验或弥补个人生活经验的不足，以解决个人生活中出现的问题。

第二，个人因素。个人因素主要是指个人的人格因素，包括自尊程度、社会性和控制场域对发展与使用社会支持的影响。一般来讲，低自尊对于建立关系是不利的，相反，高自尊的人可能会获得较多的社会支持。自我评价高的人，更容易被人们接受，因而可能获得更多的社会支持；社会性

---

① 林南. 社会资本：关于社会结构与行动的理论［M］. 张磊，译. 北京：社会科学文献出版社，2020.

高者倾向于利用更多的社会资源来满足自己的要求，因此就可能建立更广泛的社会支持网络；自主性高者则倾向于自己解决问题，利用社会资源网络的倾向性不强。

第三，环境因素。环境因素在个人的社会支持网络形成中的作用体现在不同类型的生活环境中。在开放的社会环境中，个人更容易建立起社会支持网络，也更倾向于利用社会支持网络；在封闭的社会环境中，个人对社会支持网络的利用就会相对减少。

总的来说，发展因素、个人因素和环境因素对个人的社会支持网络的形成有重要影响。对于每个人的社会支持网络的形成来说，这三个因素会有不同的组合，因此，每个人的社会支持网络都是不同的，而且每个人对社会支持网络的利用程度也是不同的。

3. 社会支持理论的实务操作

能够为服务对象提供帮助的社会支持网络通常可以分为两种：一种是正式的社会支持网络，另一种是非正式的社会支持网络。社会工作服务作为一种正式的社会支持网络，应该发挥两个作用：一是以其所掌握的社会资源为案主提供直接的帮助，以满足其当前比较紧迫的需求。这种情况下，社会工作机构暂时性地成为其社会支持网络的一部分。二是社会工作可以帮助案主补足和扩展非正式的社会支持网络，帮助其提高建立和利用社会支持网络的能力。社会工作者在采用社会支持理论提供服务时，应注意以下几点：

第一，评估需求和现有支持网络。社会工作者要对案主面临的问题进行梳理和细分，与其社会支持网络进行关联分析，确定原有社会支持网络已经为案主提供了哪些帮助，哪些需求得不到任何正式和非正式的社会网络支持，这些需求实现需要连接哪些社会资源，以及需要对哪些社会支持网络进行优化。一般而言，社会支持分为工具性支持和表达性支持，它们与案主的工具性需求和表达性需要相对应。工具性需求主要是指物质上和渠道上的需求，如不能解决温饱问题，不知道如何获得残疾人救助，等等；表达性需求是指主观的、体验到的或情绪上的需求，如爱的需求、尊重的需求、社会参与的需求等。

第二，确定服务技术，建立需求满足与供给实现路径。在梳理清楚需求的基础上，社会工作者要对案主的社会环境和支持资源进行分析，包括案主的家人、案主的亲戚、案主的邻居、遭遇相同的“类友”、社区的基础设施支持和政策支持、所在地方政府的政策支持、学校或者其他公益设施的支持，以及针对案主情形的公益性组织的数量和服务水平等。家人、亲戚和邻居是个人可以直接接触到的支持资源，可以使人具有“连接感”（稳定持续地联系），而个人与社区关系反映了其社会整合度，关系的强弱程度与社会整合程度成正比，社区使人产生归属感。

第三，挖掘资源，培育支持系统。弱势群体存在社会支持资源匮乏和资源浪费的双重问题。因此，社会工作者的工作就是一边挖掘资源，一边激活资源。当然这个过程是比较艰难的，否则弱势群体也不会陷入困境。挖掘资源和激活资源就需要社会工作者利用专业理论知识和技巧，循序渐进地逐步实现。例如，一个残疾儿童不能上学，父母联系多所学校都未能实现其上学的愿望，儿童心情抑郁，那么社会工作者应该如何帮助该名儿童呢？社会工作者应该先了解儿童的残疾程度，了解国家的残疾人教育政策和普通学校招收残疾儿童的政策，再了解学校拒绝儿童的原因，通过解决学校面临的问题来间接解决残疾儿童上学难的问题。

（三）心理动力学理论

所谓心理动力，主要是指心理活动的内在力量或内在驱力。众多学派从不同的角度对心理动力学进行了阐述。下面介绍三种最常见的学说。

1. 精神分析学派的心理动力说

该学说的创始人是弗洛伊德，弗洛伊德认为人们心理活动的动力源泉是生理上的“力比多”。“力比多”即性力。这里的性并不是指生殖意义上的“性”，而是泛指一切身体器官的快感。所以，弗洛伊德也把它称为“欲力”“心力”等，并认为它是一种与性本能有联系的潜在能量。后来弗洛伊德又把“力比多”扩展为一种集体生存、寻求快乐和逃避痛苦的本能欲望。荣格不同意弗洛伊德的“力比多”理论，认为“原型”是人类心理活动的动力。原型就是人生中的“典型情境”，是心灵的“原始模型”，是人先天和后天的积淀。阿尔弗雷德·阿德勒（Alfred Adler）是新精神分析学派的代表人物，他认为自卑与超越是行为的原始决定力量。

2. 行为主义的心理动力说

行为主义认为心理活动的动力不是什么“力比多”，也不是需要，而是外界的刺激或强化。行为主义认为，心理学不应该研究人的内在意识，而应该研究人的外显行为。所谓行为就是有机体用以适应环境变化的各种身体反应。这些反应有的表现在身体外部，有的隐藏在身体内部，强度有大有小。行为主义心理学派的代表人物斯金纳（B. F. Skinner）提出了“操作反射”的概念，把运用“强化物”来增加或削弱某种行为的过程叫作强化。

3. 马克思的心理动力说

马克思的心理动力说回答了心理动力的本质问题，认为心理动力是有机体在内外条件的刺激下，对某种或某些事物感到缺乏而力求获得满足的一种心理紧张状态。马克思从人类历史活动和发展的视角揭示了人类心理活动的动力本质，也就是人的需要。马克思认为需要是人类心理结构中最根本的东西，是人类个体和整个人类发展的原动力，人的需要是丰富的，但需要的内部要素不是孤立的，而是相互联系的“需要体系”。

二、残疾人问题案例

残疾人就业是残疾人事业的重点工作。为了让残疾人更好地融入社会，首先要解决的就是残疾人的就业问题。提高残疾人就业率一直是各级政府高度重视的民生问题，也是各级残联组织工作的重中之重。残疾人的就业渠道主要有四种：一是集中就业，通过残疾人福利企业、盲人按摩机构和其他福利性单位等集中安排；二是按比例就业，用人单位（包括机关、团体、企业、事业单位和民办非企业单位）按本单位在职在岗职工总数1.5%的比例安排残疾人就业；三是残疾人自主创业、灵活就业；四是农业劳动，农村残疾人可从事种植业、养殖业、手工业和其他形式的生产劳动。从就业形式上看，残疾人就业层次偏低，应在稳定残疾人就业率的同时，逐步提高残疾人的就业层次。

案例3-5

社会支持理论视角下的残疾人再就业

一、案例介绍

甲某有轻度智力障碍及有孤独症倾向，为人较慢热和固执，需要较长时间去接受新的工作环境和模式。甲某早年在工厂工作，好不容易习惯了工作环境及认识了同事，后因工厂倒闭，不得不学习新的工作技巧，但他不知道学什么，而且对自己的学习能力不自信，情绪非常低落。

二、问题评估

第一，信心不足，对自己的学习能力不够自信。第二，人际沟通存在障碍，不愿意与人沟通。

三、需求评估

社会工作者根据可能存在的就业机会给案主提供就业辅导和辅助服务。

四、理论工具

社会工作者应用社会支持理论和认知行为疗法。

五、服务方案及步骤

第一，培养和提高案主的自信心。首先，社会工作者联系案主以前的雇主或者同事，请他们给予案主具体的、正面的、积极的评价，可以采用书面、视频或者面对面的形式，让案主感受到来自他人的肯定，从而影响其自我评价。其次，组织残疾人小组活动，如进行残疾人项目比赛。如果比赛成绩比较好，案主自然会觉得自己还挺优秀；如果比赛成绩不好，社会工作者设计训练方法，提高其比赛能力，并再次组织比赛，让他感受到自己的努力和进步之间的关系，从能力培养上提高其自信心。最后，对案主的家庭进行支持教育或者培训，帮助其家人掌握积极、肯定、具体、真诚的鼓励技巧，通过语言或者行动给予案主肯定，强化案主的自我肯定意识。

第二，消除人际沟通障碍。社会工作者通过观察评估发现，案主本身不存在功能性沟通问题，主要是有沟通心理障碍，担心别人对自己的话题不感兴趣，担心别人嘲笑自己，而且很敏感，总是会有被歧视或者被同情的感觉。社会工作者参与案主与他人的沟通，就具体问题剖析案主的心理，然后跟对话方沟通，让案主认识到自己的主观感受与客观事实之间的差距，调整心理认知；利用脱敏疗法，采用强迫、诱导或者刺激的办法，要求案主必须与人沟通去完成某些任务，从完成任务中发现自己能做到，从而克服沟通障碍。

第三，进行就业能力测评。社会工作者借鉴香港明爱乐务综合职业训练中心的入职培训能力测量表，对案主进行能力测评，通过案主的得分情况来对应相应的工种，进行工作进入再训练，训练之后，跟踪观察和指导案主进行入岗前实习训练，在实习的过程中再次有针对性地提升案主的具体工作技能。

第四，案主进入岗位后，社会工作者还要提供连续的就业适应性支持，防止其他非工作技能因素导致案主不能顺利适应岗位及工作环境。入职适应分为五个阶段，社会工作者在每个阶段帮助案主了解或者掌握必要的信息和技能，借鉴香港明爱乐务综合职业训练中心的就业支持历程检视表进行综合性评估。就业初期的支持最为重要，在此时期案主还不够自信，有畏难情绪，加之环境陌生，经常无故早退、旷工，有负面的情绪和行为问题。为协助案主尽快适应工作环境，社会工作者要保持与雇主的紧密联系，了解案主的工作适应情况，交流其当天的工作表现和情绪状况，并且共同制订改善案主的工作表现和态度的方案，然后由雇主及同事执行。此外，社会工作者每一两个星期探望一次案主并给予其情绪支持，协助案主克服面对新环境的不安和恐惧，让其知道自己并不是孤军作战，直至其工作稳定。

六、服务评估

对于成年残疾人来说，很多心理上和认识上的问题根深蒂固，这很难在短时间内得到改善和提高，而且问题解决很容易出现反复，社会工作者会有挫败感。在这种情况下，督导需要进入，给社会工作者以心理支持。就本案案主而言，其主要问题不是技能问题，而是存在心理障碍，非常敏感，容易出现情绪问题。针对这种情况，社会工作者一要进行认知行为治疗，二要帮助其进入残疾人友好型工作环境，三要支持他争取工作上的优异表现，获得领导的认可，从而增强信心。

案例3-6

赋能理论视角下的无锡市可益会残友庇护性就业项目

一、项目介绍

中轻度心智障碍者是最难就业的残疾人群，他们生活普遍贫困，但是他们和家人都有积极就业的意愿，需要社区和社会的长期支持。为了让残友过上有尊严的生活，无锡市公益组织可益会借助高品质的天然手工皂生产活动，积极推进残友庇护性就业服务。无锡市有多家助残机构在推广残友手工皂，而可益会的残友制皂的最大的特色在于：一方面，可益会运用协作设计理念，优化和重新设计制皂流程，以适合不同能力的残友协作，使更多残友有机会参与生产；另一方面，可益会残友制皂取材天然、工艺严格，在芬芳洁净的生产环境中，残友们精心、敬业地创造着高品质的天然手工皂。一块手工皂饱含了残友们的努力、积极与快乐，以及改变命运的期盼。

二、服务评估

可益会在工疗坊项目中坚持发挥优势、关心爱护、协作完成、社会融合、方法创新、公众倡议等工作理念和原则。第一，发挥优势，以优势治疗模式开展活动，帮助案主强化优势，增强案主的信心。第二，挖掘社区、各部门、企业的公益资源，为残疾人提供更好的社会参与、能力训练，以及文娱等场所及物资资源，鼓励残疾人通过自己的创作为社会贡献力量，形成不同人群之间的利益双向交流。第三，可益会细化了制皂流程，培养了残疾人的协同能力。第四，可益会经常组织残友参加社区公益集市，让他们参与卖皂，让他们体会自己的劳动创造被他人认可的喜悦，增加他们与他人的直接交流沟通。第五，可益会积极学习各种残疾人疗愈方法，如艺术治疗中的绘画疗法和音乐疗法。第六，可益会将残疾人及其家庭团结在一起，通过建言献策等方式向政府有关部门表达诉求，通过网络平台等倡导政府部门、社会和个人参与关爱残疾人的事业。

案例3-7

心理动力学视角下的精神障碍人士康复训练

一、案例介绍

如今社会越来越多的人存在或轻或重的精神健康问题，而且被医学判定为精神障碍人士的数量急剧增长。此类疾病不仅困扰、折磨着患者本人，也给其家庭和社会带来巨大压力。据统计，截至2019年年底，江苏省登记在册的严重精神障碍患者为341 612人，其中，很大一部分人选择在家中生活、治疗、康复，但效果不够理想。为了有效帮助患者重建社会关系，恢复正常生活和工作，江苏民政部门发挥牵头作用，积极探索精神障碍社区康复服务，整合卫健委、残联等多部门资源，依托专业医院、专业社工和社会组织等多元主体，共同帮助精神障碍患者走出精神桎梏，重系社会纽带。精神障碍社区康复是以社区为基地开展，为精神障碍人士提供康复训练、减少贫困和融入社会等一系列服务的一种社区发展战略，是需要精神障碍人士自己、其家庭、社区、政府部门、社会组织等多元主体共同努力的康复服务模式。2017 年，《民政部、财政部、卫生计生委、中国残联关于加快精神障碍社区康复服务发展的意见》明确提出，到 2025 年要实现 80% 以上的县（市、区）开展精神障碍社区康复服务的目标。

为了让更多的精神障碍人士和健康人一样正常生活，无锡市精神卫生中心积极打造具有无锡特色的“医院—社区—家庭”一体化康复治疗模式，为患者提供精准康复服务、社区防治服务及“心灵家园”社区精神康复服务，实现精神疾病防治向健康人群、基层社区的延伸，以及个体向群体、医院向社区、治疗向预防的转变，给诸多精神障碍人士及其家庭带来了可喜的变化。无锡硕放的康乐园残疾人农疗站作为“心灵家园”社区的落地项目之一，自 2014 年以来，以社区精神残障人士为服务对象，开展专业的系统性心理治疗、适应性康复、社会功能和职业技能康复，以及精神卫生知识普及、倡导和宣传工作。在多年项目实施的经验基础上，2019—2020 年，农疗站的社会工作者与精神障碍专科医生设计实施了“星火燎原”精神障碍人士动能激活康复训练项目。

二、分析预估

社会工作者前后接触、服务了 22 位精神障碍人士。刚开始的时候，社会工作者将肢体残疾人服务项目中的干预和活动形式移植过来，发现存在参与度不高、服务效果极差、服务成就感极低等问题，社会工作者开始反思如何设计针对精神障碍人士思维模式的服务项目。在医生的协助下，社会工作者对 3 位抑郁症患者和 5 位精神分裂症患者进行了为期一个月的行为跟踪观察，并详细记录了他们每日的精神状态、语言内容和行为行动能力，精神分裂症患者大多对自己目前的状态感到满意，不愿采取行动去尝试改变现状。病情稳定期的抑郁症患者常表现出无精打采和漫无目的的状态。

三、服务对象

服务对象为社区内被医生诊断为抑郁症和精神分裂症的志愿（或家人报名）参与的精神障碍人士。因为精神障碍疾病类型很多，症状表现不同，解决方案不同，为了降低服务的复杂度和难度，本案例选择较为普遍的类型开始探索干预方式。本案例选择患有抑郁症和精神分裂症的精神障碍人士。精神障碍人士没有强烈的寻求帮助的需求，事实上是其家庭寻求帮助的需求更强烈。调研发现，大部分的精神障碍人士家庭困难，发病期的住院费极高，稳定期的服药费也是一笔家庭大开支，长期服药还会引发其他疾病，这些都给家庭造成了很大的经济和精神负担。所以，本案例选择了需求强烈，能够支持、配合干预方案的家庭。社区康复服务队伍不是医疗团队，不能给予药物治疗，服务重点在治后康复，所以只招募病情稳定的精神障碍人士，干预和治理的是他们的隐性症状，即情感淡漠、思维迟缓、社会功能衰退等。早期发病并接受过系统治疗的精神障碍人士基本上可以重回社会正常生活。但是患病时间长且反复发作的精神障碍人士，几乎不能回归正常生活，康复训练最好的效果就是控制病情不复发，使其保持较好的自理生活状态，所以本案例选择病史在8年以上的人士。因为项目设计有大量的体能训练，要求服务对象必须身体健全，所以又从中以选择年龄在35—60岁的人士。

四、问题分析

在自我认知方面，这些精神障碍人士的自我认知丧失或模糊，不在乎自己的社会角色，对周围环境不敏感；在疾病认知方面，他们承认自己精神出了问题，抱有病者心态，“以病卖病”——“因为我有病，你们都得让着我”；在情感表达方面，情绪不敏感或不能与事实相匹配，被侮辱、刺激后无动于衷，或因为一个微不足道的事情出现负面情绪；在心理功能方面，对生活没有评价，甚至对生活满意；在人际互动方面，人际互动需求下降，活在自己的世界里，被动互动或者不配合零互动。通过对服务对象的问题的初步分析，社会工作者认为精神障碍人士丧失了自我认知，他们的心理社会功能失常，已经不能表达或者没有了正常人的需求，但是他们的这种病态对自身精神状态的后期发展和家庭健康具有消极的影响。社会工作者与医生进行深入交流之后，认为导致这些消极表现的根源在于他们失去了生活的动力，即医学上所指的低动能。只有发现他们尚存的动能和激活动能才能产生积极变化。

五、服务目标

服务目标体现在：改善精神障碍人士的精神状态，维持治疗效果和降低复发率；使精神障碍人士在一定程度上独立完成满足个人需求的社交活动；缓解家庭照护压力，改善家庭其他成员的生活质量。具体表现为：使精神障碍人士感受自我和他人的情绪，从情绪中分析思维，然后改变思维以调整情绪；与外在环境建立思维链接，认识到“我是社会中的一员，我有我应该做和必须做的事情”；与外在环境建立人际关系，能够独立应对满足自我需求的人际互动。

六、干预方法

实践发现，柔风细雨式的情绪疏导无法从根本上缓解精神障碍人士的情绪，也不能改善他们的低动能状态，各种常规的小组团体动力游戏根本不奏效。社会工作者认为，不能用正常人的思维来理解精神障碍人士，应该另辟蹊径去探寻干预的方式。综合心理动力学理论、生理心理学理论和经验，社会工作者决定采用强制性、压力任务式的干预，制定体育运动和体力劳动的工作任务，要求他们必须完成额定任务才能免除“合理时间的禁食”等各种其家属同意且符合社会工作伦理的惩罚措施，以此来强迫精神障碍人士增加运动量，最终实现改变其情绪状态和认知状态的目的，进行社会功能康复训练。

七、服务实施

在前期准备中，社会工作者为9名服务对象建立独立的个人动态信息档案，记录每个人的人口学基本信息、家庭成员信息、详细病史信息、用药情况和情绪状态等，而且对需要每日进行及时更新；下达知情同意书，基于服务对象群体的特殊性，根据社会工作专业伦理，将本次服务的内容、主题、预计进程、注意事项、联系方式等详细地写在知情同意书上，确保服务对象知情同意并遵循保密原则。由于本方案中有“合理强制”成分，所以社会工作者事先会对服务对象及其家属进行详细的说明，获得家属的认可后才进行干预。

（1）康复计划如表3-5所示。

表 3-5　康复计划表

实施阶段的目标任务	干预的方式、方法	实施步骤
第一阶段：动能激发	参与体育运动（跑步、健身操等）、种菜、参与农疗站常规加工业务（做服装的铭牌、打包毛巾、翻手套等）	(1) 上午9点之前签到（出勤奖惩）。 (2) 院内快走或者慢跑30~45分钟（渐进式增加）。 (3) 自由活动。 (4) 在农疗站内种植自己熟悉的蔬菜和花草。 (5) 吃午餐，休息（针对睡眠困难的进行冥想术睡眠治疗）。 (6) 下午1点30分开始集合做健身操或广场舞(30~45分钟)。 (7) 参与农疗站加工业务。 (8) 组织大合唱：《我和我的祖国》《隐形的翅膀》《怒放的生命》（择其一）。 根据服务对象的配合情况和干预效果，在节奏和完成量上进行调整；坚持使用该模式半年；进行阶段性总结，组织总结交流会（感受表达）
第二阶段：动能激活、增能训练、社交训练	将第一阶段中上午的跑步、下午的健身操和大合唱保留至项目结束；增加增能训练	在第一阶段的基础上，保留动能激活的必备项目，将原来参与加工业务的时间调整为治疗时间，保证每天上午、下午各有一个小时的治疗时间。 1. 情绪感知训练 (1) 吐苦水：每个组员表达自己当前或前一天的对周围环境或人的不满，然后小组成员彼此宽慰，引导者从认知行为疗法的角度，告诉大家消极情绪是如何产生和被消解的；不定时地邀请家属参与活动，请家属表达自己的压力和情绪，请小组成员帮助他。 (2) 优点"轰炸"：每个组员在纸上写出自己的5个特点并与大家分享；每个组员轮流坐在场所中间，其他组员依次讲述该组员的优点，进行优点"轰炸"。 2. 人与环境互动思维训练 (1) 说出我的爱：每个组员讲述生命中重要的人，包括这些人的生活状态、他们之间的感情关系、自己能为他们做什么等，发现曾经的爱与付出。 (2) 管闲事：小组成员就在农疗站遇到的人际纠纷或者自己在家里遇到的问题，让大家做评判，学习人际沟通的基本原则，提升自身的环境适应能力
第三阶段：总结分享	进行成果展示，讲述成长故事	举行隆重的结业晚会，大家展示劳动、创作的成果；举行唱歌比赛，大家讲述自己在农疗站的成长故事

(2) 康复过程：

① 第一阶段：服务对象不接受任务，不配合安排，缺勤情况严重

首先，这些服务对象已经是农疗站的康复服务对象，之前管理较为松散，康复训练尊重他们的自由选择，他们习惯了柔性的管理，所以出现了在项目前期不能接受这种强制性、任务式治疗方法的问题；其次，这些服务对象由于精神状况不好，都很少运动，属于那种“一坐坐一天”的类型，社会工作本身没有强制的权力，所以劝说他们动起来极其困难；再次，部分服务对象属于思维比较灵活的类型，会跟社会工作者讲自己身体不舒服或者以其他理由来拒绝任务，不接受安排。针对这些情况，社会工作者采用了家庭治疗工作方法和正负强化机制，请家庭成员配合，采用奖惩方法，将服务对象在农疗站的表现与在其家里的基本需求满足挂钩。比如，如果服务对象在农疗站的配合情况较差，会让家属在家里延缓其需求满足时间，如是否吃饭、暂时不给他喜欢的肉或者其他食品；如果服务对象稍微有进步，社会工作者采用双倍奖励，即在农疗站奖励和在家庭中奖励来正强化其行为。社会工作者还根据服务对象的特点设置不同的能激发他们兴趣的奖品，比如，有的服务对象喜欢鲜花，有的喜欢吃肉，等等，可据此设计不同形式和场合的奖励，包括在小组成员和家人面前的精神奖励。针对服务对象缺勤的情况，主要是从家庭整体利益的角度，鼓励家庭成员克服困难，必须保证服务对象每日到农疗站接受康复训练。起初进展并不顺利，反反复复，艰难推进，但是能够看到进步和希望。开始两个月之后，康复训练逐步进入常态化，一方面是因为服务对象接受了现实，明白不能逃避了；另一方面是因为每天合理的运动确实产生了正向刺激作用。

② 第二阶段：服务对象不配合增能训练，积极性无法被调动起来

第二阶段中体能训练部分正常进行，但是增能训练开展比较困难，因为增能训练对服务对象的主动性要求更高，比如，在“吐苦水”和“说出我的爱”部分，刚开始的时候，大家都不知道说什么，可能是因为以前从来没有想过这些问题，还比较难为情，不愿意在公开场合向并不亲密的人展露自己的内心。针对这种情况，社会工作者采用了逐渐推进和激励机制两种方式。在刚开始时，社会工作者每天主动先跟大家聊自己过去一天的心情和对所爱之人想说的话，要求每个人跟着他说一点点就可以，只要能张口说话的都给予奖励，讲得更多的给予更大的奖励。每天说一点点，慢

慢地大家就敞开心扉了。

八、总结评估

由于服务周期长，寻找对比组和控制变量的难度大，采取科学实验评估方法是不可行的。社会工作者最终选择了在医生检查和家属主诉以往病史的基础上，为每个服务对象做一个康复训练信息记录表，记录他们的体能、认知功能、自我效能、精神症状、服药依从性、社交技能等方面的改善情况，最终通过曲线走向、观察结果、和家属对话完成干预效果的评价表。总体而言，服务对象在接受服务后有明显的认知变化与情绪提升，同时其自我效能水平、社会功能水平有所提高，抑郁状态有所改善；部分服务对象的语言表达能力与人际交往能力大幅提高。通过一系列的体能训练和增能训练，服务对象的精神面貌有明显改善，敢于向社会工作者表达自己的想法和需求，能够真正接受社会工作者的建议，更重要的是他们希望持续参加这个治疗项目。对家属的满意度调查发现，家属也明显感觉轻松了一些，没有以前那么焦虑和担忧了。在这一年的执行期中，服务对象的病情没有复发而且较稳定，家属的监管照护负担得到减轻，他们都很满意。

九、专业反思

在精神障碍人士的康复训练中，社会工作者只有进行对该疾病的医学知识和社会学知识的前期学习，才能从专业角度认识这个群体，才能明确自己的角色定位。在一般的小组工作中，社会工作者发挥着引导、协调和配合的作用。但是在这个案例中，精神障碍人士不具备主导能力，所以社会工作者要始终扮演具有权威性的管理者角色，而且要根据每个服务对象的情况，扮演支持者、教育者和陪伴者等多种角色。此外，社会工作者还要具有良好的沟通能力和资源整合能力，通过整合多方资源，如家庭、社区、机构、医院等，为服务对象提供更加专业的康复训练，建立更完善的支持系统。本案例采用了运动疗法、工作疗法和增能训练三种干预方法来实现疾病控制、情绪调节和人际互动三个方面的目标。这些方法和目标之间并不是孤立的，在方案实施的过程中要注意它们之间的相互配合关系，以及各种疗法在不同阶段的组合，随时根据干预效果做调整，尽可能高效地实现干预目标。专业性强的服务类型，需要多专业合作的治疗团队，该案例不仅需要资深社会工作者、精神障碍治疗师的参考，还应该包括体能训练师（物理治疗师）、语言治疗师、营养管理师和职业治疗师等人士的参与。

第四章

社会工作评估能力提升

评估能力是社会工作者必须具备的一项非常重要的能力。无论是组织建设还是项目运营，无论是机构的负责人还是机构的实务工作者，都必须具备基本的评估能力。本书按照事件发生顺序将评估分为需求评估和绩效评估。需求评估指的是公益项目开展前对项目的具体服务对象的需求的评估，而绩效评估是对项目实施过程与组织运营过程和结果的评估。

第一节 评估类型

一、需求评估

需求评估是项目实施的根基，需求把握不准，后面的项目实施必定事倍功半。现实中很多社会工作者以主观和宏观判断来确定服务对象的需求，不重视对需求的精准评估；有些购买项目的主体往往认为自己最了解服务对象的需求，认为根本没有“必要”做需求评估，就直接要求项目执行人按照其意愿开展项目。这种不重视需求评估的做法是不恰当的。

（一）需求及需求评估的含义

最著名的有关需求的理论是马斯洛的需求层次理论，其将人的需求从低到高分为生存的需求、安全的需求、归属和爱的需求、自尊的需求及自我实现的需求。这里既包含了吃穿住行等基本的生存物质需求，也包含了人们的基本心理和精神需求，更包含了更高层次的价值需求。虽然每个人都有这些需求，但是对每种需求的需要强度大不一样。每个项目都有目标群体，目标群体可能存在老人、儿童、在校问题学生、残疾人、社区矫正人员等多种类型，每类群体的需求是不一样的，我们对群体特征及需求有一般性认识，这些一般性认识并不能替代对群体的需求的精准评估。在同一群体中，不同人的需求结构也是不一样的，这就要求我们在申请项目、承接项目和执行项目的过程中应该对具体项目中的具体对象进行精准的需求评估。

除了个人需求之外，机构需求也是需求评估的重要内容。机构需求包括社会影响力需求、经济效益需求和成长性需求三大类。在社会影响力需求方面，声誉是社会组织最重要的资源，社会组织需要通过打造和经营良好的社会声誉来吸纳各类社会福利项目及资金；在经济效益需求方面，社会组织需要通过优化管理和承接更多项目来摊薄成本、增加利润，更好地维持机构的运营；在成长性需求方面，社会组织需要业务之间有强相关性和继承性，以不断深化和优化自身在某一领域的专业性，从而成长为权威机构。

需求评估就是项目执行方对项目目标群体的需求状况进行分析和判断，进一步讲，就是对潜在服务对象及其需求的认识，涉及潜在的不同目标群体对项目服务内容的认可程度。在需求评估过程中，了解服务对象的需求情况无疑是重要内容。只有明确特定对象的特定需求，社会项目才能设计出合理的服务内容以满足特定对象的需求，实现项目的宗旨和使命。以养老机构为例，有的养老机构运营良好，一床难求，而有的养老机构入住率极低，不能实现基本的收支平衡，原因之一就是养老机构的定位不准，定位不准包括养老机构软硬件建设的标准与其拟吸纳的潜在客户的需求不匹配。有的旅居型养老机构将潜在客户定位为高消费老年人群体，但是其没有精准分析高消费老年人的消费习惯、特权保障、年龄阶段和家庭任务等多种因素，导致投入高，空置率也极高。

（二）需求评估的关键

需求评估是对项目目标对象需求的评估，但是目标对象需求评估受多重因素的影响，虽然社会组织必须将服务对象放在第一位，但这在实践中很难实现，往往是需要平衡多重需求。

1. 机构需求与目标对象需求之间的平衡

机构需求包括社会影响力需求、经济效益需求、成长性需求，这些都会不同程度地影响对目标对象需求的评估。首先，项目的资金量影响社会组织的申请意愿。比如，W市J社区想引入一个为社区老人提供娱乐活动的项目，社区方仅能提供每年2万元的项目经费，联系了很多机构，但是这些机构都不愿意承接此项目。实际上，只有在该社区承接其他项目的机构才愿意承接此项目，因为可以通过“套打”的方式节约成本。其次，如果项目资金量可观或者购买主体可信任，有些组织会忽视成长性需求来争取项目。例如，公益机构K本身是做残疾人项目的，但是社区对党建工作需求更强，鉴于K机构在社区前期服务的成效较好，双方合作愉快，社区希望K机构来承接本社区的党建活动，K机构很犹豫这是否会偏离主业，但经过综合考虑还是先将成长性需求放在了一边，承接了项目。再次，很多社会组织在承接项目的时候会考虑项目是否容易宣传和做出成绩，如果不能就可能影响自身的社会影响力，因而它们会选择放弃，当然也有机构会为了快速打造机构品牌而挑战有难度的项目。例如，Z机构通过妇联获得一个帮助单亲家庭儿童的项目。该儿童由于家庭关系不好，在学校交际中缺乏信心，厌学情绪严重。这个单亲儿童的案例很典型。这个项目看起来很简单，但要真正改变儿童目前的心理认知是非常困难的。Z机构愿意承接的重要原因是妇联投入较大，会进行重点宣传，而这会提升该机构的地区影响力。

2. 项目出资方需求与目标对象需求之间的平衡

在公益项目中，项目出资方往往不是目标对象，这就存在出资方需求与目标对象需求不一致的问题，而且在这种情况下，目标对象需求往往会被放在第二位。例如，一些地方政府每年有很多公益创投项目，虽然地方政府认为这些是根据地方需求设计的项目，但事实上地方政府往往是根据国家的政策导向设计项目，因而每年都会有老年人项目。而老年人项目中大多是社区娱乐项目，较少有针对特困老人的项目，这就导致真正需要社会帮助的群体得不到帮助。目前，一些外资企业积极参与社区公益项目的最主要目的是与地方政府保持良好的沟通关系，以获得社区居民的支持，同时扩大公司的品牌影响力。这些公司一般会选择影响面广的项目。

3. 项目落地方需求与目标对象需求之间的平衡

政府出资的项目往往都需要选择落地点。有的项目落地是项目落地点积极争取来的，有的是政府安排的，有的是公益机构自己联系的。这就会出现落地点对项目支持力度的差异。由于项目在落地点的嵌入式开展，落地点会主导和严重干扰项目的实施，这样就会出现项目落地点需求对目标对象需求的削弱。例如，公益机构 S 在 J 社区开展为老服务，项目设计中有一项外出春游或踏秋活动，老年人非常喜欢这项活动，但是社区认为风险比较大，担心出现安全问题而影响社区，就阻止了活动的进行及服务目标的实现。

关联方的需求会影响对项目目标对象的需求评估及后期的需求实现。这就要求社会工作者坚持社会工作伦理，始终将服务对象需求放在第一位，发挥创造力来满足服务对象的需求。

4. 道德理念与经济现实之间的平衡

公益机构如果能在多方利益主体之间达成目标共识，就能避免因混淆道德理念和经济现实而造成的资源浪费。道德理念是崇高的、美好的，要追求的美好道德理念有很多，但我们能够用来追求道德理念的资源是有限的，而且非营利组织对其捐赠者、客户和员工都负有责任，所以应该精心合理地分配稀缺的资源来有效地达成目标，而非固执地将资金投入在自认为美好的事情上面。不管是医疗保险机构、教育机构还是社区服务团体或者工会，它们都必须根据其所设定的远景和标准、做出的承诺及所提高的人类能力的绩效来进行自我评价。

（三）需求评估的功能

1. 确定项目要解决的问题

社会工作者在设计项目之前需要对特定的群体对象进行需求评估，但是要明确项目的任务并非目标群体的所有需求。按照刘太刚的需求溢出理论，社会福利和公益项目是为满足那些个体自身无法满足的但是又非常重要的社会需求而产生的。[①] 因此，应采用问题视角，将对问题的鉴别作为确定社会项目需求的方式。例如，社会工作者组织 S 曾在 J 社区开展过一个为老服务项目。这个社区是新建商品房小区，社会工作组织前期没有进行深入的服务对象需求分析，根据一般性认识设计了“随迁老人城市融入”项目，由于缺少需求评估，项目开展后根本无法吸引到随迁老人，实际上

① 刘太刚．福利的本质与公共福利的多元循义供给：兼论需求溢出理论的福利观及永续福利国家［J］．江苏行政学院学报，2020（2）：78－85．

经常参加活动的是那些收入较高且很会享受晚年生活的本地老年人。为了完成项目，社会工作组织不得不迎合这些本地老年人的需求，而实际上这是对公益资源的浪费。再如，在一个孤儿项目的需求评估阶段，孩子们表达了自己想要一个家的愿望，希望有自己独立的生活空间，希望能有更多接触社会的机会，等等，在这么多需求中，社会工作者要确定哪些是可以帮助孩子们实现的需求。社会工作者无法满足孩子们拥有一个家的需求，但是可以帮助其接触社会，或争取更多社会资源为孩子们提供独立的生活空间。

2. 制定清晰的目标体系

任何公益项目都有一定的宗旨和目标，宗旨相对比较宏大抽象，而目标就比较具体。但是目标也有宏大目标、长远目标、近期目标和阶段性目标等的区分，甚至也可以分为政治目标、经济目标和文化目标。实践发现，能将目标写好的项目申请书非常少，目标也被认为是项目申请书中最难写的部分。

以某医务社会工作培训课程作业为例，某小组设计了在中秋节为肿瘤患者提供关爱服务的项目。项目目标如下：

总目标：为肿瘤患者提供心理社会支持。

分目标：在患者方面，旨在舒缓其心情，使其愉快过节，增进情感交流；在医护方面，旨在为医护减压，避免医患纠纷；在医院方面，旨在提高满意度，打造人文医院。

从总目标和分目标来看，评估者将特殊需求一般化了，虽然从三个方面细化了目标，但是没有形成上下层级之间逻辑严密的目标体系，目标之间的关联性不大。

3. 了解开展服务的环境和资源状况

“人在环境中 ”理论提供了整体性和系统性的分析视角，该理论强调任何人和事物的发展都是内外部不同因素互动的结果。就社会工作服务而言，案主的现状不只是由案主本身的主观观念和客观条件导致的，还与案主所处的自然环境和社会环境有关。要改善案主的状况，可以从案主本身入手，也可以从环境入手，或者同时从两个方面入手。比如，两个生活在不同家庭和区域的残疾人的生活现状可能有巨大差异，这与残疾人自身的态度、性格，家庭成员给予的支持，所生活区域的残疾人社会支持系统，等等，都有密切关系。这就要求对这些因素进行系统性评估，梳理出未来开展活动可以使用的有利资源，从而设计出切实可行的服务方案。

二、绩效评估

（一）绩效的含义

绩效，最初用于社会经济管理领域，后来被广泛应用在社会的各个领域。绩效是指从过程、产品和服务中得到的输出结果，并能用来与目标、标准、过去结果及其他组织的情况进行比较。绩效可通过财务和非财务的项目表示。绩效一般从顾客满意度、组织利润和运作效率三个方面衡量。第一，顾客满意度是指关于顾客感觉、反应和行为的测量与指示物，如顾客保留、投诉、顾客调查结果、产品可靠性、准时交付情况、顾客经验的欠缺情况和服务反应时间。第二，组织利润，包括投资回报、增加于每个雇员的价值、资产负债率、资产回报、运作利润。第三，运作效率绩效是指组织、人力资源和供应商在有效性和效率方面的测量与指示物，如周期、生产率、浪费减少及社区参与。它可以在工作单位水平、关键过程水平和组织水平上测量。

对于社会组织而言，绩效是指社会组织在社会活动中的业绩、效果和效率，绩效是其能力的体现。在宏观上，社会组织的绩效包含四个方面：一是政治绩效。政治绩效是指社会组织在社会活动参与过程中与国家政策倡导和国家社会治理理念与核心问题等方面的一致性，简言之，即是否支持政府行为或者对政府行为的支持度怎样。二是经济绩效。经济绩效不仅指社会组织本身的利润空间，还指对社会经济发展环境建设的积极作用。三是社会绩效。社会绩效是指社会组织在促进社会进步、社会稳定，减少犯罪、贫困方面做出的努力，与维护社会公平正义有关。四是文化绩效。文化绩效主要指社会组织对社会精神文明建设及文化繁荣做出的贡献。

（二）绩效评估的含义及作用

绩效评估是指组织定期对个人或群体小组的工作行为及业绩进行考察、评估和测度的一种正式制度。用过去制定的标准与成员的工作绩效记录进行比较并及时将绩效评估结果反馈给员工，可以起到有效的检测及控制作用。绩效评估是组织与成员之间的一种互动关系。在实际工作中，绩效评估在制度设计、评估的标准及方法、执行程序等诸多方面很难做到完全客观和准确，所以管理人员与员工之间可能会因为认识不一致而发生一些矛盾和冲突。此外，绩效评估给人力资源的各个方面提供了反馈信息，并与组织中的各个部分紧密联系，因此，绩效评估一直被认为是组织内人力资源管理中最棘手也是最强有力的内容之一。绩效评估具有以下作用：

第一，绩效评估为做出最佳决策提供了重要参考依据。绩效评估的首要目标是为组织目标的实现提供支持，特别是在做重要的决定时，绩效评估可以使管理者及其下属在制订初始计划的过程中及时纠正偏差，减少工作失误。

第二，绩效评估为组织发展提供了重要支持。绩效评估的一个重要目标是提高员工的业绩，引导员工努力，使其能够跟上组织的变化和发展。绩效评估提供的相关信息资料可以作为对员工进行激励或处分、提升或降级、职务调动及进一步培训的依据，这是绩效评估最主要的作用。

第三，绩效评估为员工自我发展提供了方向。绩效评估使员工有机会了解自己的优缺点及他人对自己工作情况的评价。当这种评价客观时，员工可以在上级的帮助下有效发挥自己的潜能，顺利实施自己的职业生涯规划。

（三）绩效评估的类型

依据不同的划分标准，可以将绩效评估划分为多种类型。以下从评估的主体、评估的对象和评估的目的三个维度分析绩效评估的类型及其内涵。

1. 内部评估和外部评估

内部评估是由公共部门内部的评估者完成的评估。内部评估最大的优点在于评估的主体本身就是机构内的决策者、管理者和工作人员。内部评估的优势是信息掌握全面，但是缺点也很多，如评估者往往会出于私心干扰评估的客观性；评估者不希望暴露自身或者组织的问题、缺陷，为了某种利益，可能会只强调成就；评估是一项复杂而细致的工作，需要评估者系统地掌握有关的理论知识，并熟悉某些专门的方法和技术，但很多组织内部不存在这样的专家。

外部评估是由机构外部的评估者完成的评估，可以是由机构委托营利性或非营利性的研究机构、学术团体，专业咨询公司组织的，也可以是由投资或立法机构组织的。外部评估的优点是评估者与组织内部人员关系疏远，评估过程和结果更加客观；专业性更强，评估流程更加科学，评估方法更加有效，评估结果更具权威性。外部评估也有缺点，即对组织及人员的信息掌握很难做到全面，这也会在一定程度上影响评估结果的公平性。

2. 个人绩效评估和组织绩效评估

个人绩效评估是指基于事实，有组织地、客观地对组织的员工的资格、能力、工作态度、工作适应性、学习性和对组织的贡献度做出的评估。个人绩效评估不仅有利于管理层与员工沟通组织的目标和目的，而且还能激发员工的工作潜力、责任感和紧迫感。个人绩效评估的缺点是容易导致为完成目标而出现急功近利行为，不利于个人和组织的长远发展。

组织绩效评估是对组织的产品或服务在多大程度上满足社会公众的需求而进行的评估。组织绩效评估既包含组织外部对组织整体业绩的评估，也包含组织高层对各部门业绩的评估。评估的目的主要是加强管理者的组织或部门经营管理能力建设。

3. 管理与改进型评估、责任与控制型评估和节约开支型评估

管理与改进型评估需要更多地使用市场测试、竞争力与标杆管理等更加灵活的管理工具和技术。大量的绩效数据与资料必须被传递给组织的内部管理者，同时绩效评估信息系统应该被设计为复合体以适应不同层次的需要。如果有战略或竞争的因素介入，大部分绩效信息还应该是保密的。在此类评估中，绩效预算着重激励以结果为导向的产出；绩效会计突出成本意识的增长；绩效审计则在自我改进战略中用于自我评估；诱因机制在评估中得到大量运用，其目的在于促进组织管理的改善。管理与改进型评估既可以是自上而下的，也可以是自下而上的。

责任与控制型评估只需要简单且透明的绩效评估信息系统，绩效指标与数据应是易于获得并为大众所了解与熟悉的。此类评估尤其重视绩效审计，内部审计与外部审计及两者之间的紧密联系对优化责任与控制程序十分重要。责任与控制型评估一般是自上而下的。

节约开支型评估主要关注机构的投入。绩效评估信息系统并不是评估的关键因素，而是一个附属物，它在预算过程中着重强调开支与成本。节约开支型评估一般用于组织高层及财务部门对下层组织的财务管理评估。

（四）绩效评估的原则

绩效评估的原则影响绩效评估的方法，最终影响机构管理模式与方式。重视数字绩效评估，可能会导致各部门以完成指标为目标，而非注重组织的宗旨与使命；忽视数字绩效评估，可能会导致工作时“一团和气”，但效率和效益都不好。社会组织的管理者制定绩效标准来贯彻落实组织使命时，须提防一些倾向，坚持一些原则。

1.“不要”原则

“不要”原则体现在以下五个方面。

第一，不要鲁莽行事。高喊组织的理念、使命高于一切，并不能解决实际问题，如果没人来支持组织理念的落实，就不会有任何作用。明确绩效则意味着需要把现有的资源集中于能产生实际成果的行动方案。

第二，不要避重就轻。避重就轻就是选取容易实现的成果作为测评绩效的标准，而非选取能够推进使命的成果。不要过度重视那些容易筹到资金来做的事情、那些追赶时尚的事情及那些轻而易举的事情。

第三，不要先入为主。无论是对项目还是对个人的绩效评估，评估者都要避免先入为主和凭个人经验主观判断的倾向。在现实中，很多评估者自认为非常了解项目实施的内外部环境及实施情况，了解个人的工作能力和工作态度等，就以自己的判断作为评价的基础和准则，这必须避免。

第四，不要受其他势力干扰。绩效评估的执行主体应该坚持独立性，客观公正地呈现评估结果，而不能受其他势力的干扰，避免在评估过程中弄虚作假或者修改评估结果。

第五，不要寻找“替罪羊”。要明确绩效评估的目的是呈现事情成功和失败的客观状况及寻找背后的客观原因，而不是寻找承担不良后果的责任人。不能将绩效评估作为惩罚的依据。

2.“要”原则

“要”原则体现在以下三个方面。

第一，要有强烈的使命感。社会组织容易犯官僚主义毛病，也就是说，社会组织的成员对其所做的事情的正确性容易过分自信，对其所追求的理念容易过度投入。强烈的使命感要求社会工作者必须在全部的工作过程中思考：当下这件事或者这个选择与组织使命之间的关系，是向着使命发展还是违背组织的使命？在绩效评估时，无论是对组织还是对个人的评估，都要考虑其当下的成绩与组织的使命之间的关系。如果短期无收益行为对组织的使命是有潜在的积极作用的，应该给予肯定，防止不恰当的指标引导人们产生行为偏差，以免背离组织的使命和宗旨。

第二，要有明确的标准。不管是集权型管理还是分权型管理，社会组织制定明确的标准都是非常重要的，因为这是保证组织每位成员承担起工作职责并进行有效沟通的前提。一方面，标准必须具体，具体到新进员工看工作职责就可以明晰自己的工作内容和工作节奏。另一方面，标准必须设置得高一些。高的标准就是所有人都必须努力才能达到的标准，否则人们会对自己的工作能力扬扬自得而放弃了向更高水平的追求。但是，标准必须是可达到的，至少组织的模范成员能够达到。因此，社会组织应该尽可能合理安排成员，使之能充分发挥作用；应根据成员的特长把他们安排到相应的工作岗位上，然后用高标准来严格要求他们。

第三，要给予陈述的权利。社会组织的绩效评估不像营利性组织那样有经济效益这个明确的指标，其绩效包含着很多难以用数字和经济价值来衡量的内容。虽然组织会尽可能制定科学合理的绩效评估办法，但是不可避免还是会出现对某些项目、某些人的评价不尽合理的情况。为此，组织应该给绩效评估结果不太理想的部门或者个人以陈述的权利，让其解释绩效较差的原因，在其陈述的基础上，结合定性和定量的判断给出最终的绩效评估结果。

（五）绩效评估的程序

绩效评估的有效性依赖于一定的执行程序。在执行绩效评估之前，首先要对影响绩效评估过程的内外部环境因素进行分析，确定哪些因素影响评估的有效性。绩效评估的步骤如下：

第一，确定特定的绩效评估目标。在不同的管理层级和工作岗位上，员工所具备的能力和做出的贡献是不同的，而一种绩效评价制度不可能适用于所有的评估目标。所以，对组织内的人员和部门，要制定符合他们自身情况的有差别的目标。目标必须客观和可衡量，要尽量精细且有些目标之间可以互相换算。

第二，确定考评责任人。考评工作往往被视为人事部门的任务。实际上，人事部门的主要职责是组织、协调和执行考评方案。要使考评方案具有成效，还必须邀请评估的专业直线管理人员直接参与方案的实施，因为直线管理人员可以更直观地识别员工的能力和业绩，并负有直接的领导责任。

第三，评价业绩。在确定了特定的绩效评估目标和考评责任人之后，就应当通过绩效评估系统，根据特定的评估目标内容，对员工进行正确的考评。考评应当客观、公正，杜绝平均主义和个人偏见。在综合各考评表得分的基础上，得出考评结论，并对考评结论进行分析，特别是要检查考评中有无不符合事实及不负责任的评价，检验考评结论的有效程度。

第四，公布考评结果，交流考评意见。上级主管可以与考评对象单独面谈，共同讨论绩效评价的结果。考评对象应该把被考评看作一次解决问题而不仅仅是发现错误的良机。公布考评结果，一定要注意方式方法，避免产生内部矛盾。

第五，根据考评结论，将绩效评估的结论备案。最终考评结论可以使组织识别那些具有较高发展潜力的员工，并根据员工的成长特点，确定其发展方向，为今后员工的培训和人事调整提供依据。

（六）绩效测量方法

绩效测量方法一般包括以下三种。

1. 计数法

计数法是结果测量中最简单的一种测量方法，属于定类测量。计数法的实施成本相对较低且简单易操作。操作步骤：第一，将结果状况进行二分，如支持与反对、满意与不满意。第二，分别计算人数，并以此作为结果。当然，在大型项目中也会增加比率作为评估结果。比如，在“居民公共空间车位改造”项目开展前，居民为了停车经常发生冲突。物业决定将某些绿地改为停车场，在改造前先做了整改意见摸底，居民中同意与不同意的人数分别是321人和782人。可以在项目结束后，再次进行民意调查，可以这样呈现调查结果：1 103名居民中对整个结果满意的与不满意的人数分别是874人和229人，比例约为3.82∶1。居民对整改的认可度大大提升，由改造前的321人增加到改造后的874人，增加了553人，增长率约为172%。

2. 标准化测量法

有些评估需要测量一些比较抽象和复杂的概念，这时，就可以采用标准化测量工具，如量表。常见的各类量表，由相关条目组成，一般需要案主、社会工作者或评估者依据这些条目分别进行评定，最后进行计算，多以总分的形式呈现。这些量表一般经过长期的检验，具有较高的信度和效度。

3. 功能水平量表

功能水平量表是由评估者根据项目的实际情况设计出来的一种对案主的特定功能进行评估的工具。评估者通过定义和描述等对社会工作干预所指向的案主功能进行水平等级划分。需要注意的是，制作功能水平量表必须考虑到特定功能水平等级的划分标准或描述的准确性、等级数量的适当性，还需要考虑到功能的多维度性。

第二节　评估方法和模型

一、评估方法

评估方法可以分为非介入性评估和介入性评估两大类。

（一）非介入性评估

在非介入性评估中，评估人员与项目相关人员之间不存在互动与交流，这类评估可以不影响或尽可能少影响项目利益相关者的正常活动，而且可以增进社会工作者对同类社会问题的全面了解。

1. 文献资料评估

在社会科学研究中，“文献”的概念范围要比在日常中文语境中更丰富，它泛指一切与社会科学研究有关的存储信息。社会科学研究和社会项目预评估研究中的“文献”，主要指的是经过前人收集、整理、创造而以多种媒体形式保存下来的，与社会现象相关的一切信息。社会科学研究和社会项目预评估研究在规划之初，甚至在研究问题的提出及其具体化过程中，都离不开对已有文献的回顾和参考。文献资料评估有助于了解社会项目及其背景。项目设计者应该通过文献评估对已经完成的类似项目的策划、设计、实施到结题全过程的一切文件资料进行分析，从而为项目设计、实施提供思路和建议。此外，项目设计者还需要掌握项目实施区域内相关政府部门对于项目服务对象及其面临问题的统计和调研资料，以及中央和地方各级政府的相关政策及相关的一切资料。例如，某公益组织 H 是做家庭婚姻咨询的，其根据自身能力和项目经验设计了一个单亲妈妈支持项目。但是，在申请年度，当地政府对此类项目并不关注，导致单亲妈妈支持项目最终没有获得资金支持，未能实施。

2. 内容分析评估

内容分析评估是一种搜集与分析文本内容的方法。文本包括文字、图片、影像等多种形式，既可以是书面的，又可以是可视的或口述的。内容分析是通过分析文本，了解人们的行为和态度，说明社会结构及文化变迁。内容分析法的基本假定是，在这些传播的材料中发现的行为模式、价值观念和态度，反映并影响着创造和接受这些材料的人们的行为、态度与价值观。

内容分析法的使用步骤：第一，确定分析主题；第二，提出问题（获得有关主题的描述性信息，指导服务和政策设计，进行假设）；第三，确定分析单位（可以是字词、主题、体裁、段落、项目、概念、语意等）；第四，寻找相关资料（寻找与研究主题和对象相关的更多资料）；第五，抽样；第六，测量与编码（形成测量的基本结构，明确测量的内容，进行编码系统的制作，进行编码登录）；第七，分析资料。

（二）介入性评估

介入性评估是指必须与相关人员互动的诸如问卷调查、实地调研、座谈等评估方法。介入性评估有定量评估和定性评估两大分类。定量评估就是将观察到的现象转化为数字，并用图形、频数分布及其他统计值加以描述的评估方法。定量评估是最传统的，同时也是最常见的一种评估方法，获得的评估结果比较客观和直接，更能满足管理层了解评估结果的需要。定性评估是指在自然环境中使用实地体验、开放型访谈、参与性与非参与性观察、文献分析、个案调查等方法，对社会现象进行深入细致和长期的研究，以归纳为主要分析方式，基于收集的一手资料，对研究对象进行行为意义分析，从而提炼出理论的一种方法。在具体的研究中，两种方法往往兼而有之。

1. 构建评估指数和量表

构建评估指数和量表是项目实施中评估需求和满意度常涉及的内容。设计合理的评估指数或量表并非简单的事。如果设计得不好，它们无法在后续研究中被使用，不能反映问题，或者不能突出特征，等等。因此，构建评估指数和量表是评估的重要基础。

简单地说，指数是综合一系列项目形成的，反映社会现象或概念属性的单一数值。通常，为了强化结果的概括能力及其适用面，社会科学研究成果便需要在对个别认识的基础上进行概括，获得具有普遍解释功能的一般理论。但是在现实中，对于有些观察得到的经验现象，很难用高度抽象的概念去测量。比如，人的年龄、收入很容易用数字测量，但是如果涉及社会问题和幸福感等，则无法从经验中直接获得其数字表现。在社会科学研究和评价中，我们通常将反映事物某一方面的属性的量化测量结果称为指标；要想揭示社会现象及其属性，我们必须借助一系列的指标，以全面地反映所研究和评价问题的一般属性。为此，我们需要创建指标维度。所谓指标维度，就是指标所反映的社会现象或概念的具体方面和层面，是对抽象的社会现象及概念的一种描述。由此，就可以实现高度概括和抽象概念与经验现象之间的联系，从而为实现量化测量奠定基础。例如，在W市的一个居家养老援助服务评估项目中，问卷设计包含“对服务过程的满意度”和“对机构的满意度”两个重要内容，在这种情况下就要对“服务过程”和“机构服务”进行维度分解，确定维度之后再设计问题。这里涉及三级指标体系。

在确定最终的评估问卷前，还需要对设计出来的指数进行筛选，这个过程叫作评估指数的构建。该环节的筛选又分为理论筛选和实证筛选两大环节。评估指数的理论筛选是基于一定的理论框架，将研究对象的评估属性转化为一定的指标并加以结果整合的过程。首先，评估指数往往是基于一定的理论基础形成的，是关于研究对象的某种抽象性属性的测量。不同于一般社会现象的测量，评估指数往往是基于某种理论建构对研究问题的综合性研究。其次，评估指数的测量最终表现为与研究对象属性相关的一系列指标及其量化反映。最后，评估指数以一定的理论为依据，决定了大量指标之间的结构关系，进而反映指标之间的某种关系及其系统性。

为了提高评估指标的测量效度和科学性，我们还需要对基于理论建构形成的指标体系进行实证分析，从中筛选出高质量的评估指标体系，进而确保指数的科学性，通常包括预评、专家咨询、相关性分析和鉴别力判断等方面。首先是预评，预评是最佳的筛选方法。根据基于理论设计出来的指标体系而做的问卷可能并不符合实际情况，比如，我们设计了“服务专业度”的问题，但对于调研对象来说，他们可能根本不知道专业的服务是什么样的，在这种情况下问“服务人员的服务是否专业”这样的问题就很不恰当。其次是专家咨询。尽管专家的观点也具有一定的主观性，但是参考专家的观点可以增强评估指标体系的完整性、系统性和客观性，提高测量的效度。再次是相关性分析。为了避免指标重复，减少工作量，提高研究效率，我们还需要借助相关分析找出指标体系中的重复内容，即对指标体系中的各项指标进行两两相关分析。若相关系数过高，则表明高度重复，可以对相关指标进行剔除。最后是鉴别力判断。进行鉴别力判断是为了区分研究对象属性的差异性，利用统计数据和软件进行方差分析，剔除鉴别力相对低的指标。

在社会研究和评估研究中，量表是与指数共同被使用的，甚至是不加区分的。从表现性上看，指数和量表都是对社会现象及其属性的一种综合性测量。但在目的、功能方面，两者还是存在着明显的差异的。首先，从指数与量表包含的指标的结构关系上看，指数关注的是其构成指标的总量，而量表重在解释构成指标之间的程度差异。相对而言，指数在社会科学研究过程中的运用范围更为广泛，而量表通常仅用于测量个人的感受或看法，呈现出更为明显的主观倾向。

常用的评估量表有利克特量表、语义差异量表、博加德斯社会距离量表、哥特曼量表四种。

（1）利克特量表

利克特量表是伦西斯·利克特（Rensis Likert）创立的一种量表，其特点是借助“同意—不同意”的程度，以定序测量的方式反映研究对象对评估问题的态度。其实，我们自觉或不自觉地都在运用这种量表，比如，问卷问题“您觉得服务人员打扫卫生干净吗？A. 非常干净；B. 干净；C. 还行；D. 不干净；E. 非常不干净”。除此之外，利克特量表还重在揭示态度的相对强度。为此，对于具有不同态度倾向强度的指标，量表测量过程往往需要重新赋值。

（2）语义差异量表

语义差异量表主要用于间接测量人们对观念、物品和他人的感受。语义差异量表往往将测量指标区分为完全不同的、对立的两种维度，然后要求研究对象在每一个具体问题提供的两个方向之间确定自己的态度位置。这种量表要求问题尽量具体。

（3）博加德斯社会距离量表

博加德斯社会距离量表是由埃默里·博加德斯（Emory Bogardus）创立的，是测量不同群体之间存在的社会隔阂距离的一种研究手段。博加德斯社会距离量表的一组指标之间存在递进关系，不同问题之间存在程度的距离，一般而言，前面的问题体现的社会距离要小一些，后面的问题体现的社会距离将越来越大。

（4）哥特曼量表①

哥特曼量表是在当今西方学界运用十分普遍的一种量表形式，其主要功能在于解释相关测量指标之间的逻辑结构关系，建立在对测量结果进行分析的基础上。“哥特曼量表一般由3—20个指标构成。以外来务工人员的社会救助为例，可以确立三项具有不同倾向的指标：向任何生命处于严重威胁状态的外来务工人员提供救助，向有工作和社会保险关系的外来务工人员提供救助，向一切外来务工人员提供救助。利用哥特曼量表研究上述问题，我们主要是想了解不同的人对上述问题的态度之间存在的逻辑关系。因此，我们首先运用上述指标对有关人员进行测量，然后分析上述测量结果之间的逻辑关系。”如果我们测量各个调研对象的态度，将其区分为赞成者和反对者，通常逻辑上主张向一切外来务工人员提供救助者也会赞成向其他两类外来务工人员提供救助，而主张向任何生命处于严重威胁状态的外来务工人员提供救助者则不一定赞成其他两种做法。但是，测量和研究过程中也可能存在某些特殊的、违反常理的情形，如主张向一切外来务工人员提供救助者，却反对向其他两类外来务工人员提供救助。在所有的测量对象中，量表类型所占的比例在0～100%；如果该比例达到90%～95%，那么前面三类指标体系就构成了哥特曼量表。

四种经典量表为我们的研究提供了思路，但我们在做研究和项目时，只有根据具体的问题进行量表调整，才能更好地实现评估目标。并不是同一个项目或选题都可以用到四种量表，量表的选择要考虑社会问题本身的

① 方巍，祝建华，何铨．社会项目评估［M］．上海：格致出版社，上海人民出版社，2012：126－127．

性质和研究或项目的目标。设计量表的基本步骤包括明确测量对象、建立测量题库、选定测量形式、专家评议题库、考查确认题库的全面性、进行量表的样本测试检验、优化量表长度等。

2. 实验和准实验评估

研究者可以通过实验法高度精准地得出项目的有效性结果，因此，随机现场实验评估是项目评估领域的标杆。实验法是将实验对象随机分成实验组和控制组。实验组按照研究者要求参与实验，而控制组不参与实验，仅被跟踪观察。项目评估就是通过各种测评工具观察和对比两组的效果差异，从而确定项目实施的效果。随机现场实验评估传统模式如表4-1所示。

表4-1 随机现场实验评估传统模式

	前测	项目操作	后测
实验组	O_1	X	O_3
控制组	O_2		O_4

通过实验组与控制组之间的比较可以验证效果与项目实施之间的因果关系，但是实验组可能还会受外部其他因素的影响，不能准确验证所发生的变化是不是操作X所带来的，因此，还要从实施前与实施后的差异值中再减去比较组的变化值，以求得相对“纯洁的结果”，即 $[(O_3-O_1)-(O_4-O_2)]$。虽然实验评估方法能够较有效地确定项目实施效果，但是受各种政治与伦理的影响，该方法的使用还是有很多限制条件的。①

3. 实地研究评估

实地研究评估是以参与式观察和非结构式访谈的方式收集资料，并通过对这些资料的定性分析来对社会项目进行评估的一种研究方法，是社会项目评估中常用的一种方法。实地研究评估主要包括观察法和访谈法两种。实地研究评估所收集的资料常常不是数字而是描述性的材料，而且研究者对现场的体验和感性认识也非常重要。实地研究评估的主要特征有：评估研究的过程一般持续时间较长；研究者与社会项目过程中的个体、群体等有着更为深入的互动与情感交流；资料收集方法多样；强调研究者的主体参与性；注重归纳推理。

① 方巍，祝建华，何铨. 社会项目评估 [M]. 上海：上海格致出版社，2012：132-134.

访谈法是利用开放的、非结构式访谈的方法去了解社会项目的细节信息，访谈者直接向受访者提问以收集资料，既可以是面对面的，也可以通过电话或视频等形式进行，一般以面对面的个别访谈为主，还可以采用小型座谈会、调查会的形式。访谈法的主要特点有：强调研究者与社会项目中的个体之间面对面的互动；环境具有可控性；整体具有计划性；成本相对较高。

观察法是进入现场，以观察者的切身体验为资料收集方式，这种方法受观察者自身的价值观、情感等主观因素的影响，所以对观察者的要求很高。观察法的主要特点有：在自然情境下具有高有效性；直接观察行为及行为痕迹具有高可靠性；观察带有主观选择性；耗时较长；能够收集到其他方法无法获得但很重要的细节信息，如情绪等。

二、评估模型

评估模型可以分为需求评估模型、服务过程评估模型、服务结果评估模型。

（一）需求评估模型

需求评估模型主要包括以下两种。

1. 布拉德肖四分模型

乔纳森·布拉德肖（Jonathan Bradshaw）认为，需求测量表现为规范性需求、感受性需求、表达性需求和比较性需求四种方式。[①] 规范性需求是指在当下专业知识或现存社会规范能够满足的需求，比如，农村人居环境改造，是地方政府和专家认为的农村美好生活建设的需要，但并非农村居民的切实需求。规范性需求是评估者必须首先考虑的需求，是所有需求满足的基础和边界。感受性需求基于的是被评估者自身主观的感受，比如在精准扶贫过程中，存在一些懒汉型贫困者，他们对自身的生存状态并无太多不满，改变的动力不大，当然有些人也常常把自己当作弱势群体来抱怨社会的不公。在评估中，评估者应该警惕感受性需求对评估客观性的影响。表达性需求是指来自个人和团体对社会支持的明确的要求。比如，留守儿童面临着家庭关爱缺失和辍学等问题，他们的表达性需求是父母可以兼顾

① Bradshaw J. The Concept of Social Needs[J]. New Society, 1972,30: 640 - 643.

工作和养育子女。表达性需求是评估的重点内容。比较性需求是通过与同类情况的比较产生的需求。比如，一些在贫困地区长大的孩子，由于身边人的经济状况是一样的，初始不会觉得自己贫困，后来上大学去到经济发达地区后，因比较而产生需求。布拉德肖四分模型为评估理性需求的真实性、客观性和可满足性提供了重要依据。

2. 多亚尔和高夫的指标测量模型

莱恩·多亚尔（Len Doyal）和伊恩·高夫（Ian Gough）认为，需求测量可以分为基本需求的测量和中介需求的测量两个层面。[①] 基本需求的测量涉及身体健康需求和自主需求：一是通过用死亡率、平均寿命和疾病的控制与预防来测量身体健康需求；二是通过心理疾病、认知剥夺和参与机会三个指标来体现自主需求。中介需求就是基本需求满足过程中不可缺少的物品、活动或关系等，涉及多类非社会性和社会性的满足物，包括有营养的食物和干净的水、保护性的房屋、无害的工作环境、无害的物理环境、适当的健康照护、儿童的保障、重要的初级人际关系、安全的物理环境保障、安全的经济保障、适当的教育、安全的计划生育和儿童照顾等。这个模型细化了更多的测量指标，更加有利于详细分析需求，但是在使用的时候还要精简合并，以符合本土化特征。

（二）服务过程评估模型

服务过程评估主要是对服务计划执行过程的评估，研究如何评估过程的有效性。顾东辉认为需要从四个维度来评估过程：一是渠道，如评估服务者是通过什么渠道了解到项目的，转介服务的过程是怎样的，本机构与其他机构之间是否建立了转介系统，服务对象为什么选择本机构接受服务，等等。二是服务内容，如评估在服务提供过程中，实际提供的服务是什么，提供服务的数量、类型和质量是怎样的，服务方案是怎样满足服务对象的需求的，等等。三是服务方案的管理，如评估服务方案的设计过程是怎样的，服务方案的管理结果是怎样的，与机构中其他服务方案及其他机构中类似服务方案之间的关系是怎样的，等等。四是项目的财务管理，如评估是否有足够的资金、人力和物力来支持服务提供，资源是否得到有效利用，

---

① DOYAL L, GOUGH I. A theory of human need[M]. London: Macmillan, 1991.

服务提供的成本和费用之间的关系如何，提供服务以来有什么变化，等等。①

（三）服务结果评估模型

以结果为焦点的评估一般包括效果评估、影响评估和成本—收益评估三种类型。

1. **效果评估**

效果评估就是评估项目的结果是否达到项目设计的预期目标，既可以与设定目标进行比较，也可以通过服务对象的反馈来实现。

评估的步骤：首先，了解清楚项目预期目标，尤其是其设定的效果基线或预期的最低标准；其次，使用一定的测量工具或方法对结果进行测量；最后，对干预前的评估和干预后的评估进行比较。例如，小刘由于学习成绩较差，出现了厌学和攻击同学的不良行为，其父母找到社会工作者来帮助小刘。社会工作者在开展活动之前对小刘的厌学程度和情绪消化能力做了两个量表进行测量，测量结果显示小刘在这两方面的得分分别是 62 分（分数越高则越不好）和 70 分（分数越高则越好）。在服务结束后，小刘又做了同样的测试，其分数分别为 40 分和 85 分。这就是典型的效果评估。

2. **影响评估**

影响评估是评估项目结果与对照组或者替代项目的结果之间的差异。一般而言，影响评估是评估项目的净结果。

评估的步骤：首先，设定实验组和参照组，并随机分配服务对象进行分组；其次，对实验组进行干预，不对参照组进行任何干预；最后，干预告一段落或者结束后，对两组的结果进行测量并比较，两组结果之间的差别就是对干预影响的评估。

3. **成本—收益评估**

成本—收益评估主要是对项目的经济指标进行评估。公益项目的收益是固定的，对于政府、基金会或者企业给予项目的经费，项目实施有严格的预算执行计划。

虽然社会组织不像企业一样具有很强的逐利性，但是成本—收益评估对于任何类型的组织来说都是非常重要的。

---

① 顾东辉．社会工作评估［M］．北京：高等教育出版社，2009：220.

评估的步骤：首先，进行项目成本预算，包括人、财、物，以货币为单位计算；其次，在项目结束后进行项目决算，核算实际成本；再次，核算项目净收益；最后，对历史性和共时性项目的成本—收益进行比较，测算组织在项目运营中的经济管理能力。成本—收益评估既可以是单项目评估，也可以是多项目之间的比较评估。项目评估是根据以往经验对收益有一个项目前的设定，如果最后执行结果实现了设定目标，则代表该项目在财务管理方面做得好；而多项目之间的比较评估，多用在一个组织的不同项目组之间，以项目盈余最多为标准。

第五章

社会组织运营管理能力提升

社会组织运营管理能力是社会工作者能力的综合体现。对于组织而言，拥有具备运营管理经验的社会工作者，能起到事半功倍的效果，对组织的顺利运作具有极大的帮助；对于社会工作而言，任何一个社会工作者都必须具有独立运营社会组织的能力，否则其工作就可以被志愿者取代，个人的职业发展将受到极大的限制。下面从社会组织运营管理的关键环节能力——项目设计能力、项目投标管理能力、财务管理能力和资源整合能力四个方面，展开对社会组织运营管理能力提升的介绍。

第一节　项目设计能力

社会组织项目设计是指社会组织根据其自身发现的社会问题或者出资方意图对项目的具体内容进行有针对性的设计。项目设计的好坏体现了社会工作者对问题的敏锐观察力、从抽象混沌到具体可操作的转化能力、文字表达能力、对执行过程的周密思考、对项目相关方意图的理解力等。项目设计得好，项目实施就会按预期顺利进行；项目设计得不好，不仅会影响项目的顺利实施，而且可能导致出现违反合同或项目终止等风险，直接影响组织在某一个领域或者区域的声誉，进而影响组织以后申请项目的成功率。项目设计主要体现在项目书上，下面从项目书的结构入手来分析项目设计。

一、项目名称

项目名称一般由有寓意的词语、服务对象、目标三个核心要素构成。

1. 选择有寓意的词语

项目名称前部选择有寓意的词语有利于项目被公众知晓和媒体宣传，如"无声有爱"——口腔肿瘤患者住院支持项目、"他乡变故乡"——"老飘族"城市适应的社会工作服务项目、"一路'童'行"儿童保护专业人才训练营及督导项目、"有车有位"社区停车优化项目、"泊车规划师"社区停车改造项目、"星火燎原"精神残障人士动能激活训练康复项目等。

2. 最重要的是项目的服务对象

出资方最关心的是服务对象是不是其认为应该得到社会帮助的群体，所以服务对象的选定直接决定出资方（评委）是否会关注项目书的其他内容。例如，对于民政部门出资的项目，如果服务对象为失独家庭、残疾人和特困老人，项目会比较容易被选中；如果服务对象是生活品质较高的社区居民或者其他部门关注的群体，则项目有可能会被直接否决。

3. 目标设定须明确且合理

明确是指目标设定要清晰，要让出资方（评委）从题目中构想出最终的结果。比如，"城市随迁老人融入项目"这个项目名称就存在项目目标不明确的问题。融入是一个抽象的概念，应该讲到融入的具体方面。目标设定除了要明确之外，还应合理。合理就是设定在当前的环境和条件下能够完成的目标，而不是一个看起来很好但几乎不可能完成的目标。

二、项目服务对象

项目服务对象的选择要坚持以下几个原则。

1. 选择擅长领域的服务对象

社会组织在选择项目时要考虑服务对象，应该选择组织的业务范围内的服务对象，而且最好选择组织擅长的、具有丰富经验的项目类型。

2. 迎合出资方（评委）的需求

社会组织在选择项目时要考虑出资方的业务重点或者意向。例如，民政部门的业务主要在社会组织、社区、社会救助和老弱困难群体领域，其他一些大型公司（包括外资公司）的公益动机不尽相同，关注的群体也不相同。除了零散的、单独的公益项目外，也有大量统一公开的公益项目，社会组织应该按照项目公告文件中确定的服务对象和范围来恰当选择。

此外，要注意服务对象与服务群体是两个不同的概念，如公益项目会明确规定有两到三个针对老年人群体的项目。因为老年人群体也有很大差异，所以要针对未来项目落地点的老年人群体的具体特征进行服务对象的精细刻画，也就是对服务对象的特征、服务需求进行更具体、更有针对性的准确描述，要使出资方（评委）从项目书中看到组织对服务对象的了解程度。

三、项目预期目标

除了要明确和准确外，项目预期目标的设定要充分考虑出资方（评委）的需求。针对解决具体问题的公益项目，项目预期目标的设定要具体可衡量，要产生看得见摸得着的成效。比如，要向某个社区申请公益项目，就要了解社区的需求。社区工作人员说他们最头疼的是社区居民晾晒衣物、被褥导致整体区容区貌很差，物业和社区通过各种宣传方式引导居民注意公共区域的干净整洁，但是没有任何成效。在这种情况下，社会组织如果想在社区内做丰富老人休闲生活的项目，很可能会被社区拒绝。社会组织可以结合自身优势，针对乱晒衣物现象设定项目预期目标。项目成效的可见性和可衡量性也非常重要。对于出资方来说，可见性成果和可衡量的指标或者维度都是其未来继续开展项目的重要依据；对于社会组织来说，借助项目的可见性成果能够实现对项目的有效管理、对人力资源的优化配置。

四、项目内容

首先，项目内容要符合服务对象的特点。比如，一些趣味游戏活动比较适合儿童和年轻人，而不适合老年人，如果将此类活动设计在为老年人服务的项目中，那显然是不可行的；有些在非残疾人服务对象中开展得比较有成效的活动，在残疾人群体中有可能无法开展；等等。

其次，项目内容要符合出资方和项目落地管理方的要求。社会组织，尤其是在社区实施项目的社会组织，一定要与社区加强交流与沟通，要获得社区对活动形式及内容的认可和支持，以免影响项目的顺利实施。

再次，项目内容要能体现专业价值、专业知识和专业技巧。比如，在公益项目设计中，基本的活动形式是趣味游戏、手工活动等，要想让出资方（评委）认可方案，一定要将这些活动的特点与训练或者引导服务对象的某种行为改变之间的关系阐释清楚，以引起出资方（评委）的关注。

最后，活动的频次是影响活动效果的重要因素。活动频次影响服务主体与服务对象之间的信任程度。活动频次太少，不足以建立信任关系，项目的实施性内容就无法很好地开展以取得预期效果；活动频次太多，对于社会组织来说成本太高，对于服务对象来说可能出现“活动疲劳”，丧失对项目的兴趣。

五、项目预算

项目预算设计是项目管理中非常重要的内容，其直接关系到出资方是否愿意支持该项目和项目实施过程中台账管理的难易程度。社会组织设计项目的理想预算与采购方的预算可能存在差异，如何设计合理的总额或者使出资方认为预算合理，是项目设计必须重点考虑的内容。合理的预算可以大大减少台账制作所需要的时间和精力，而不合理的台账可能导致财务风险。以无锡市为例，虽然各区当前的公益项目预算管理并不一样，但是基本是以“重物资成本，轻人员成本，固管理成本”的模式来进行预算管理的。从财务预算管理部门来看，项目预算是针对特定项目的成本预算，而不是机构运营成员预算，所以人员费用少。对于大多数处于成长中的公益组织来说，其运营经费一般来自各类政府项目，没有其他资金来源，人员成本只能从项目中支出，而且公益项目中，活动物资只是活动载体的组成部分，真正的专业性体现在人员服务过程中的能力和技巧上，人员成本才应该是重点。尽管制度设计与公益组织实际运营存在不协调的部分，但是公益组织仍然应该对公益项目的物资进行精细化和准确化预算。物资成本包括活动材料成本、交通费、通信费、场地租赁费等内容，项目设计应该根据项目的内容特点和组织的财务能力进行合理分配。

六、项目自我评估方案

虽然公益项目的结果难以量化，但并不代表不能衡量。公益组织可以根据出资方的要求来设计评估方案，对组织进行结果评估，但是这种结果评估并不代表组织的自我评估。组织自我评估要求组织对项目的实施全流程进行梳理评估，对项目实施中的人员能力（项目设计能力、项目执行能力、潜力）、人员内部协调与外部沟通能力、突发风险发生的应急处理能力等各方面的能力进行综合评估，以发现组织发展中存在的短板，并通过内部人力资源调整、培训、外部招聘等形式来补齐短板。这些都要求组织进行细致的自我评估。

七、风险预估及规避措施

对于公益组织来说，项目风险相对较低，但并不是不存在风险。第一种风险是工作人员、志愿者和服务对象的人身健康风险。正常缴纳社会保险的工作人员可以通过社会保险或者雇主责任险抵御风险；针对志愿者，公益组织应该为其购买意外伤害险等。但是并不是购买保险就可以抵御由意外引发的风险，所以公益组织应该对工作人员和志愿者进行安全知识教育，定期对其进行身体健康检查，增强其抵御风险的能力。风险防范的难点是服务对象风险。在活动过程中，服务对象因场地设施导致的意外伤害或者自身疾病的突然发作等可能会引致责任纠纷。项目要在活动设计及开展前对这些问题进行有效规避，制定风险发生的应对机制，增强危机应对能力。第二种风险是由于文化习俗差异或者其他因素而产生的道德风险。这要求公益项目执行人必须充分了解服务对象，设计和执行活动的时候要规避禁忌话题。更重要的是要对服务对象的隐私进行保护，隐私泄露给服务对象造成的伤害责任应该由公益组织来承担。

八、项目案例

项目1

"老少皆益"代际共融社区营造项目是根据社区提到当前小区由于学区房问题氛围不好，希望提升一下社区品质，改善居民对小区的认识和增强小区居民的归属感与认同感而设计的。"老少皆益"代际共融社区营造项目书如附录一所示。

项目2

"人宠共享"文明养犬社区营造项目是项目1被否定后重新调整设计的

项目。社区认为项目1预算高、问题意识不强、偏娱乐，指出项目一定要聚焦在解决具体问题上，要有看得见的成效。所以，项目组重新调整项目，依据最新导向要求，就小区中存在的问题进行了梳理，选择了文明养犬这个比较容易介入且在3个月内能见到成效的项目。“人宠共享”文明养犬社区营造项目书如附录二所示。

从项目选择上可以发现，项目设计遵循以出资方需求为准、结合社区需求的原则，项目目标应明确聚焦，项目应可量化评估。

第二节　项目投标管理能力

社会组织项目投标管理是社会组织日常运营的一项重要管理任务。项目投标管理能力形成于对政府采购行为、采购流程和采购监管全流程的理解与熟悉。下面从政府购买服务的意义、政府购买服务的原则、政府购买服务中相关主体的权利与义务、政府采购的方式和程序、政府采购的合同书撰写、政府采购的行政处罚等方面，对项目投标管理进行介绍。

一、政府购买服务的含义、性质和意义

《中华人民共和国政府采购法》对政府采购的定义是“各级国家机关、事业单位和团体组织，使用财政性资金采购依法制定的集中采购目录以内的或者采购限额标准以上的货物、工程和服务的行为”。从公共管理学角度看，政府采购是政府作为公共物品的安排者，通过提供财政支持的方式，让社会力量成为公共物品的提供者，来完善政府公共服务职能，提高社会福利的重要治理工具。从社会工作的角度看，政府购买服务既是社会组织获得政府财政支持的重要渠道，也是社会组织资金的主要来源。因此，政府购买服务不仅能够更好地帮助政府提供公共服务，而且能够有效促进社会组织发展。

二、政府购买服务的规范依据

我国在政府购买服务方面的法律规范有《中华人民共和国政府采购法》

《中华人民共和国招标投标法》《中华人民共和国政府采购法实施条例》《政府采购货物和服务招投标管理办法》《政府采购信息公告管理办法》《政府采购质疑和投诉办法》《政府采购非招标采购方式管理办法》《中华人民共和国招标投标法实施条例》。此外，各级财政部门还通过制定规范性文件来规范政府采购活动。规范性文件具有较强的操作性，并且能够根据实际情况的变化随时更新，因而在实践中往往起着非常重要的作用。比较重要的规范性文件有《财政部关于加强政府采用供应商投诉受理审查工作的通知》（财库〔2007〕1号）、《财政部关于加强政府采购货物和服务项目价格评审管理的通知》（财库〔2007〕2号）、《财政部关于进一步规范政府采购评审工作有关问题的通知》（财库〔2012〕69号）、《财政部关于印发〈政府和社会资本合作项目政府采购管理办法〉的通知》（财库〔2014〕215号）、《财政部关于印发〈政府采购评审专家管理办法〉的通知》（财库〔2016〕198号）、《财政部关于印发〈政府采购代理机构管理暂行办法〉的通知》（财库〔2018〕2号）等。

三、政府购买服务的基本原则

《中华人民共和国政府采购法》第三条明确规定，政府采购应当遵循公开透明原则、公平竞争原则、公正原则和诚实信用原则。这些原则完全是依照政府购买服务的目的和财政资金管理而确定的。

1. 公开透明

因为政府购买服务的资金为财政性资金，所以公众有权利了解财政资金的使用情况。同时，政府采购活动只有公开透明，才能为供应商提供公平竞争的环境，为公众对政府采购资金的使用情况进行有效的监督创造条件。

2. 公平竞争

公平竞争是市场经济运行的重要法则。政府购买服务就是要通过公平竞争实现优胜劣汰，让采购人通过比较、选择性价比高的物品、工程或服务（对于社会工作组织，主要是服务），提高财政性资金的使用效益。

3. 公正

公正既要求结果公正，也要求程序公正。《中华人民共和国政府采购法》要求货物和服务项目实行招标方式采购，自招标文件开始发出之日起至投标人提交投标文件截止之日止，不得少于20日。

4. **诚实信用**

诚实信用主要是约束投标人和投标代理机构的，当然也约束采购人。对于采购人和采购代理机构来说，在发布招标公告、资格预审公告后或者发出投标邀请书后，除因重大变故取消采购任务外，不得擅自终止招标活动。

四、政府购买服务中相关主体的权利与义务

（一）采购人的权利与义务

采购人是指依法进行政府采购的国家机关、事业单位、团体组织。采购人只有非常清楚自身的权利与义务，才能保证采购的合法合规。采购人的权利与义务如表5-1所示。

表5-1　采购人的权利与义务

角色	权利	义务
采购人	（1）对于未纳入集中采购目录的政府采购项目，有自行进行采购的权利； （2）对于未纳入集中采购目录的政府采购项目，有权自行选择采购代理机构； （3）有根据采购项目的特殊要求规定供应商条件的权利，有要求参与政府采购的供应商提供有关资质证明文件和业绩情况的权利，并有根据法定条件和采购项目地供应商的特定要求对供应商进行资格审查的权利； （4）有委托采购代理机构与供应商签订政府采购合同的权利； （5）有组织对供应商履约进行验收的权利； （6）其他依法享有的权利	（1）有公开政府采购项目的采购标准的义务（采购人进行项目采购所依据的国家关于财政支出的经费预算标准和资产配置标准等的义务）； （2）维护公平、公正的政府采购市场竞争秩序，及时公开政府采购信息，不得在采购文件中以不合理的条件对供应商实行差别待遇或歧视待遇，不得非法干预采购代理机构的采购活动和评审活动，采购人在采购活动完成后，应当将采购结果予以公布； （3）严格履行政府采购合同； （4）及时向财政部门反映政府采购活动中发生的违法违规行为； （5）建立政府采购内部管理制度，加强对所属单位的政府采购管理

此外，采购人员及相关人员与供应商有利害关系的必须回避。《中华人民共和国政府采购法实施条例》第九条规定的“与供应商有利害关系”共有5种情形，除去4种明显的利害关系外，尤其需要说明的是“参加采购活动前3年内与供应商存在劳动关系”这一情况。“劳动关系”是指受《中华人民共和国劳动法》调整的劳动法律关系，本质上是合同关系，包括

形式上和事实上两种形式，其不同于劳务关系，即由劳动者向用工者提供一次性的或特定的劳动服务，用工者依约向劳动者支付劳动报酬的一种有偿服务的法律关系。

（二）供应商的权利与义务

供应商是指向采购人提供货物、工程或者服务的法人、其他组织或者自然人。法人包括企业法人、机关法人、事业法人和社会团体法人；自然人是指年满16周岁以上的，以自己的劳动收入为主要生活来源的完全民事行为能力人；其他组织是指不具备法人条件的组织，主要包括合作组织、个体工商户、农村承包经营户、公司的分支机构等。供应商应该具备的条件有：具有独立承担民事责任的能力；具有良好的商业信誉和健全的财务会计制度；具有履行合同所必需的设备和专业技术能力；具备依法纳税和缴纳社会保障资金的良好记录；参加政府采购活动前3年内，在经营活动中没有重大违法记录；满足法律、行政法规规定的其他条件；等等。这些都会在招标文件中明确体现。供应商的权利与义务如表5-2所示，供应商违反法定义务，可能会承担民事责任或者行政责任。

表5-2　供应商的权利与义务

角色	权利	义务
供应商	（1）有平等获得有关招标信息的权利； （2）在政府采购中享有平等竞争的权利，并有自愿组成联合体参与政府采购的权利； （3）认为采购人及相关人员与其他供应商有利害关系的，有申请回避的权利； （4）经采购人同意，有以分包方式履行合同的权利； （5）对政府采购活动事项有疑问的，有向采购人或其他采购代理机构提出询问的权利； （6）认为自己的权益受损害时，有在法定期限内向采购人或其采购代理机构提出疑问的权利； （7）对所得答复不满意或未得到答复的，有在法定期限内向法定部门投诉及提起诉讼的权利等	（1）不得与采购人、采购代理机构或者其他供应商串通； （2）不得提供虚假材料； （3）不得向采购人、采购代理机构或者评标委员会、竞争性谈判小组、询价小组成员行贿或者采取其他不正当手段谋取非法利益； （4）不得以不正当手段诋毁、排斥其他供应商； （5）中标并签订合同后，供应商有认真保质履行合同的义务，分包供应商有依法履行分包合同的义务，等等

（三）政府采购机构的职责

政府采购机构分为集中采购机构和集中采购机构以外的采购代理机构

(以下简称“采购代理机构”)。根据法律规定，集中采购机构只能由一级政府根据需要设立，而不能由政府组成部分设立。集中采购机构是非营利性事业法人，法律规定其为采购代理机构，其职能主要是受采购人的委托代理组织采购活动。采购人依法委托采购代理机构办理采购事宜的，应当由采购人与采购代理机构签订委托代理协议，确定委托代理的事项，约定双方的权利与义务；集中采购机构应当根据采购人委托制订采购项目的实施方案，明确采购规程，组织政府采购活动，不得将集中采购项目转委托。集中采购机构进行政府采购活动，应当符合采购价格低于市场评价价格、采购效率更高、采购质量优良和服务良好的要求。

就采购代理机构而言，其采购体量大也更加灵活。采购代理机构是受采购人委托从事采购代理业务的社会中介机构。采购代理机构应当建立并完善政府采购内部监督管理制度，具备开展政府采购业务所需的评审条件和设施。采购代理机构应当提高确定采购需求，编制招标文件、谈判文件、询价通知书，拟定合同文本和优化采购程序的专业化服务水平，根据采购人委托在规定的时间内及时组织采购人与中标或者成交供应商签订政府采购合同，及时协调采购人对采购项目进行验收。采购人员及相关人员与供应商有利害关系的，必须回避。采购代理机构不得向采购人行贿或采取其他不正当手段谋取非法利益，不得与其他采购当事人串通损害国家利益、社会公共利益和其他当事人的合法权益，不得以任何手段排斥其他供应商参与投标，等等。

五、政府采购的方式和程序

政府采购的对象包括货物、服务和工程，政府采购的方式分为招标、竞争性谈判、单一来源采购、询价及国务院政府采购监督管理部门认定的其他采购方式。

招标分为公开招标和邀请招标。公开招标是指招标采购人依法以招标公告的方式邀请非特定的供应商参加投标的采购方式；邀请招标是指招标采购人依法从符合相应资格条件的供应商中随机抽取 3 家以上供应商，并以投标邀请书的方式邀请其参加投标的采购方式。

（一）公开招标

《中华人民共和国政府采购法》规定，货物、服务采购项目达到公开招标数额标准的，必须采用公开招标方式。对于公开招标的具体数额标准，属于中央预算的政府采购项目，由国务院规定；属于地方预算的政府采购项目，由省、自治区、直辖市人民政府规定；因特殊情况需要采用公开招标以外的采购方式的，应当在采购活动开始前获得设区的市、自治州以上人民政府采购监督管理部门的批准。公开招标的流程如图 5-1 所示。

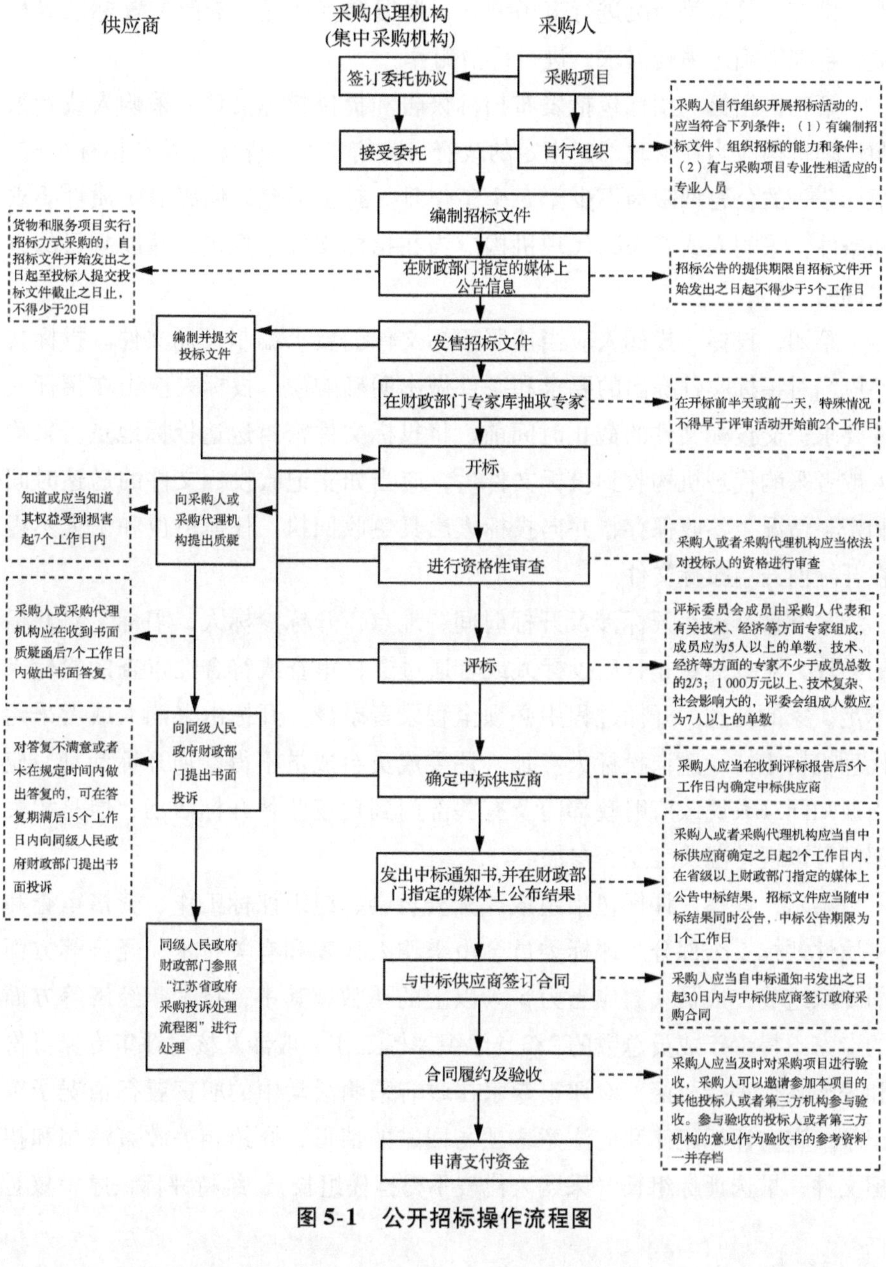

图 5-1　公开招标操作流程图

对公开招标操作流程的关键内容详细介绍如下：

第一，编制预算。采购人负有编制部门预算职责的，在编制下一财政年度的部门预算时，应当将该财政年度政府采购的项目及资金预算列出，报本级财政部门汇总。

第二，确定采购需求。采购人应当对采购标的的市场技术或者服务水平、供应、价格等情况进行市场调查，根据调查情况、资产配置标准等科学、合理地确定采购需求，进行价格测算。

第三，招标。招标包括发布招标公告和提供招标文件。采购人或者采购代理机构应当在财政部门指定的政府采购信息发布媒体上发布招标公告。招标公告的公告期限为不少于 5 个工作日。对于不允许偏离的实质性要求和条件，采购人或者采购代理机构应当在招标文件中规定，并以醒目的方式标明。

第四，投标。投标人应当按照招标文件的要求编制投标文件。投标文件应当对招标文件提出的要求和条件做出明确响应。投标人应当在招标文件要求提交投标文件的截止时间前，将投标文件密封送达投标地点。采购人或者采购代理机构收到投标文件后，应当如实记载投标文件的送达时间和密封情况，签收保存，并向投标人出具签收回执。任何单位和个人不得在开标前开启投标文件。

第五，开标。开标涉及开标时间、地点，开标参标人，唱标，对开标的异议，对投标截止日后投标人或者通过资格审查或符合性审查的投标人不足 3 家的处理。开标过程中必须全程录音录像。开标由采购人或者采购代理机构主持，邀请投标人参加。评委成员会成员不得参加开标活动。应当通知同级人民政府财政部门及有关部门到现场监督开标活动，但是相关部门可以视情况决定是否参加。

第六，评标。评标包括组成评标委员会、组织评标工作、资格审查和实质性评标 4 个部分。评标委员会由采购人代表和有关技术、经济等方面的专家组成，成员人数应当为 5 人以上的单数。其中，技术、经济等方面的专家不得少于成员总数的 2/3。组织评标工作一般涉及核对评审专家身份和采购人代表授权函，对评审专家在政府采购活动中的职责履行情况予以记录；宣布评标纪律和应注意事项与回避的情形，介绍相关政策法规和招标文件；推选评标组长（采购人代表不得担任组长）；维持评标秩序；核对评标结果；支付评审劳务费和差旅费，以及处理与评标有关的其他事项。公开招标采购项目开标结束后，还须对投标人的资格进行审查。实质性评标涉及对投标文件进行符合性审查、澄清有关问题、比较与评价、推荐中标候选人、编写投标报告、处理评审过程中的特殊问题。

第七，定标。采购人应当在收到评标报告后 5 个工作日内，在评标报告确定的中标候选人名单中按顺序确定中标人。中标候选人并列的，由采购人或者采购人委托评标委员会按照招标文件规定的方式确定中标人。

第八，发布中标结果公告及发出中标通知书。中标人确定后，采购人或者采购代理机构应当自中标人确定之日起 2 个工作日内在省级以上财政部门指定的媒体上公告中标结果。招标文件应当随中标结果同时公告，中标公告期限为 1 个工作日。

第九，签订政府采购合同。采购人应当自中标通知书发出之日起 30 日内，按照招标文件和中标人投标文件的规定，与中标人签订书面合同。政府采购合同应当包括采购人与中标人的名称和住所、标的、数量、质量、价款或者报酬、履行期限及地点和方式、验收要求、违约责任、解决争议的方法等内容。所签订的合同不得对招标文件和中标供应商投标文件做实质性修改。采购人不得向中标人提出任何不合理的要求以作为签订合同的条件。

第十，备案和公布政府采购合同。

（二）邀请招标

邀请招标是另一种常用招标形式，采用此种招标形式必须具备以下两个条件：一是具有特殊性，只能从有限范围内的供应商处采购的；二是采用公开招标方式的费用占政府采购项目总价值的比例过大的。邀请招标的详细流程如图 5-2 所示。

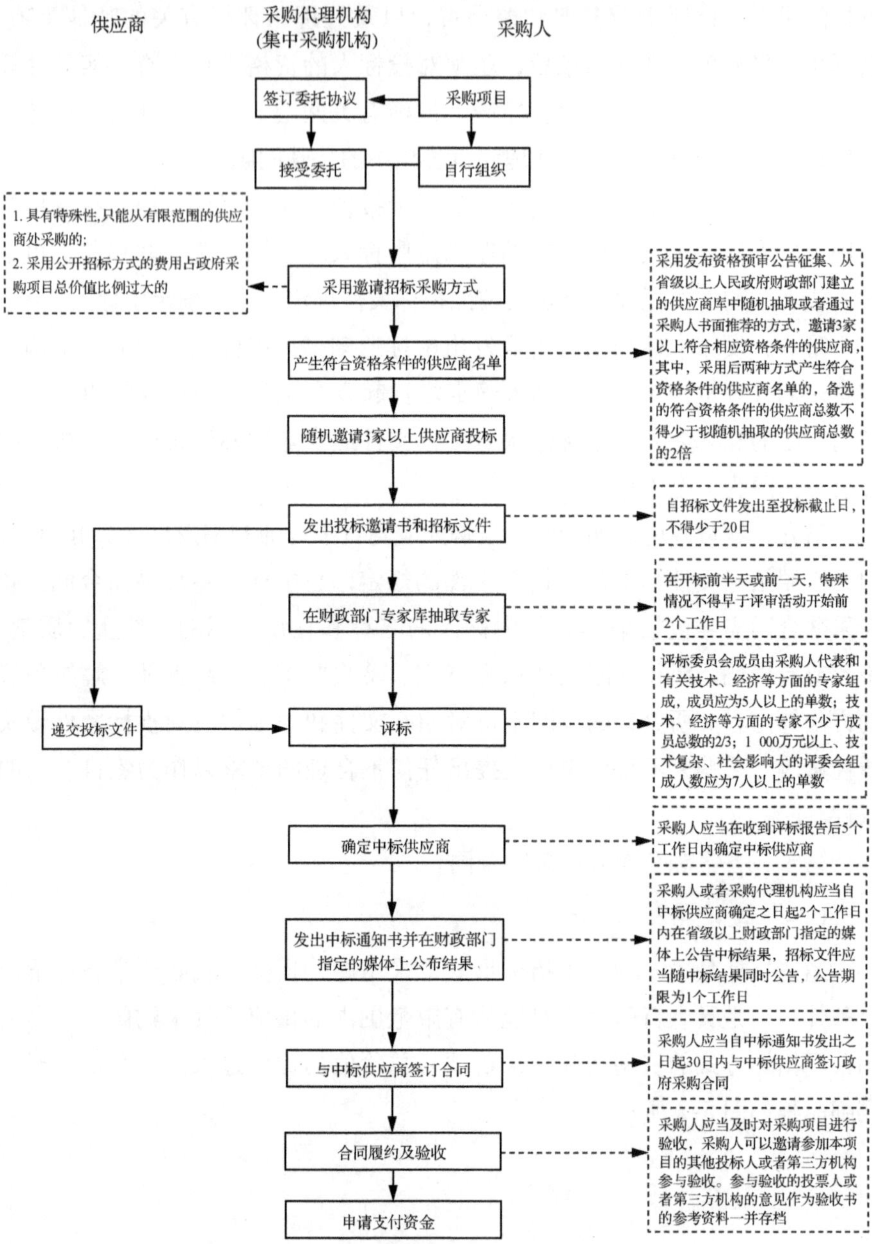

图 5-2　邀请招标操作流程图

对邀请招标操作流程的关键内容介绍如下：

第一，采购方式的批准。因特殊情况需要采用公开招标以外的采购方式的，应当在采购活动开始前获得设区的市、自治州以上人民政府采购监督管理部门的批准。

第二，邀请供应商。采用邀请招标方式的，采购人或者采购代理机构应当通过以下方式产生符合资格条件的供应商名单，并从中随机抽取3家以上供应商向其发出投标邀请书：一是发布资格预审公告征集；二是从省级以上人民政府财政部门建立的供应商库中随机选取；三是采购人书面推荐。采用第二种或者第三种方式产生符合资格条件的供应商名单的，备选的符合资格条件的供应商总数不得少于拟随机抽取的供应商总数的2倍。

第三，发布资格预审公告征集。这个环节包括发布资格预审公告、编制和提供资格预审文件、修改资格预审文件、供应商提交资格预审申请文件。

第四，发布投标邀请书。

第五，邀请招标的其他程序与公开投标一致。

（三）竞争性谈判

竞争性谈判是指谈判小组与符合资格条件的供应商就采购货物、工程和服务事宜进行谈判，供应商按照谈判文件的要求提交响应文件和最后报价，采购人从谈判小组提出的成交候选人中确定成交供应商的采购方式。根据《中华人民共和国政府采购法实施条例》第二十五条的规定，政府采购工程依法不进行招标的，应当依照政府采购法和条例规定的竞争性谈判或者单一来源采购方式采购。出现非招标方式的情形有：采购金额在政府采购限额标准以上、公开招标限额标准以下的；应当采取招标方式但法律规定可以例外的。

公开招标失败而采取非招标方式的竞争性谈判的程序：批准采购方式，成立谈判小组，制定谈判文件，确定邀请参加谈判的供应商名单，进行谈判，确定成交供应商，采购人与成交供应商签订政府采购合同，对合同及副本进行备案和处理特殊情况。

（四）单一来源采购

根据《中华人民共和国政府采购法》第三十一条的规定，单一来源采购方式适用的情形主要有：一是只能从唯一供应商处采购的。此种情况是指因专利、专有技术等原因导致货物或者服务只能从某一特定供应商处采购。二是发生了不可预见的紧急情况不能从其他供应商处采购的。三是必须保证原有采购项目一致性或者满足服务配套的要求，需要继续从原供应商处添购，且添购资金总额不超过原合同采购金额百分之十的。

单一来源采购的程序：公示，对公示的异议进行处理，批准采购方式，协商确定成交供应商，签订政府采购合同，备案及终止采购合同。值得注意的是单一来源采购的审计更加严格。

（五）询价

询价是指询价小组向符合资格条件的供应商发出采购货物询价通知书，要求供应商一次报出不得更改的价格，采购人从询价小组提出的成交候选人中确定成交供应商的采购方式。根据《中华人民共和国政府采购法》第三十二条的规定，采购的货物规格、标准统一、现货货源充足且价格变化幅度小的政府采购项目，可以采用询价方式采购。此种方式在政府采购活动中使用得比较少。

询价的程序：批准采购方式，成立询价小组，制作询价通知书，确定邀请参与询价的供应商名单，进行询价，确定成交供应商和终止采购活动。

（六）竞争性磋商

竞争性磋商采购方式，是指采购人或采购代理机构通过组建竞争性磋商小组（以下简称“磋商小组”）与符合条件的供应商就采购货物、工程和服务事宜进行磋商，供应商按照磋商文件的要求提交响应文件和报价，采购人或采购代理机构从磋商小组审后提出的候选供应商名单中确定成交供应商的采购方式。此方式并非《中华人民共和国政府采购法》直接规定的采购方式，是属于其第二十六条第一款第六项规定的“国务院政府采购监督管理部门认定的其他采购方式”。采用竞争性磋商需要符合下列情形：政府购买服务项目；技术复杂或者性质特殊，不能确定详细规格或者具体要求的；因艺术品采购、专利、专有技术或者服务的时间与数量事先不能确定等原因不能事先计算出价格总额的；市场竞争不充分的科研项目，以及需要扶持的科技成果转化项目；按照《中华人民共和国招标投标法》及其实施条例必须进行招标的工程建设项目以外的工程建设项目。

竞争性磋商的程序：批准采购方式，确定参加竞争性磋商的供应商，编制竞争性磋商文件，发出及澄清或者修改，编制响应文件，送达及补充，修改或者撤回，组成磋商小组，进行磋商和终止磋商活动。

六、招标文件

招标文件一般包括以下内容，具体招标根据特殊情况也有所调整：投标邀请；投标人须知（包括投标文件的密封、签署、盖章要求等）；投标人应当提交的资格、资信证明文件；为落实政府采购政策，采购标的须满足的要求，以及投标人须提供的证明材料；投标文件编制要求、投标报价要求和投标保证金交纳、退回方式，以及不予返还投标保证金的情形；采购项目预算金额，设定最高限价的，还应当公开最高限价；采购项目的技术规格、数量、服务标准、验收等要求，包括附件、图纸等；拟签订的合同文本；货物、服务提供的时间、地点、方式；采购资金的支付方式、时间、条件；评标方法、评标标准和投标无效情形；投标有效期；投标截止时间、开标时间及地点；采购代理机构代理费用的收取标准和方式；投标人信用信息查询渠道及截止时点、信用查询记录和证据留存的具体方式、信用信息的使用规则等；省级以上财政部门规定的其他事项。

编写招标文件的注意事项：一是招标文件的主要内容，在法律有规定的情况下应当符合法律规定。法律没有规定的，可以根据实际情况编制，内容要完整，不能有缺项。二是招标文件的内容应当清楚、明确，不能让人产生误解。三是招标文件的前后内容应当逻辑清楚，不能有重复、矛盾的地方。特别是对同一问题的规定，前后要一致，否则将给投标人带来困惑，增加询问、澄清等工作量，也容易引起质疑、投诉等。四是根据工作需要，可以将招标文件分为通用文本和特殊文本。通用文本应当符合法律规定，具有通用性，通常比较稳定；特殊文本更突出项目的实际情况，相应的条款根据每个项目的特殊性会有所变动。对于同一事项，两者规定不一致的，招标文件通常会规定以特殊文本为准。招标文件格式见附录三。

七、投标申请书

投标申请书须按照招标文件的格式和顺序要求撰写，以无锡市舒怀社工服务中心参加无锡市农村人居环境提升第三方暗访测评项目的投标书撰写要求为例（鉴于保密性原则，仅附标书目录，见附录四）。

八、政府采购合同的撰写

政府采购合同的内容一般指合同的条款。合同条款是合同条件的表现和固定化，是确定合同当事人的权利和义务的依据。根据《中华人民共和国政府采购法》的规定，签订政府采购合同应当采取书面形式。《中华人民共和国政府采购货物和服务招标投标管理办法》第七十二条规定，政府采购合同应当包括采购人与中标人的名称和住所、标的、数量、质量、价款或者报酬、履行期限及地点和方式、验收要求、违约责任、解决争议的方法等内容。国务院财政部门应当会同国务院有关部门制定政府采购合同标准文本。以无锡市农村人居环境提升第三方暗访测评项目为例，其合同书见附录五。

政府采购合同的履行允许分包。所谓分包，是指经采购人同意，将合同非主体、非关键性工作转让他人完成的行为。分包时应注意以下问题：投标人投标时计划分包履行合同的，应当在投标文件中载明分包承担主体；投标人在中标后分包的，须经采购人同意。分包人应具备承担分包项目相应的资格条件。采购人、中标人、分包人应签订三方协议，明确中标人对采购项目和分包项目承担全部责任，分包供应商就分包项目承担责任。三方协议中应明确分包人不得再次分包。在工程建设项目招标采购中，违法分包或者分包人再次分包的，分包无效，建设部门将对其予以行政处罚。

转包是指中标人将中标项目全部转让他人，或者将中标项目肢解后分别转让他人的行为。转包与分包的区别在于，转包是将合同的全部或主体、关键性工作转让给他人，中标人退出中标项目；分包是将合同的非主体、非关键性工作转让给他人，中标人承担主体、关键性工作。

九、政府采购行政处罚

结合《中华人民共和国招标投标法》《中华人民共和国政府采购法》《机电产品国际招标投标实施办法》等规定，政府采购领域的行政处罚主要有：警告；罚款；没收违法所得；责令停业整顿；针对供应商，将其列入不良行为记录名单，在一至三年内禁止其参加政府采购活动；针对采购代理机构，在一至三年内禁止其代理政府采购业务；针对评审委员会成员，禁止其参加政府采购评审活动。

第三节 财务管理能力

财务管理是社会组织运营管理的重要组成部分，通常也是社会组织能力较薄弱的专业领域。中国社会组织网数据显示，截至2021年1月20日，社会组织登记总数已经突破了90万家，其中，成立年限在3年以下的社会组织超过20万家。对于这些刚成立不久的社会组织来说，其组成人员大多非科班出身，这就给社会组织的财务管理带来了挑战。一方面，由于缺乏熟悉财务管理的相关专业人员，社会组织出于成本考虑可能会选择委托会计师事务所会计代账；另一方面，除了会计代账部分，财务管理也包括了对于项目的预算管理和物资管理等部分，或多或少存在管理不规范等问题，进而产生大量的财务风险。这不仅决定组织的生存发展，而且影响组织及法人的信用。因此，社会工作专业毕业生如果能够具备一定的财务管理能力，这将大大增加其求职能力，帮助其获得更好的就业机会。我们将从项目预算管理、资金管理、物资管理、票据管理、收支记录和审批流程等方面展开介绍。

一、项目预算管理

在组织的财务管理中，预算管理是非常重要的一环，一般包括组织全年运营预算和项目管理预算。因为社会组织大多是从政府或者企业那里获得项目来开展业务的，所以项目预算对于社会组织而言是重中之重。预算编制是否合理，不仅决定社会组织是否能够获得该项目，而且决定其执行过程是否顺畅。在实践中，我们经常发现很多社会组织因预算不合理，给自己“挖了很多坑”，导致后面财务台账不得不做“小动作”，这就不可避免地会出现财务风险。合理的项目预算是财务管理健康有序运行的关键。

（一）预算的含义及重要性

项目预算就是对于项目的收支情况进行预先盘算。一份科学的项目预算是预算编制人员的智慧结晶，它不仅要在成本和效果上考虑收支平衡，而且要对项目执行过程起到规范和指导作用。

对于出资方来说，项目预算也是其判断项目可行性的重要指标，尽管现实中出资方往往也会定期审查资金使用的合理性，但归根结底服务效果才是其最关心的部分，长时间的资金监控也会给出资方带来压力，因此，出资方会允许社会组织的资金使用过程有灵活变动的权限。例如，无锡市会给出项目承接方同类型活动预算的灵活变动范围，即比例在10%的上下变动范围。以每次平均500元活动经费为例，第一次活动由于参与活动的人数少只花费450元，那么根据灵活变动区间，允许将余下的50元投入第二次活动的预算。项目承接方往往可以以市场价进行项目物资经费预算，而在实际开展中会和自己已有项目进行项目物资的整体购买和项目间物资的共享联动以节省成本，即成熟的社会组织在项目预算方面会更有竞争力。

（二）预算编制

项目财务预算申请表要有必需的栏目和详细的说明，如表5-3所示。

表5-3　项目财务预算申请表模板

<table>
<tr><td colspan="5">项目执行单位：××社工服务中心
项目名称：“心和乐”××社区银龄关爱项目
项目时间：2018年10月—2019年9月</td></tr>
<tr><td>项目活动</td><td>费用类型</td><td>费用明细</td><td>预算金额</td><td>备注</td></tr>
<tr><td rowspan="4">活动一：“心和乐”智趣健脑活动</td><td>项目活动费</td><td>(1)宣传材料费：易拉宝等
(2)活动物资费：乒乓球等
(3)场地布置费：气球等</td><td>单价×数量=总额</td><td>活动次数、使用用途</td></tr>
<tr><td>人员劳务成本</td><td>(1)专家补贴（视活动需要）
(2)社工补贴
(3)志愿者补贴</td><td>标准×人数=总额</td><td>活动次数、补贴标准</td></tr>
<tr><td>机构人员补贴</td><td></td><td></td><td></td></tr>
<tr><td>运营管理费</td><td>办公用品费、通信费、交通费（视需要添加）</td><td></td><td></td></tr>
<tr><td>……</td><td></td><td></td><td></td><td></td></tr>
<tr><td colspan="3">总计</td><td></td><td></td></tr>
</table>

1. 预算编制人员构成

社会组织往往是在项目设计者设计完活动内容之后，根据活动内容编制经费构成。但是由于项目经验不丰富，对项目财务管理不清楚，社会组织经常遗漏员工社保、税金等开支或者对某些补贴的设置不合理，导致预算与执行差异较大，甚至有些费用不得不由组织用自有资金去填补，严重者影响组织的正常运转。因此，为了避免预算编制不合理，项目人员和财务人员可共同讨论、编制预算申请表。

2. 预算申请表的构成

大多数项目的预算申请表是由出资方提供固定模板，不过也存在组织自行编制的情况。不管是哪种形式，预算申请表都必须包含活动内容、费用标准及预算金额三个部分。

3. 活动内容的设计

活动内容可按时间、地点、类型等进行罗列，按时间顺序罗列比较清晰，按活动类型罗列可以知晓每个活动的预算情况。一般建议采取两级模式：一级为项目活动大类；二级为项目活动细目或所需资源。

4. 费用标准的设定

费用标准有明文规定和自行设定两种。做项目预算要先掌握项目执行的财务管理制度，比如“心和乐”智趣健脑项目的财务预算必须遵循《无锡市公益服务项目专项资金管理使用办法（试行）》（锡民管〔2013〕13号），预算管理原则中规定“项目资金使用内容应与项目申请预算一致”，专款专用原则就要求“公益服务项目专项资金要专款专用，不得挪用……不得用于与项目开展无关的支出，也不得由项目团队以外的人支配使用”，“项目管理费用不得超过项目总资金的10%的标准编报”，“公益服务项目专项资金原则上不得用于购买固定资产”，等等。因此，在编制项目预算申请表时，相关人员应该详细阅读相关文件，防止出现违规操作。此外，业务费用构成比例应合理，如果不符合实际情况，即使不违规也可能会被出资方拒绝。

5. 预算执行

预算申请被批准之后，相关人员应该严格按照预算编制内容执行。当然，在实际执行过程中，不可避免地会出现实际情况和预算有差异，整体性预算超支，或者某个预算细项节约而其他预算细项超支且整体总预算超支等现象。需要注意的是，在超支之前需要提前与出资方沟通，确需变动的，应提出申请调整。切忌先斩后奏，以免对于超支部分的费用，出资方不予支持。

6. **预算监督**

项目负责人随时监控项目预算的执行情况，监控的主要内容有：项目执行进度与预算执行进度是否一致；是否在项目内，是否在预算范围内；费用归属预算细项是否正确，出现差异及时沟通调整。监控的方式主要是对项目归属、审批及票据进行流程监控。预算管理不只是出纳的事情，而是需要项目人员、项目负责人和出纳各司其职。项目人员要清楚知道所经手费用项目归属，项目负责人要对所负责项目内容的各项支出进行审核，实时掌握项目财务是否与票据及审批内容相符，清楚项目归属，出具项目财务报告。

7. **预算编码**

进行预算编制时要自行设定一个不重复的号码，预算编号使得每一项预算细目都具有唯一性，有利于项目预算的管理。相关人员可根据实际情况自行编制预算编号。列出项目编号，是为了便于统计项目支出费用，即在通过登记现金和银行存款日记账时同时进行项目信息的辅助记录，以便将项目费用支出数据抓取至项目预决算对比表并出具中期或终期项目财务报告，提高数据的准确性及工作效率。

（三）项目决算

项目决算既是对项目预算执行结果的总结，也是项目预算管理的最后阶段，通常以“项目财务报告”形式呈现，包括项目预决算对比表、辅助信息说明等内容。此处主要介绍项目预决算对比表。项目预决算对比表就是在预算申请表的基础上增加 3 列数据，即实际支出金额、实际与预算的差异额、支出占原预算的比例。

项目预决算对比表有两种形式：第一种形式以每次活动为一个单元进行决算，如表 5-4 所示；第二种形式按照经费条目进行决算，如表 5-5 所示。第二种项目决算形式更能为计算成本提供依据。

表 5-4　项目财务预决算对比表（一）

项目执行单位： 项目名称： 项目时间：						
编号	项目活动	费用详细说明	预算金额/元	实际支出/元	差异额/元	支出占原预算的比例/%
001	活动一	项目活动费	100	95	5	95
……						
总计						
决算意见：同意该决算，自即日起生效。 决算参与者签名： 机构盖章：						

表 5-5　项目财务预决算对比表（二）

预算编号	费用详细说明	预算金额/元	实际支出/元	差异额/元	支出占原预算的比例 /%
1	活动物资				
2	交通费				
3	餐饮费				
……					
决算意见：同意该决算，自即日起生效。 决算参与者签名： 机构盖章：					

二、资金管理

资金管理是组织对资金的来源和使用进行有计划的控制、监督的管理过程。组织的货币资金，无论是现金、银行存款还是存储在第三方支付平台的货币资金，都属于资金管理的范围。

（一）资金管理的重要性和管理机制

资金既是组织生存和发展的血脉，也是组织正常运转的有力保障。有的组织往往由一人负责会计、出纳和各类印章管理工作，事实上，这样风险很大。如果交由出纳一人保管，月底时组织负责人只在出纳递交的报销单上集中审批签字，则很容易出现负责人对资金监管的无效，容易导致挪用或盗用资金的风险。一旦出现问题，势必会影响组织的正常运营，引发资助方及公众的质疑，危及组织的生存发展。因此，需要建立专业化的资金管理制度，确保利益相关方管理好资金，使用好资金，保障组织安全健康运行。组织资金管理需要做到相互牵制、相互制约，同时组织可根据实际情况，采取分级授权审批制度，即通过明确岗位分工、严格执行不相容职务分离等方法，降低资金的管理风险，保障资金的安全。职位不相容即会计、出纳与组织负责人无任何直系亲属关系；组织负责人也不应同时兼任组织的出纳工作。财务分级授权管理可以按照表5-6安排。

表5-6　财务分级授权管理岗位职责表

岗位名称	岗位职责
组织负责人	审批组织所有收支
财务负责人/会计	保管财务章、授权U盾（卡密码或短信支付密码、支票密码）
项目负责人	审核项目所有收支
出纳	保管支票、支付U盾（银行卡）、人名章

（二）资金管理的方式及关键

组织在办理完相关注册手续后，均须办理相关印鉴手续。一般来说，已注册组织常见的印鉴有公章、财务章、法人章、发票专用章、合同专用章等。这些印鉴在组织的资金管理中就像房屋大门的锁，保护着组织资金的安全。印鉴须由两人分开保管，从而达到相互牵制、相互制约的目的，以降低组织的管理风险。社会组织货币资金主要包括银行存款、现金，还有在第三方支付平台的货币资金（如开淘宝店义卖款，支付的捐赠款等）。资金存放的形式不同，决定了管理方式存在差异。不管是以哪种形式存在的货币资金，其管理的关键都是通过建立相互牵制和分级授权审批制度，把握好货币资金使用过程中的流入流出的管控点，最大限度地减少资金使用过程中的风险，确保资金的安全。

1. 银行账户管理

组织在办理完相关注册手续后，可以去注册所在地的银行办理银行开户许可证，即办理组织的基本存款账户（银行对公账户），简称为“对公账户”。银行账户管理有四个环节，分别是账户开设、分开保管、清晰收付和定期对账。这四个环节相互牵制，通过合理授权、建立取现和转账操作的监管流程、定期对账来保障资金的安全。这里主要讲解后三个环节。

第一，分开保管。组织为了保障资金的安全，须根据人员配置情况合理授权。动用银行资金所需要的印鉴、支票、密码、U盾等，必须由两人分开保管，共同操作完成，即要有明确的岗位分工，做到相互牵制、相互监督。在支取现金时，财务章与人名章分开，现金支票与支票密码分开；在银行转账时，支付U盾与授权U盾分开，转账支票与支票密码分开。

第二，清晰收付。收款是指组织的各项收入应被直接汇入银行账户。收到现金也应及时送存到对公账户（个人对公账户），保障资金的安全。付款是指组织日常运营或者开展项目活动，从对公账户支取现金或者转账付款（如用于支付日常运营的零星支出、员工工资、项目活动款等）。运营支出、项目活动款和工资等多由现金支票支取现金或由网银支付转账，银行可以代扣代缴金、五险一金、账户管理费，手续费等以第三方委托收款银行收取的形式支出。

现金支票是从对公账户取现的主要凭证。现金支票仅限于从对公账户支取现金。支取现金的流程为：第一，出纳填写现金支票，注意存根与支票内容一致，写清用途，正确填写金额和日期；第二，机构负责人审批，在存根联上审批处签字，需要审核用途、金额和日期；第三，加盖财务章和人名章及支付密码，在支票正反面均须加盖；第四，出纳在银行支取现金，出纳凭存根联登账。现金申请单示例见附录六。

转账支票只能用于转账，不能用于提取现金。使用转账支票时有两种情况：一是由组织开具支票给第三方承兑，即开给第三方，由别人承兑支票，如开具转账支票支付酒店住宿费等；二是组织收到第三方开具的转账支票，由组织自己承兑入账，如组织收到某企业的捐赠款等。需要注意两点：一是在支付相关款项开具转账支票时只需在支票正面加盖预留印鉴并填上转账支票的支付密码；二是在收到第三方开具的转账支票后，须在支票收款人处填写本组织的全称，在背面加盖组织的预留印鉴，去开户行填写进账单入账。有以下任一情况的，支票视为废票，银行将拒绝承兑支票，导致无法从对公账户支取现金或转账成功：未使用黑色签字笔填写；日期未按规定正确填写；票面有涂改；大小写金额填写错误；加盖的印鉴不清晰或加盖至支票大写金额栏；收款人名称简写或有错字；开票日期超过10

天。对于发生上述7种情况的支票，直接在票面正面签注“作废”予以作废。作废的支票需要完整保留（含存根联）并由出纳专门登记备案。出纳在收到第三方开具的转账支票时，也需要复核上述七大注意事项，如有问题，及时跟第三方沟通更换转账支票，保证资金及时到账。

网银转账是指通过登录组织的网上对公银行账户进行相关支付操作，直接可将对公账户资金转出。网银转账因其便利、效率高受到很多组织的欢迎。它能节约往返银行的时间成本，而且通过网银转账的记录都有迹可循，不会出现使用现金支付造成遗漏登记某些费用支出的情况。说得通俗点，就是让开户行帮忙记了一个准确度很高的流水账，可以进一步增加相关费用支出的可复核性和可验证性。网银转账在为组织提供便利的同时，若没有很好的监管程序，则存在很大的风险，容易造成资金损失。不管是出纳还是使用授权U盾或保管支付密码（短信支付密码）的人（组织负责人或专人），在录入或者授权审批时的依据都是审批签字齐全的费用报销单。出纳在网银录入转账信息时要确认三点无误：收款人账户信息无误；录入摘要付款事由清晰；支付金额无误。同样，使用授权U盾或保管支付密码的人在授权审批支付时要确认三点一致：收款人与费用报销单上的经手人名称一致；付款事由与费用报销单事由一致；支付金额与费用报销单金额一致。

第三，定期对账。已注册或未注册的组织都必须定期对账，即由专人或组织负责人定期（每月）或不定期（有需要或临时检查时）与出纳核对组织对公账户或个人对公账户的金额。定期对账需要牢记三点：定期、账单相符、账账相符。在核对过程中，如果发现银行日记账的金额与银行对账单的金额不相符，须核对是否有漏记、重记、错记情况；如果因漏记或重记了某项费用支出，以及在月末进行相关款项支付划账由于跨行结算等金额不符时，则须编制银行存款余额调节表。

2. 现金管理

现金是指组织用于日常零星开支的备用金及收到的还未存入银行的资金。现金是流动性最强的资产，现金管理的现金获取、安全保管、合理支出、定期对账这四个环节要相互牵制。现金管理通过合理的授权、建立现金使用的监管流程、定期对账来保障资金的安全。

第一，现金获取。组织的现金获取通常有两种：一是从对公账户支取的库存现金；二是从外部获取的收入。

第二，安全保管。现金收入保管须遵循及时、安全、清晰的原则。库存现金要及时记账，要安全保管，一般由出纳保管并保障资金的安全。账目要清晰，即库存现金须单独存放保管，严禁与私人资金混在一起。对现金收入的保管要做到两点：及时送存和完整确认，即保证组织整体收支的完整性和真实性，严禁坐支。坐支是指有现金收入的组织，从本组织收入的现金中直接支付现金。比如，当天组织收到现金收入 1 万元，由于开展项目活动花了 3 000 元，只入账 7 000 元，这种现象就是坐支。对于所有的收入还需要开具相应的票据，如发票、收据等，最后连同银行的回单一并登记入账。义卖收入或者募捐箱的现金收入管理需要做到两点：现场清点和及时送存。募捐箱的钥匙由专人保管，打开募捐箱或者清点义卖收入必须由 2 名以上的人员在场，清点后要及时送存，严禁坐支。

第三，合理支出。组织根据日常运营实际情况设置库存现金限额，即出纳手头的现金，可将库存现金限额控制在 1 000 元以下，避免库存现金过多产生安全隐患。备用金是针对经常开展项目活动的项目人员，临时借给他们周转的限额资金。备用金有额度限制，组织可根据实际情况予以规定。员工在借备用金时，需要填写借款申请单，注明借备用金事由、金额及预计还款时间；组织负责人审批后，由出纳付款并完成备用金出借手续。对于备用金，可采用季度、半年度、年度定期清理的方式。一般来说，在每年年末必须清理一次，待新的一年开始时，可重新规定限额和审批。出纳需要注意备用金的清理时间，若未在规定时间内清理完备用金，可对相关费用不予报销，以避免组织资金损失。除了备用金外，还可采取更为简单的预支借款，即以员工个人名义通过相关的手续向组织预支相关款项，最后通过报销相关费用的票据来冲借款。预支借款的流程与支取备用金的流程一样，唯一的区别在于清理的时间。借款要及时清理，一般可在借款事项完成后的 3 个工作日内清理，原则上借款最晚应于每月末清理完毕。借款申请单示例见附录七。

第四，定期对账。已注册或未注册的组织也必须进行现金定期对账，即由专人或组织负责人定期（每月）或不定期（有需要或临时检查时）与出纳核对组织库存现金余额，即出纳手中的库存现金。定期对账需要牢记三点：定期、账金相符、账账相符。如果发现账金不符或账账不符，出纳需要及时查找现金盈余或短缺的原因，如是否已报销但未记录现金账或银行账，或先记录登账而未将款项支付给相关报销人，等等。总而言之，每月须由会计或专人与出纳核对组织银行存款、现金余额与明细账、银行对账单、库存现金的金额是否一致，发现差异时需要及时查找原因并做相应处理，以保障组织资金的安全。银行、现金对账核对表，如表 5-7 所示。

表 5-7　银行、现金对账核对表

年　　月　　日

科目金额/元		是否一致	签字	
			会计（专人）	出纳
现金				
银行存款				

三、物资管理

社会组织要收取和处置大量物资，因此，物资管理非常重要。物资包括组织自行采购的、外界捐赠的物资，其中，又包括用于日常运营的办公设备，如相机、电脑等，以及用于服务对象的物资，如图书、书包、文具等。物资管理对保障物资的安全和保证物资发挥最大作用具有重要意义。物资管理主要包括物资的获取、登记入库、出库、盘点、报废处置等。

（一）物资的获取

社会组织的物资获取主要包括自行采购和外界捐赠两种形式。自行采购物资时应根据自身需求有计划地进行。特别是有大额采购需求时（可根据自身实际情况确定多大金额为大额采购），最好由采购人员填写采购申请单，列出采购原因、所需物资的品名、配置、预算、3 家以上供应商的报价等信息，经组织负责人审批同意之后再采购。采购申请单示例见附录八。

外界捐赠也是社会组织获取物资的一种重要形式。社会组织要明确捐赠数量、用途，最好与捐赠人签订捐赠协议，捐赠协议要明确捐赠的用途和使用方式，以及是否为专款专用等。

（二）物资的登记入库

无论是购买物资还是接受捐赠都应该有清晰的物资入库清单。物资入库清单可以帮助组织掌握物资的消耗结构和可以节约开支的项目。物资保管人填写好入库单并签字确认后，让采购人（经手人）或捐赠人签字确认，最后由本组织的行政负责人（项目/组织负责人）签字。行政负责人（项目/组织负责人）确认入库单的数量与捐赠或采购物品的数量一致（单价和金额有则写，没有则用斜线代替）后签字确认即可。保管人凭签字完整的入库单记账联登记，应按物品类别设立登记表。物资保管人登记后，将物资分类放到相应的有利于该物资存放的位置。入库单示例见附录九。

（三）物资的出库

当需要领用物资时，领用人应先向物资保管人提出申请，物资保管人填写三联式出库单，由申请人签字确认出库单的事项与申请的事项一致。物资保管人将申请人签字确认后的出库单交给行政负责人（项目/组织负责人）审核，行政负责人（项目/组织负责人）签字确认该物资确实属于当期应发放的物资。物资保管人依据申请人、行政负责人（项目/组织负责人）签字确认的出库单清单物资，将物资交接给物资领取人，双方签字确认，并将三联出库单中的其中一联交给物资领取人。物资出库后，物资保管人根据出库单的记账联上的信息，将相应的出库数量登记在相应的登记表中。对于物资的种类、数量及状态，双方进行签字确认。出入库登记表示例见附录十。

（四）物资的盘点

盘点物资时，如果发现物资短缺或损坏，应及时查找原因，找出责任人，并采取补救、赔偿等处理措施。

（五）物资的报废处置

当组织发现有不能使用的物资时，应及时做报废清理，以免组织做出错误的判断，影响物资的使用。当物资保管人发现物资无法使用时，应及时填写报废单，申请做出报废处理。行政负责人（项目/组织负责人）收到报废申请后，签字确认该物品报废属实。物资保管人依据审批之后的报废单，登记物资表中的减少部分。报废单示例见附录十一。

四、票据管理

票据既是组织资金流入和流出的依据与凭证，也是组织运营的痕迹资料，更是依法纳税的依据。票据为财务之根本，无票无账，无账无财务管理体系。社会组织的票据有收入票据和支出票据两种。收入票据包括税务发票、捐赠收据、会费收据等，支出票据包括外部票据、内部票据、白条等。票据管理就是要对这些票据进行确认、整理、审批、保管等。在组织整体财务管理体系中，“合格的票据—严格的审批—清晰的记录—定期的财务报告”展示了组织基本的账务处理过程，构成了组织的基本财务框架。就社会组织而言，票据一般包括发票、收据等收支票据。

（一）收入票据的管理

1. 开具和保管票据

收入票据主要有公益事业性捐赠收据、社会团体统一会费收据、税务发票。由于各地法规政策不一样，各类收据版本也略有差异。收入票据管理由出纳负责，其主要工作包括开具票据、整理票据、填写收款确认单。出纳在开具票据时需要注意：连号开具，不能涂改；大小金额应一致；抬头与付款方名称一致；三联票据所有内容一致；记账联留存记账。在保管环节，收据由出纳保管，但印章由其他人保管；一旦出现票据开错的情况，应该在开错的票据上标注“作废”，并完整保存三联票据。还应注意，对于资方要求提供资助款回执的，应予以提供，同时开具收据或发票；各类空白票据在正式开具前不得加盖财务章或发票专用章；对获得的所有收入应全部开具收据，不得遗留。

2. 整理票据

收到款项后，出纳填写收款确认单，并将记账联附在收款确认单后面（如通过银行转账，还须附银行回单等）。出纳用黑色签字笔填写收款确认单，由组织负责人审核批复。收款确认单是由组织自己保管留底的，之后出纳还应开具发票或者收据给资方。收款确认单示例见附录十二。

3. 审批和记录

出纳将整理好的收款确认单提交给组织负责人签字确认，让其知晓组织的收款情况。然后，出纳依据组织负责人签字确认过的收款确认单登记现金或银行存款日记账，完成整个收款流程。这其中会涉及审批流程和清晰记录收支问题。

（二）支出票据的管理

一般情况下，资金是大额整合进入组织账户的，但是支出都是零散且繁多的，因为组织中的每个人可以对在开展项目活动及日常运营中所产生的费用，凭相关支出票据进行报销。所以，组织应该重视支出票据的管理。支出票据是由经手人（不同于收入票据的出纳）完成获取并制作合法票据、及时整理票据和填写报销单工作的。

票据分为合法票据和不合法票据。合法票据又分为内部票据和外部票据，其中，内部票据有工资单、劳务单、补贴表等，外部票据有税务发票、财政收据、银行回单、火车票、汽车票、政府相关部门出具的财政收据和境外购物票据等。不合法票据主要有三联收据、购物小票、出库单和收条等。

为了防止出现无效票据，经手人在拿到票据的时候，需要注意几个问题，如加盖的章是否为发票专用章、付款单位是否为机构全称、开票内容与支付内容是否一致、发票金额的大小写是否一致等。

在社会组织开展活动或组织运营中，常见的费用类型有交通费、餐费、办公用品费、会议费、住宿费、制作费、印刷费等。飞机票和火车票的改签费和退票费也是可以报销的。此外，日常工作中还常见手撕定额发票，如汽车票、地铁票、餐票等。

出纳在接收并保管外部票据时应注意发票是否合法，接收2 000元以上的大额支出须查询票据真伪，以免出现税务风险，同时还应在每张发票后面附上一些辅助证明（如明细单、收据、出库单、流水单等）或对票据做一些相应的备注（如事由、由何人提供等），进一步验证该笔支出的真实性、可复核性。支出票据附件或注意事项如表5-8所示。

表5-8 支出票据附件或注意事项

支出费用类型	附件或注意事项
打车票	在票面注明打车人、打车理由、打车路段
机票	附登机牌做辅助证明
汽车票	在票面背面注明乘车人、乘车事由
培训（会议）场地费、餐费	附参与者签到表
培训（会议）住宿费	附入住人员清单、酒店消费明细单
一般餐费	写明用餐人员、用餐事由（如工作会议餐）
印刷费、制作费	附合同、明细单（纸型、单价、数量、金额）、印刷成品等
办公费	附明细单或出库单（品名、单价、数量、金额等）
图书采购	附明细单（图书名称、数量、单价、金额等）

除了外部票据外，组织还需要自制部分支出票据。自制支出票据，是指组织在执行或完成某项活动时，内部制作的关于员工工资、劳务费、补贴等的支出票据。自制的支出票据必须有领款人姓名、支付事由、应付金额、代扣个税、实付金额、联系电话等信息，对于领款单（用于支出劳务费、补贴）还须登记领款人的身份证号码，以增加支出的真实性、可复核性。

第一，工资表。工资表一般由人事或出纳制作，工资表的基本格式如表5-9所示。

表5-9　××××年××月员工工资表

序号	姓名	工资/元	工龄补贴/元	交通、通信补贴/元	应付工资/元	代扣代缴住房公积金/元	代扣代缴社保/元	代扣代缴个税/元	实际支出金额/元	支付方式	领款人签字
1											
2											
……											
合计											
制表人：				复核人：				审批人： 日　期：			

注：① 应付工资 = 工资 + 工龄补贴 + 交通、通信补贴；

② 代扣标准以当地实际情况为准；

③ 网银支付附银行回单，现金支出必须有领用人亲笔签字；

④ 实际支出额 = 应付工资 − 各项代扣费用。

在实际使用过程中，组织可以根据自身情况，对工资表内容做增减，如有的组织没有通信补贴，有的组织有餐补等。还要注意，有些组织的人员工资同时由两个以上的项目分担，组织可以通过工资分配表（表5-10）来查看其员工工资来源构成。

表 5-10　××××年××月工资分配表

单位名称：　　　　　　　　　　　　　　　　　　　　　　　单位：/元

序号	姓名	岗位	项目名称	项目明细	项目占比(每月)	金额(每月)
1	张三	项目运营	项目 1	项目负责人工资	10%/6*	1000
			项目 2	项目专员工资	5%/12	400
			……			
			小计			1400
2	李四	财务管理	项目 1	做账工资		
			项目 2	做账工资		
			项目 3	做账工资		
			……			
			小计			
3	王五	项目运营	项目 1	项目专员工资		
			项目 3	项目负责人工资		
			项目 5	项目专员工资		
			……			
			小计			
……						
合计						

制表：　　　　　　　　复核：　　　　　　　　审批：

注：* /后面的数字 6 代表该项执行周期为 6 个月。

第二，劳务费支出表。组织在支付劳务费时，可采取多人集中支付或单人单独支付的方式，根据不同的支付方式制作用于单人单独支付的领款确认单（附录十三）、劳务费支出表（表 5-10）。领款单是用于支付单人的劳务费、补贴的票据，具有一次性和临时性的特点，如因某次讲座需要支付给某专家劳务费。

表 5-11　××××年××月劳务费支出表

序号	姓名	身份证号	支出事由	所属项目	所属预算	应发金额/元	代扣个税/元	实发金额/元	联系方式	支付方式
1										
2										
3										
……										
合计										

制表人：　　　　复核人：　　　　审批人：

日　期：

注：如用现金支付，须由领款人签字确认；如通过网银转账，须附银行回单。如领款人既不识字，也不能通过网银汇款，可以采取摁手印的方式确认领款。

（三）整理票据

支出票据种类繁多，数量也多，工作人员应尽量在某一事项结束之后及时对其进行整理。及时整理能够清楚记录支出的事由及辅助信息，避免因为工作太忙而丢失相关票据，影响费用报销及支出的真实性。分类整理时原则上将项目与非项目的支出票据分开，将同一项目同一性质的票据粘贴在一起报销。在票据较多的情况下要错位粘贴，将纸面大的发票放在下面，纸面小的发票放在上面。因此，整理票据要遵循三个原则：及时、进行分类、清晰记录。

（四）填写报销单

获取相关费用的票据并整理完成后，填写报销单。常见的报销单有费用报销单（附录十四）和差旅费报销单（附录十五）。对于一般组织内大部分的费用支出，都是填写费用报销单；差旅费报销单仅限于报销出差所产生的交通费、住宿费、补贴等。费用报销单既可以外购也可以自制，一般来说需要具备三个方面的信息：报销基本信息、报销明细信息及审批信息。

（五）支出审批、记录和保管

形成完整的报销单后，经手人签字确认票据的真实性、合法性，之后将粘贴完票据的报销单交给项目负责人或组织负责人审批，审批结束之后由出纳付款并登现金日记账（现金日记账是用来逐日、逐笔反映手头现金流入、流出及结余情况的记录；银行存款日记账是用来逐日、逐笔反映组织银行账户内资金的流入、流出及结余情况的记录）。最后，出纳依据组织负责人签字审批完成的报销单付款，付款后登记现金或银行日记账，完成整个报销的流程。出纳记录完毕后，月末将所有的收入票据、支出票据记账，然后装订成册并保管，保管期限为 15 年。

五、收支记录

日常收支记录也是资金管控的手段之一。长期收支记录不清，会导致很多原始信息遗失，出现严重的管理风险。在初创组织的财务工作中，最基础的是日常收支记录。做好收支记录，一是便于实时了解资金来源、去向和结余情况；二是便于日常清点，进行资产核对。日常收支记录是出纳依据审批完整的收款确认单、报销单登记现金日记账和银行存款日记账。

（一）记账公式

余额 = 前日余额 + 当日借方（收入） – 当日贷方（支出）

本月余额 = 上月余额 + 本月借方（收入）合计 – 本月贷方（支出）合计

本年累计借方（收入）= 上月借方（收入）累计 + 本月借方（收入）合计

本年累计贷方（支出）= 上月贷方（支出）累计 + 本月贷方（支出）合计

本年累计余额 = 上年结转余额 + 本年累计收入 – 本年累计支出

（二）现金日记账和银行存款日记账的格式

现金日记账页如表 5-12 所示，银行存款日记账如表 5-13 所示。

表 5-12　现金日记账示例

单位：元

日期	凭证号	摘要	借方（收入）	贷方（支出）	余额	备注
		上月结转			10 000	
2020－09－01	JJ001	居家援助服务评估劳务费		5 000	5 000	
2020－09－05	JJ002	居家援助服务物资费		1 000	4 000	
2020－10－05	JJ005	居家援助甲方拨付	30 000		34 000	
本月合计			30 000	6 000	34 000	
本年累计			30 000	6 000	34 000	

注："摘要"是对收支业务内容的说明，繁简程度以说清事项为度。

表 5-13　银行存款日记账示例

单位：元

日期	凭证号	支票号	摘要	借方（收入）	贷方（支出）	余额	备注
			上月结转			10 000	
2020－09－01	JJ001		居家援助服务评估劳务费		5 000	5 000	
2020－09－05	JJ002		居家援助服务物资费		1 000	4 000	
2020－10－05	JJ005		居家援助甲方拨付	30 000		34 000	
本月合计				30 000	6 000	34 000	
本年累计				30 000	6 000	34 000	

现金日记账、银行存款日记账通常由出纳根据审核后的收入确认单和费用报销单，逐日、逐笔按顺序登记，即按照收支业务发生的日期顺序登记。记账需要做到日清月结（当日账必须当日记，并结出余额），余额必须与手头实际现金或银行存款的金额一致。一般情况下，出纳可以先记录每日流水账，然后根据流水账再记录现金日记账或银行存款日记账。收到现金时，出纳应该及时将其送存至银行，既不得将收款和付款合并登记，也

不得将收支相抵后的差额登记，即要分收支两笔记录。

六、建立审批流程

完整严格的审批流程是明确收入、支出责任的重要依据，是资金监管的重要手段。社会组织常见的收入主要有捐赠收入、会费收入、政府补助收入、销售商品收入、提供服务收入、利息收入等。收入审批是指对这些收入的来源、用途、金额进行确认、监管。社会组织的支出是指日常运营中的资金流出，既可能是为了执行项目或提供服务而产生的支出，也可能是运营管理产生的支出，还可能是因筹款而产生的支出。支出审批是对这些支出的原始票据、支出事由、金额、归属项目进行确认、监管。

（一）收入审批流程

针对某笔进账，业务员应及时告知出纳进账的相关信息，出纳应随时查看账户信息，在款项到账之后及时与业务员核对信息，然后开具相符的票据并加盖公章，填写收入确认单，然后让负责人知晓审批后，登记日记账，附上收款票据银行回单。

（二）支出审批流程

经手人填写报销单，报项目负责人和机构负责人审核后，由出纳复核，复核内容包括票据是否正规、齐全，填写是否完整、正确，票据与报销单金额是否一致，报销是否及时，审批签字是否齐全、正确，是否符合本单位财务制度，等等。出纳复核确认信息完全无误后支付款项，若为现金支付则需要领用人签字；若为银行付款则需要附银行回单，最后出纳登记日记账。

在审批过程中，项目负责人审核项目所有收支、项目归属信息，审核项目是否属于项目内收支，预算大项、细项归属是否正确及是否超支；非项目的支出由组织负责人审批；出纳复核项目归属、票据、审批签字。

第四节 资源整合能力

社会组织的资源整合能力主要包括两个方面：一是吸引运营和活动资金的能力，二是整合和利用志愿者的能力。简而言之，就是对资金和人力两种资源的吸纳与利用能力。

社会组织吸纳和利用资金与志愿者资源的能力深受社会环境的影响。社会财富、社会公平平等互助精神、政府给予社会自我调整的空间是资源整合的三大重要影响因素。中西方国家的社会发展水平、社会文化和政治体制等的差异决定了其社会组织的发展道路不同，同时也影响社会组织的资源整合能力。下面主要从实用主义的角度探讨我国社会组织的资源整合能力的提升。

一、资金来源渠道开拓

任何组织的发展都离不开资金，公益组织的资金依赖于政府和社会捐赠，开拓资金来源渠道、保障组织资金充足是公益组织运营的重要内容。

（一）资金来源

1. 政府

申请政府各职能部门的公益项目是最主要的资金来源渠道。政府通过购买公共服务、补贴、奖励、优惠税收等各种形式给予公益组织财政支持。

2. 基金会

基金会同样以项目的形式给公益组织资金支持。有的基金会定期公布资助项目，公益组织根据给定项目申请资金；也有的公益组织自己选定公益服务对象，设计公益项目，再向基金会申请资金资助。后者相对前者申请难度更大。

3. 社会捐赠

社会捐赠大多是企业或企业家个人根据自己意愿主动向公益组织提供资金的形式，比较随意，不稳定，资助金额可多可少，资助时间可长可短。在西方国家，个人捐赠占非常大的比例，如在美国，个人捐款是所有慈善活动捐款的主要来源。

4. 公开募捐

公开募捐是公益组织以公益慈善为目的向社会公众募集款物的行为，具有募捐对象的不特定性和广泛性、募捐方式的公开性和透明性等特征。但是，并不是所有的公益组织都有资格面对公众进行募捐。进行公开募捐的组织必须登记满两年，且取得民政部门授予的公开募捐资格证书。

5. 网络募资

网络募资是借助公众号、朋友圈等平台，汇聚爱心与正能量进行募资的一种方式，具有成本低、传播快、效率高的优点，它其实是公开募捐的一种形式。以腾讯公司主办的“99 公益日”为例，从 2015 年首办到 2017 年，参与的公益项目数量超过 6 700 个，获得公众捐款约 8.3 亿元，腾讯公益基金会加上爱心企业的配捐合计约 4.8 亿元，参与组织共创造超过 13 亿元的捐赠收入。①

6. 少许经营性活动

如南京爱之源公益发展服务中心的校园零售和无锡可益会的残友制皂等项目都可以为组织提供一定的活动经费，但是由于公益组织参与经营活动还存在广泛争议，因此，很多公益组织管理部门和资助方都禁止公益组织开展经营活动。事实上，绝大多数公益组织不进行经营性活动。

（二）开拓资金来源渠道能力建设的维度

公益组织虽然是非营利性机构，但是在运营管理和产品服务推广上与商业机构在核心机制上是一样的，因此，社会组织可以借鉴商业当中的 4P 营销理论，即从产品（Product）、价格（Price）、渠道（Place）和推广（Promotion）来运营，开拓资金来源渠道。对于社会组织而言，产品是指组织服务过程中输入的观念（看法、态度和价值观）和实践（行动的方式和实际效果），无形资产带来的价值是不可预估的，而且是可以发生裂变效应的；价格是指服务的性价比；渠道就是指与社会各界的资源链接；推广主要是指品牌建设。

1. 提高专业性和辨识度

提高专业性和辨识度其实就是从产品和价格两个维度进行建设。无论是向政府部门争取资金，还是向基金会或者其他渠道争取资金，公益组织

---

① 程楠. 99 公益日回归日　共筑全民公益 3.0 时代［J］. 中国社会组织，2017（21）：40－41.

最大的资本和竞争力就是其专业性及对项目的辨识度。专业性体现在项目的各个环节，如对项目设计中的问题的分析和目标设定，开展项目的理念、技术路线和手法，以及项目评估技术等。对项目的辨识度也非常重要，同一类服务对象的竞争项目很多，如何让评委或者出资方眼前一亮是一门学问。内容与形式都非常重要，除了专业性内容外，组织还需要对项目书进行精心设计，利用各种现代工程设计流程图和关系图呈现项目的逻辑关系。项目书的排版、打印纸张的使用和装订等都很重要。

2. 建立信息和关系网络

现在社会公益慈善环境越来越好，各种渠道的公益资金也不断涌现，公益组织应该有敏锐的发现力和信息收集能力，应该熟悉自身所处环境的所有潜在的资金渠道信息，了解各类资金渠道项目发布周期、节点及方向等。此外，公益组织还须通过参加各种公益慈善活动、会议、项目种子发布会等积极主动地建立业务关系。以政府资金为例，公益组织应该熟知所在各级地方政府每年公益项目发布的时间段、公益项目的方向和侧重点，关注政府部门的工作动态，积极以专家、志愿者、协助者等身份参与政府部门工作，给政府部门留下良好的公益形象，建立密切合作关系。如就2020年抗击新冠病毒感染疫情来说，无锡市各类社会组织积极参与政府防疫工作，充当志愿者，在社区、高速路口等关键场所协助政府有关职能部门进行核酸检测或疫苗接种等。

3. 打造品牌

品牌建设是社会组织进行市场营销的重要内容，对组织吸纳资源发挥着重要作用。品牌建设包括品牌知名度、品牌忠诚度和品牌联想度三个方面。品牌建设是一项系统工程，从服务理念、市场地位、品牌形象设计到具体项目执行过程中的服务态度、服务语言和行动等都是品牌建设的内容。品牌建设还必须非常重视各种媒体的宣传。例如，无锡市可益会、溢点社工事务所和“三杯茶”等知名的公益机构不仅在业务上做得非常扎实，与地方政府及各类基金会保持良好的合作关系，而且非常重视官方媒体、微信公众号、短视频等的宣传。媒体宣传可以传递非常多的组织信息，包括组织的业务内容、业务丰富性、项目数量、项目开展形式、项目开展效果、价值观和倾向性等。

二、志愿者队伍建设和管理

志愿者也称志工或义工。志愿者与社会工作者是两个不同的群体概念。志愿者虽然不是一种固定的职业，没有明确的职业规范和职责要求，但其扮演重要的社会角色。对于政府而言，志愿者服务可以很好地传达国家公益意识，以及与民众建立融洽的联结；对于社会组织而言，志愿者服务能够有效解决社会组织人力资源不足的问题，可以有效降低社会组织的人力成本；对于整个社会而言，志愿者服务因其普遍存在和社会影响力的增大，会在全社会形成一种良好的示范和涟漪效应，吸引更多有能力、有时间的人加入志愿服务，从而在全社会形成一种良性的互助互爱的文化环境。

（一）志愿者的特点

1. 自愿、自由和灵活

自愿、自由、灵活是志愿者参与志愿活动的首要特征。志愿者完全可以根据自己的心意，自由选择参与公益活动的类型和时间。与此相伴的问题是过于自由导致社会组织无法采用强制力约束志愿者的行为，不能保证志愿者队伍的稳定和服务水平。

2. 扮演辅助性角色

志愿者不是社会组织的核心成员，在社会组织中常承担着辅助性的角色，从事操作性的工作，不具备统筹安排和协调管理的权利，所以他们往往不能从社会组织发展的角度，主动承担组织建设和声誉维护等责任。此外，在与社会组织正式员工协同工作的过程中，志愿者不可避免地受到组织外部环境与内部环境的影响，工作心态产生微妙的变化，从而影响自身热情。辅助性、补充性的志愿服务地位，使得志愿者开发与培训较为缺乏。大部分志愿者尚停留在“廉价劳动力”的层次，志愿者体制上的“编外”特征与实际工作中的“参与性”之间存在着内在矛盾。志愿者需要不断地在“编外人员”与“参与者”之间进行角色转换，这给志愿者的角色定位与扮演带来了一定的困难，会影响到志愿者参与志愿服务的持久性。

这些特点决定了社会组织在使用志愿者时必须充分考虑志愿者人力资源的特殊性。志愿者管理直接关系到社会组织的运行状况。

（二）志愿者的招募

志愿者的招募应该根据社会组织的业务特征和需求量来灵活进行，但是也存在共性和可参考的原则和方法。

1. 志愿者招募的原则

第一，量与质的选择。实际上，社会组织需要的志愿者可能多从事无技术和专业性要求的低层次劳务工作，如维持秩序、发放活动物资和提供一些简单的照护服务。针对此类情况，社会组织可以尽可能扩大招募数量，为当下和后期活动储备充足的志愿者资源。但是，随着政府和社会对公益服务水平要求的提高，公益服务越来越专业化和品质化，这对志愿者的整体素质和专业能力也提出了一定的要求，社会组织在志愿者招募过程中应该尽量吸引与自身业务相关的具有专业知识、专业技能和整体素质较高的人员，以补充专业力量。量与质的选择，不仅与业务能力有关，而且与组织的发展阶段和发展定位密切相关，社会组织应根据自身情况进行选择。

第二，简单与复杂程序的选择。志愿者招募的程序宜简不宜繁。如果选择用企业人力资源管理办法来招募志愿者，势必会给志愿者带来很多程序性负担，会挫伤一些人参与志愿服务的积极性。当然，设置简单程序也需要有底线思维，也就是说，必须对志愿者的健康情况、家庭基本情况、职业背景、家庭组织、经济情况有一定的了解，以免给组织带来不可预估的法律或道德风险。

第三，人性与理性管理的选择。对于社会组织而言，采用企业化管理方法科学管理人员是必需的，可以保证组织高效率运行。随着社会组织规模的扩大，难免会产生官僚作风，但绝不能以此作风管理志愿者。理性管理或者科学管理方法注重效率但忽视人情，而志愿者参与志愿服务更多的是内心爱与温情的表达，是对组织业务内容的认同，过于生硬的管理办法会使志愿者怀疑公益服务事业和公益人。这就涉及对志愿者的激励方式。志愿者参与志愿服务的动机是多元的，有的志愿者是为了实现个体价值，有的志愿者是为了实践所学专业。因此，社会组织在对志愿者进行激励时，必须兼顾更多的因素，如精神激励、发展激励等。

第四，安全与鼓励的选择。在志愿者招募环节，社会组织要对志愿者的基本背景信息有准确的把握，但是这可能存在伦理困境。社会组织希望招募到健康、无犯罪前科和有社会公德的志愿者，但是也不应该打击有身体疾病或者有犯罪前科的人回报社会的积极性。社会组织应该为特殊人群提供可以参与的岗位或者领域，在采取有效隐蔽的监管措施的前提下，鼓励其积极参与，肯定其社会价值，帮助这部分人实现自我价值和获得自我认同。同时，社会组织也要加强对志愿者个人隐私信息的保密，使特殊人群获得尊重并安心地参与志愿者服务。

2. 志愿者招募的方法

（1）刊登广告招募

刊登广告的渠道有网络平台、社区公告栏和行业内部平台等。网络平台既有全国性的网络平台，如58同城、智联招聘等；也有区域性的平台，如某市某区的劳务平台，或者大学的学生信息平台。社区公告栏也分为线上和线下两种，线上的如某些BBS平台、社区QQ群、微信群等，线下的有社区的信息公告栏、学校的信息公告栏等。行业内部平台，包括某些地方的公益组织孵化园、社会组织协会等。这种招募方式的特点是广撒网，可以吸纳到大量的志愿者。

（2）社区居委会的半正式招募

这是具有中国特色的招募形式。随着市场经济的发展，社会生活也越来越多样化和复杂化，难免会出现各种扰乱社会秩序的消极行为，由此导致人们的安全感和社会信任感下降，人们更加偏向于选择相信政府或者类政府组织发布的具有公信力的权威性信息。因此，借助社区居委会来招募志愿者是一种非常有效的招募形式。

（3）学生工作平台招募

经由学校的学生工作处或毕业生分配办公室进行志愿者招募，是主要的、传统的志愿者招募方式。这种招募方式能够保证应聘者的素质和应征人数，奠定了有计划地进行招募甄选的基础。

（4）私人关系转介

这种方式是日常最常用的方式，它基于组织的社会信誉度，通过口口相传的方式来实现，最大的优点就是对招募来的志愿者“知根知底”，最大的不足就是招聘数量极其有限，而且可能会为后续管理带来一定的困扰。

（三）志愿者的管理

应该采取分类分层的方式对志愿者进行管理。分类分层管理有利于社会组织快速准确地从志愿者库中挑选出适合某个项目或者某个活动的志愿者。分类分层管理不仅能够有针对性地培养志愿者中的优秀分子，在条件成熟时将其纳为组织的正式员工，而且有利于社会组织精准培训不同类型的志愿者，从而降低培训的管理成本，增强培训效果。

1. 志愿者的分类管理

社会组织可以依据不同的标准对志愿者进行分类管理，如可以根据志愿者自由时间的时长和灵活性进行分类，也可以根据志愿者的技能和特征进行分类，亦可以根据志愿者的年龄和性别进行分类，还可以根据志愿者的宗教信仰、家庭结构和婚姻状况进行分类。多类型分类有利于社会组织充分了解志愿者的情况，及时调取与服务内容吻合的志愿者，从而有助于志愿服务的高效顺利开展。例如，在一个失独家庭的服务项目中，志愿者队伍中的失独人员会是最好的选择；在临终关怀项目中，可能有宗教信仰的人更能够抚慰恐惧死亡的服务对象；在服务癌症病人项目中，有过癌症病史的志愿者则更能与被服务对象产生情感上的共鸣，建立信任关系，有助于服务的开展。在分类的基础上，社会组织应该建立信息完善的志愿者信息库。

2. 志愿者的培训

志愿者培训必须坚持适度原则。大多数志愿者希望在自己可支配的时间里尽量为社会、为他人做一些力所能及的事情。所以，过多的服务技能培训是不恰当的。对于志愿者资源，应以利用为主，而非开发，应尽量减少志愿者的额外负担和学习新内容的心理障碍。但这并不是说不需要培训。志愿者培训应以《志愿服务条例》为培训内容，使其准确理解志愿者的内涵和特征、志愿者在参与志愿服务过程中的权利与义务、志愿者与服务组织之间的关系、出现矛盾纠纷及意外事故时的法律责任关系等。其他重要培训内容包括志愿者自身及服务对象的人身健康安全知识教育、服务对象隐私保护的强化、自身权益受到侵害后寻求保护的途径等。

3. 志愿者的退出

志愿者退出机制分为主动自愿退出和被动退出两种。主动自愿退出是指志愿者可以根据自身情况自由选择退出志愿者服务。被动退出可以分为被动劝退和被动强退两种。被动劝退针对的是那些不能遵守志愿者管理条例，多次培训无任何改进，影响志愿者队伍建设的人；被动强退针对的是有严重不道德行为或者违纪行为的人。

附录

附录一　“老少皆益”代际共融社区营造项目书

申报名称：“老少皆益”代际共融社区营造项目

组织名称：××公益服务中心

实施社区：××小区

项目周期：2021 年 5 月 1 日—2022 年 4 月 30 日

<table>
<tr><td colspan="5">一、项目基本信息</td></tr>
<tr><td>项目名称</td><td colspan="4">“老少皆益”代际共融社区营造项目</td></tr>
<tr><td>实施团队</td><td colspan="2">××公益服务中心</td><td>落地社区</td><td>××小区</td></tr>
<tr><td>受益对象</td><td colspan="2">社区全体居民</td><td>受益人数</td><td>3 000 人</td></tr>
<tr><td>项目周期</td><td colspan="2">一年</td><td>项目预算/元</td><td></td></tr>
<tr><td>项目类别（选择）</td><td colspan="4">□ 社区治理服务类　□ 社区治理发展类</td></tr>
<tr><td rowspan="2">项目负责人信息</td><td>姓名</td><td></td><td>手机号码</td><td></td></tr>
<tr><td>电子邮箱</td><td></td><td>通信地址</td><td></td></tr>
<tr><td colspan="5">团队成员信息</td></tr>
<tr><td>姓名</td><td>年龄</td><td colspan="2">专业特长</td><td>项目职责分工</td></tr>
<tr><td></td><td></td><td colspan="2">社工教学与社工督导</td><td>项目策划、运营和监督</td></tr>
<tr><td></td><td></td><td colspan="2">活动策划与媒体宣传</td><td>项目执行和财务管理</td></tr>
<tr><td></td><td></td><td colspan="2">项目管理</td><td>项目执行人</td></tr>
</table>

续表

二、项目详细信息	
项目 需求分析	前期调研发现，××小区是新苏州人与老苏州人混合居住的小区，小区内的年轻人大多是在科技城工作的高学历人才，而老年人多为其他地方随迁来为子女带孩子的外地老人及部分周边农村的本地老年人。该小区低龄老年人较多，面临着因闲暇时间来被充分利用而导致的生活意义丧失和积累一生的宝贵人生经验及技能得不到施展等“老而无为”的困境。此外，小区内很多家庭养育两个孩子，但是住房紧张，孩子没有良好的学习阅读空间。社会组织可以在晚上为中小学生提供理想的学习空间。
项目概述	本项目以社区老年人和儿童为主要服务对象，鼓励社区全体居民积极参与。本项目拟通过开展一系列公益服务，提高整个小区居民的融合度，构建和谐美好的社区家园。 1. 本项目以社区居家养老服务中心为平台，为社区老年人和儿童提供活动和学习空间，促进代与代之间的相互理解与支持。 首先，拟在周内（周一至周五）老年人的自由时间段为带小孩老年人、不带小孩老年人设计不同的服务或活动项目来增强老年人对社区的归属感和城市融入能力。 其次，为不同年龄段的儿童少年提供学习、娱乐和交往空间。 最后，为社区居民就社区事务创新协商治理平台及机制。 2. 活动主要内容包括以下模块： （1）智慧养老（智能手机、热点APP及网络信息辨识）； （2）老年法律咨询及援助（邀请专业律师）； （3）养生保健知识讲座及“小偏方”交流（邀请专业医护人员）； （4）益智益趣手工（传统手工、现代手工）； （5）亲子（祖—子—孙）运动会（小型趣味运动会、健步走比赛）； （6）社区公益集市（参加社区活动制作产品、交换家庭闲置物品）； （7）公益课程辅导（邀请小区的退休教师为小区儿童免费提供学习指导）； （8）才艺练功房（提供钢琴等乐器，供学琴长者和儿童练功使用）； （9）阅读会（大儿童阅读比赛，小儿童绘本阅读）； （10）才艺展示舞台秀（老年人、儿童同台秀）。 3. 项目特色： （1）代际互助（老年人教授给少年学习及生活经验，少年教老年人适应网络生活）； （2）自我资源挖掘（项目运营人为社区全职妈妈，大力挖掘社区志愿者）； （3）由团队社会工作者、教师、律师、医护人员、消防人员等专业人士组成。

续表

项目目标	1. 总目标：使公益组织成为社区的得力助手，增进小区居民相互理解与融合，营造和谐社区；公益组织被小区居民认可，并在社区扎根。 2. 分目标： (1) 协助社区开展社区治理，宣传社区工作； (2) 丰富老年人的闲暇生活； (3) 开发老年人力资源； (4) 培养积极健康的养老生活观念； (5) 培养志愿者团队及公益精神； (6) 为儿童健康成长创造良好环境。
评估指标	(1) 项目知晓率：社区对融乐公益认知度达90%以上； (2) 服务人次达2 000人以上； (3) 满意度调查评分达85分以上； (4) 初步建成一支素质过硬的志愿者团队； (5) 项目宣传实现周周有更新。
项目实施计划	1. 活动一：项目启动仪式 内容：(1) 介绍融乐公益的宗旨及项目； (2) 社区主要领导讲话； (3) 举行趣味亲子游戏。 目的：(1) 社区居民认识融乐公益组织，知晓项目内容及运作方式； (2) 向居民说明融乐公益与社区的关系。 地点：10栋前草坪。 活动频次：1次。 参与人员及人数：社区负责人、融乐公益工作人员和居民，共50人。 2. 活动二：智能手机及APP使用课程 内容：智能手机及APP使用。 目的：帮助老年人适应网络时代。 形式：智能手机教学。 地点：居家养老服务中心。 参与人员及人数：服务对象10人。 活动频次：36次。 3. 活动三：长者沙龙活动 内容：举办健康知识或法律知识讲座。 目的：提升老年人的自我健康管理能力，增强其法治观念，学会利用法律维护自己的合法权益，同时为社区老人提供一个交往平台。 形式：讲座或讨论会。 地点：居家养老服务中心（可变）。 参与人员及人数：服务对象20人。 活动频次：4次。 4. 活动四：代际共融趣味活动 内容：组织户外徒步、趣味运动会、掼蛋、歌咏比赛等多种亲子活动。

续表

项目 实施计划	目的：(1) 强身健体；(2) 调节心理状态；(3) 增进代际理解；(4) 展示自我。 形式：户外徒步、趣味运动会。 地点：社区活动室及周边。 参与人员及人数：服务对象30人。 活动频次：10次。 5. 活动五：益智益趣手工活动 内容：各种难易程度的手工活动。 目的：(1) 训练感统能力；(2) 培养秩序感；(3) 进行大脑训练。 形式：室内手工活动。 地点：居家养老服务中心。 参与人员及人数：服务对象10人。 活动频次：20次。 6. 活动六：公益集市暨项目结项 内容：联合社区原有老年人组织及新挖掘的老年人兴趣组织设立户外展示摊位，招募社区家庭设置家庭摊位进行义卖。同时设置旧物改造板块，吸纳社区老年人与儿童共同参与制作，并将成果进行义卖。 目的：一方面帮助新老年人组织强化其组织特色，另一方面强调老年人的社区参与，通过志愿公益活动发掘老年人的群体力量，开发组织的对外服务功能，为社区贡献服务。 形式：社区公益集市。 地点：社区周边。 参与人员及人数：服务对象及社区居民，共50人。 活动频次：1次。 活动总次数：72次。

三、项目预算

活动类别	费用明细	费用用途说明（详细、清晰）	单价	数量	总计
团体活动	海报、KT板等	活动宣传	100元/份	72份	7 200元
	零食、点心、矿泉水、纸巾、应急药箱	活动休息	200元/份	72次	14 400元
	记录表、记录问卷、水笔等	文档材料打印	100元/次	72次	7 200元
	课程道具	根据具体活动而定	300元/份	20份	6 000元
	交通费	外出活动	2 000元/次	1次	2 000元
	社工补贴	项目设计及执行	80元/次·人	72次×2人	11 520元

续表

活动类别	费用明细	费用用途说明 （详细、清晰）	单价	数量	总计
团体活动	志愿者	现场秩序维护、摄影、现场记录	50 元/次·人	72 次 ×4 人	14 400 元
	专家补贴	律师、医护人员及其他	500 元/次·人	3 次 ×2 人	3 000 元
	活动预算	65 720 元			
其他	项目管理费	17 500 元			
总预算	83 220 元				
四、推荐意见及诚信声明					
社区推荐意见	（简述落地社区支持情况，包括场地、人力、组织等资源，并加盖社区公章）				
申请方诚信声明	我团队保证项目申请材料真实、合法、有效，已制订项目实施计划、方案，确保项目如期完成，将按法律、法规有关规定，接受项目监管、审计和评估，并承担相应责任。 项目负责人签字： （或者机构盖章） 年 月 日				

附录二　“人宠共享”文明养犬社区营造项目书

申报名称：“人宠共享”文明养犬社区营造项目

组织名称：××公益服务中心

实施社区：××小区

项目周期：2021年6月1日—2022年9月30日

<table>
<tr><td colspan="5">一、项目基本信息</td></tr>
<tr><td>项目名称</td><td colspan="4">“人宠共享”文明养犬社区营造项目</td></tr>
<tr><td>实施团队</td><td colspan="2">××公益
服务中心</td><td>落地社区</td><td>××小区</td></tr>
<tr><td>受益对象</td><td colspan="2">社区全体居民</td><td>受益人数</td><td>3 000人</td></tr>
<tr><td>项目周期</td><td colspan="2">3个月</td><td>项目预算
/元</td><td></td></tr>
<tr><td>项目类别
（选择）</td><td colspan="4">☐ 社区治理服务类　☐ 社区治理发展类</td></tr>
<tr><td rowspan="2">项目负责人
信息</td><td>姓名</td><td></td><td>手机号码</td><td></td></tr>
<tr><td>电子邮箱</td><td></td><td>通信地址</td><td></td></tr>
<tr><td colspan="5">团队成员信息</td></tr>
<tr><td>姓名</td><td>年龄</td><td colspan="2">专业特长</td><td>项目职责分工</td></tr>
<tr><td></td><td></td><td colspan="2">社工教学与社工督导</td><td>项目策划、运营和监督</td></tr>
<tr><td></td><td></td><td colspan="2">活动策划与媒体宣传</td><td>项目执行和财务管理</td></tr>
<tr><td></td><td></td><td colspan="2">项目管理</td><td>项目执行人</td></tr>
<tr><td colspan="5">二、项目详细信息</td></tr>
<tr><td>项目
需求分析</td><td colspan="4">前期调研发现××小区养狗家庭不少，各式各类宠物狗经常在小区内活动，既有大型犬（金毛、哈士奇、松狮等），也有小型犬（泰迪、巴哥、斗牛等），时有发生因狗主人不拴狗绳遛狗引发的人与狗之间和狗与狗之间的冲突。最突出是宠物狗在小区路边草地上排泄的大便得不到清理的问题，导致小区内草坪上“狗便杂生”，严重影响儿童在草地上玩耍，非养狗人士的抱怨和谴责声不断。虽然物业公司在小区内设置了文明养狗标识和放置捡狗便方便袋的盒子，但是并未发挥作用，该问题长期存在，已经成为影响小区环境和居民关系的重要问题。</td></tr>
</table>

续表

项目概述	本项目是针对小区养狗人开展的社区治理性项目，但是文明养狗不仅是养狗人一方的问题，也涉及非养狗人士对狗的重新认识，涉及物业卫生管理、人与动物和谐相处等问题，所以涉及人群覆盖小区全体业主。 本项目是以小区内少年志愿者为实施主体而展开的公益项目。活动的特点有： （1）不劝阻，不一对一直接宣传教育（避免矛盾发生）； （2）以少年志愿者高频次“捡狗屎”、发捡便器和收便袋等行动潜移默化地影响养狗人； （3）在小区多处设置拿取捡便器和收便袋的装置与标识，方便养狗人拿取； （4）购买自然环境可降解捡便袋，方便养狗人捡便后直接扔入高的灌木或者矮树林，解决养狗人捡便后长时间拎狗便的麻烦问题。 实施理念：依据社会学中的生态环境理论、社会认同理论、行动感染理论和示范效应理论，利用社会工作的同理心交流技巧，用行为改变行为，形成“人人为我，我为人人”的社会交往原则。
项目目标	总目标：帮助养狗人养成良好的养狗习惯，引导非养狗人士尊重养狗人的爱好，培养良好的社区人际关系，形成和谐的社区空间。 分目标： （1）实现拴绳养狗，尤其是大型犬、挑衅性犬和喜吠性小犬； （2）培养养狗人的捡便行为，实现小区内零狗便； （3）实现儿童可以在草坪上自由奔跑，无须顾忌狗便。
评估指标	（1）项目知晓率：社区对公益组织认知度达95%以上； （2）服务次数达90次； （3）少年志愿者队伍人数达20人以上； （4）项目宣传实现周周有更新。
项目实施计划	项目实施步骤： （1）向社区居民委员会申请项目。 （2）与物业进行沟通，获得物业的支持和配合，比如，在已有的设施上增添必需设施等。 （3）在社区内招募少年志愿者，进行志愿者登记，丰富其社会实践经验。 （4）进行志愿者培训及志愿者激励政策解释。志愿者的具体工作内容有：在不影响自己学业的情况下，傍晚在小区内捡狗便；遇到遛狗人士，主动上前发放收狗便工具；制作自己绘画的宣传册，并在小区内发放。根据不同的完成量或者服务时间给予志愿者不同等级的物质和精神奖励。 （5）三个月期间进行6次左右的阶段性总结，及时调整实施方案，反馈项目阶段性成果。 （6）进行项目结束汇报。

续表

<table>
<tr><td colspan="6">三、项目预算</td></tr>
<tr><td>活动类别</td><td>费用明细</td><td>费用用途说明
（详细、清晰）</td><td>单价</td><td>数量</td><td>总计</td></tr>
<tr><td rowspan="6">团体活动</td><td>海报、归档等</td><td>宣传和材料打复印</td><td>50 元/份</td><td>30 份</td><td>1 500 元</td></tr>
<tr><td>捡（收）便器袋</td><td></td><td>20 元/份</td><td>200 份</td><td>4 000 元</td></tr>
<tr><td>志愿者奖品</td><td></td><td>20 元/份</td><td>100 份</td><td>2 000 元</td></tr>
<tr><td>应急药箱、纸巾和矿泉水</td><td></td><td>5 元/份</td><td>300 份</td><td>1 500 元</td></tr>
<tr><td>项目管理费</td><td>组织、摄影、宣传</td><td></td><td></td><td>3 000 元</td></tr>
<tr><td>活动预算</td><td colspan="4">12 000 元</td></tr>
<tr><td colspan="6">四、推荐意见及诚信声明</td></tr>
<tr><td>社区推荐意见</td><td colspan="5">（简述落地社区支持情况，包括场地、人力、组织等资源，并加盖社区公章）</td></tr>
<tr><td>申请方诚信声明</td><td colspan="5">我团队保证项目申请材料真实、合法、有效，已制订项目实施计划、方案，确保项目如期完成，将按法律、法规有关规定，接受项目监管、审计和评估，并承担相应责任。

项目负责人签字：
（或者机构盖章）　　　　年　　月　　日</td></tr>
</table>

附录三　无锡市农村人居环境提升第三方暗访测评项目竞争性磋商文件

采购编号：HYZBCG2022－13
采购代理机构：无锡××××咨询服务有限公司

2022年3月

目 录

一、磋商邀请函
二、供应商须知
三、项目需求和有关说明
四、合同书（格式文本）
五、附件（响应文件格式）

一、磋商邀请函

我公司受无锡市农业农村局的委托，对无锡市农村人居环境提升第三方暗访测评项目进行竞争性磋商采购，欢迎你单位参加磋商并提请注意下列附表中的相关事项：

序号	内容
1	项目名称：无锡市农村人居环境提升第三方暗访测评项目 采购人：无锡市农业农村局 采购编号：HYZBCG2022－13 采购方式：竞争性磋商 采购预算：190 万元 服务期限：自合同签订生效之日起至工作任务完成止 本项目专门面向中小企业采购 标的行业：其他未列明行业。根据《关于印发中小企业划型标准规定的通知》（工信部联企业〔2011〕300 号）规定，其他未列明行业，从业人员 300 人以下的为中小微型企业。其中，从业人员 100 人及以上的为中型企业；从业人员 10 人及以上的为小型企业；从业人员 10 人以下的为微型企业
2	采购代理机构：无锡××咨询服务有限公司 采购机构地址：×××××××××××
3	供应商条件：供应商参加本次政府采购活动除应当符合《中华人民共和国政府采购法》第二十二条的规定外，还必须具备以下条件： （1）在市场监督管理机关或民政部门登记注册的企业法人或社会组织； （2）本项目不接受联合体投标。 落实政府采购政策须满足的资格要求：本项目专门面向中小企业，资格证明文件中必须提交《中小企业声明函》
4	磋商文件提供期限：2022 年 3 月 18 日至 2022 年 3 月 24 日（8：30—11：30，13：30—17：00）（北京时间，法定节假日除外）。 售价：捌佰元/份（不接受现金支付），磋商文件售后不退，如采购任务取消，退还所收取的磋商文件费用。 收款单位：无锡××咨询服务有限公司 开户银行：×××××××× 账号：××××××××××××× 磋商文件提供地点：×××××××× 获取磋商文件时，供应商须提供营业执照副本复印件并加盖公章
5	本项目不组织现场答疑
6	本项目不收取磋商保证金
7	报价有效期：提交响应文件截止之日起 90 日

续表

序号	内容
8	响应文件接收时间：2022 年 3 月 29 日 14：00 截止，截止期后的响应文件恕不接受。 响应文件接收地点：×××××××××
9	磋商时间：2022 年 3 月 29 日 14：00 磋商地点：××××××××××××
10	确定成交单位时间：2022 年 3 月 29 日磋商结束 确定成交单位地点：×××××××××××
11	响应文件份数：正本壹份，副本叁份 响应文件不加密电子档壹份（Word 文档，U 盘或光盘）
12	有关本次采购活动程序方面的问题，可来人、来函（传真）或电话联系。 联系地址：×××××××××××× 联系人：××× 联系电话：××××××××× 传真：×××××××××

二、供应商须知

（一）遵循原则

公开透明原则、公平竞争原则、公正原则和诚实信用原则。

（二）磋商文件

1. 磋商文件包括本文件目录所列全部内容，供应商应仔细阅读，并在响应文件中充分响应磋商文件的所有要求。

2. 供应商应向采购代理机构购买磋商文件及有关资料，按磋商文件要求提交全部资料并对磋商文件各项内容做出实质性响应，否则报价无效。

3. 供应商一旦参加本项目磋商，即表明承诺接受了本磋商文件中的所有条件和规定。

4. 磋商文件一经售出一律不退，且仅供本次采购报价使用。

（三）磋商文件的解释

1. 本项目不组织现场答疑。

2. 供应商如有需要对磋商文件要求澄清的问题，请以电子邮件的形式提出“HYZBCG2022－13 项目须澄清问题”，并于 2022 年 3 月 24 日 17：00 前发送至采购代理机构邮箱（××××××××××），采购代理机构会统一以邮件形式回复至供应商。

3. 本文件的最终解释权归采购人。

（四）磋商文件的澄清或修改

1. 采购代理机构可在报价截止时间5日前对磋商文件进行必要的澄清或者修改，并视具体情况，延长报价截止时间。

2. 如需对磋商文件进行澄清或修改，采购代理机构将在江苏政府采购网、无锡政府采购网上发布更正公告，并书面告知所有已购买磋商文件的供应商。该澄清或修改的内容作为磋商文件的组成部分，于响应文件提交截止日前书面回函（传真件）采购代理机构，传真为××××××××，逾期不回视同收到此书面通知。因供应商未尽注意义务，未及时全面地关注澄清或修改内容导致其提交的响应文件不符合采购需求而造成的损失及风险（包括但不限于未成交）由供应商自行承担。

（五）响应文件的组成

1. 封面。

2. 目录（由供应商自行编制）。

3. 响应函（格式见附件①）。

4. 关于资格的声明函（格式见附件）。

5. 证明文件：

（1）资格、资信证明文件

① 供应商企业营业执照或经相关部门登记的证明文件副本复印件或扫描件，并加盖公章；

② 供应商法定代表人授权委托书（法定代表人亲自参与磋商的除外，格式见附件）；

③ 供应商法定代表人身份证及被授权代表的身份证正反面复印件或扫描件（磋商时必须提交有效身份证明原件备查，法定代表人亲自参与磋商的必须提交有效身份证明原件备查）；

④ 供应商近三个月中任意一个月（不含磋商当月）的财务状况报告（资产负债表和利润表）或由会计师事务所出具的近两年中任意一个年度的审计报告和所附已审财务报表复印件并加盖公章；

⑤ 供应商近三个月中任意一个月的纳税情况证明复印件或扫描件（提供相关主管部门证明或银行代扣税证明）；

---

① 此文件中的附件不附，特注。

⑥ 供应商近三个月中任意一个月的社会保险缴纳证明复印件或扫描件（提供相关主管部门证明或银行代扣费证明）；

⑦ 被授权人磋商前由本企业连续缴纳近六个月（不含磋商当月）的社会保险缴纳证明复印件或扫描件（提供相关主管部门证明或银行代扣费证明）；

⑧ 中小企业声明函（格式见附件）：参与政府采购活动的供应商对其企业规模实行承诺制，由企业自行对照国家《关于印发中小企业划型标准规定的通知》（工信部联企业〔2011〕300号）文件内容诚信确定自身企业规模，按照《关于印发〈政府采购促进中小企业发展管理办法〉的通知》（财库〔2020〕46号）的规定提供《中小企业声明函》，对其声明的真实性承担法律责任，在资格性审查和评审过程中无须提供证明其企业规模的其他材料。

⑨ 承诺书（格式见附件）。

供应商如已按《无锡市政府采购供应商注册登记管理办法》要求加入供应商库的，可注册入库，成功后，从网上下载打印“无锡市政府采购注册供应商资格信息登记表”（以下简称“信息登记表”），并经法定代表人签字和加盖公章后，可作为供应商响应文件的有效组成部分提交采购代理机构。信息登记表所记录的信息如能反映供应商具备对应资格条件项的，在本项目评审时，可凭该信息登记表免于提供相应的资格证明材料的原件或公证件，否则必须按要求提供相应的资格证明材料的原件或公证件。

上述证明文件中的资格、资信文件必须全部提供。供应商法定代表人或法定代表人授权代表为外籍或港、澳、台地区人士的，其身份证明须提供有效的护照，或港澳同胞来往内地通行证，或台湾同胞来往大陆通行证，或其他可在中国大陆有效居留的许可证明。供应商所提交的证明文件的完整与否，将直接影响其报价文件的审核和评分结果。

6. 报价表（包括首次报价表及最终报价表，格式见附件）。

7. 明细分项报价表（包括首次及最终明细分项报价表，格式见附件）。

8. 供应商情况表（格式见附件）。

9. 人员配置表（格式见附件）。

10. 残疾人福利性单位声明函（格式见附件）。

11. 补充性文件（如有，可提供）。

12. 评分标准中对应的其他所需证明材料（如有自行添加）。

（六）响应文件的要求

1. 所有文件、往来函件均应使用简体中文（规格、型号辅助符号例外）。

2. 响应文件由供应商按要求参考给定格式如实填写（编写），须有法人（盖章）、法定代表人或法定代表人授权代表签字或盖章方为有效，未尽事宜可自行补充。

3. 如无特别说明，供应商报价一律以人民币为报价结算货币，结算单位为“元”。

4. 响应文件统一用 A4 纸打印，除给定格式外，对响应文件的版式、字体及颜色不做限制。

5. 响应文件参考响应函格式中的顺序制作，并请编制目录。由于编排混乱导致响应文件被误读或查找不到，责任由供应商承担。

6. 响应文件份数为正本壹份，副本叁份，共肆份，须各自装订成册，并注明“正本”“副本”字样，密封，同时注明供应商名称。响应文件封袋的封口处加盖供应商公章或有供应商全称的封口章。

7. 为方便评审时磋商，供应商须将“首次报价表”另行制作一份（加盖公章），单独密封在一个标袋里，并在标袋密封处盖供应商公章或有供应商全称的封口章，标袋上分别注明“首次报价表”，写明项目编号、项目名称及供应商名称。说明：如“首次报价表”没有另行制作一份或单独密封在一个标袋里，不作无效标。

8. 响应文件不应有涂改、增删和潦草之处，如必须修改时，修改处必须有法人章、法定代表人或法定代表人被授权代表的签字。

9. 报价费用自理。

10. 响应文件的正本、副本应加盖公章处均须加盖公章。

（七）无效响应文件的确认

供应商有下列情况之一者，响应文件无效：

1. 响应文件未按规定的期限、地点送达的；

2. 响应文件未按要求密封、签署、盖章的；

3. 响应文件未按磋商文件规定的格式、内容和要求填写与制作的；

4. 响应文件书写潦草、字迹模糊不清、无法辨认的；

5. 响应文件中有磋商文件未允许提供的选择性内容的；

6. 提供虚假材料（包括营业执照、财务报表、资格证明文件等）的；

7. 不具备磋商文件中规定的资格要求或未按磋商文件规定的要求提供资格证明文件的；

8. 供应商的法定代表人或法定代表人被授权代表未准时参加磋商会议的；

9. 供应商的法定代表人被授权代表，无法定代表人授权委托书的；

10. 供应商报价表中的报价出现选择性方案且未注明以哪一个为准的；

11. 不同供应商的响应文件内容出现非正常一致的；

12. 不同供应商聘请同一人为其投标提供技术或经济咨询服务的；

13. 供应商负责人为同一人或存在直接控股、管理关系的不同供应商；

14. 不同供应商委托同一单位或者个人办理磋商事宜的；

15. 不同供应商的响应文件由同一单位或者个人编制的；

16. 不同供应商响应文件中的项目相关人员出现同一人的；

17. 不同供应商的响应文件异常一致或者报价呈规律性差异的；

18. 不同供应商的响应文件相互混装的；

19. 供应商的报价高于本磋商文件规定的预算价的；

20. 磋商小组认定供应商报价明显不合理或者低于成本，有可能影响服务质量和不能诚信履约的；

21. 响应文件内容不全或不符合法律法规和磋商文件中规定的其他实质性要求的；

22. 经信用信息查询，列入失信被执行人名单、重大税收违法案件当事人名单、政府采购严重违法失信行为记录名单及其他不符合《中华人民共和国政府采购法》第二十二条规定条件的供应商；

23. 法律、法规和磋商文件规定的其他无效情形。

（八）磋商、评审

1. 由采购人代表和专家组成磋商委员会，并实行回避制度。

2. 响应文件正本与副本不一致的，以正本为准。

3. 磋商工作程序如下：

（1）疫情防控期间注意事项：根据《关于近期政府采购领域疫情防控有关要求的通知》（锡财购函〔2021〕3 号）要求，参加政府采购的投标人代表（委派人数为1人），服从采购人、采购代理机构现场管理，如实提供相关信息，遵守会场纪律。

（2）资格性审查：下列初步资格性审查由采购代理机构工作人员按照供应商签到时间顺序进行，监督人员监督。

① 供应商的响应文件是否按规定的期限、地点送达；

② 供应商的响应文件是否按磋商文件要求签署、盖章；

③ 供应商的被授权代表是否准时参加磋商会议；

④ 供应商的被授权代表是否提供有效的身份证明和法定代表人授权委托书。

* 资格性审查部分（如资格证明文件等），由磋商小组负责。

4. 信用信息查询：采购人或采购代理机构在2022年3月29日13：30前通过“信用中国”网站（www. creditchina. gov. cn）、中国政府采购网（www. ccgp. gov. cn）等渠道查询相关供应商主体信用记录；对列入失信被执行人名单、重大税收违法案件当事人名单、政府采购严重违法失信行为记录名单及其他不符合《中华人民共和国政府采购法》第二十二条规定条件的供应商，拒绝其参与政府采购活动。采购人或采购代理机构通过相关渠道查询的供应商主体信用记录，与项目其他采购资料一并保存。

5. 磋商、评审程序：磋商、评审工作由采购代理机构负责组织。具体磋商、评审事务由依法组建的磋商小组负责。

（1）资格性审查：依据法律法规和磋商文件的规定，对响应文件中的资格证明等进行审查，以确定供应商是否具备磋商资格。

（2）符合性检查：依据磋商文件的规定，从响应文件的有效性、完整性和对磋商文件的响应程度进行审查，以确定是否对磋商文件的实质性要求做出响应。

（3）磋商程序的确认：由磋商小组视情况决定。

（4）澄清有关问题：磋商小组在对响应文件的有效性、完整性和响应程度进行审查时，可以要求供应商对响应文件中含义不明确、同类问题表述不一致或者有明显文字和计算错误的内容等做出必要的澄清、说明或者更正。供应商的澄清、说明或者更正不得超出响应文件的范围或者改变响应文件的实质性内容。

磋商小组要求供应商澄清、说明或者更正响应文件以书面形式做出。

供应商的澄清、说明或者更正由法定代表人或被授权代表签字或者加盖公章。由被授权代表签字的，应当附法定代表人授权书。

(5) 磋商小组所有成员集中与单一供应商分别进行磋商，并给予所有参加磋商的供应商平等的磋商机会。磋商轮次由磋商小组视情况决定，每个供应商磋商轮次相同。

(6) 在磋商过程中，磋商小组根据磋商文件和磋商情况，可以对服务方案部分的内容进行实质性变动，但不得变动磋商文件中的其他内容。实质性变动的内容，须经采购代表确认。

对磋商文件做出的实质性变动是磋商文件的有效组成部分，磋商小组及时以书面形式同时通知所有参加磋商的供应商。

供应商按照磋商文件的变动情况和磋商小组的要求重新提交响应文件，并由其法定代表人或被授权代表签字或者加盖公章。由被授权代表签字的，应当附法定代表人授权书。供应商为自然人的，应当由本人签字并附身份证明。

(7) 磋商报价：

① 磋商前首次报价，即按本竞争性磋商文件要求的格式报价；

② 磋商结束后，磋商小组要求所有实质性响应的供应商在规定时间内提交最终报价，提交最终报价的供应商不得少于2家。供应商将最终报价表（当场填写）密封后提交给磋商小组。

(8) 已提交响应文件的供应商，在提交最终报价之前，可以根据磋商情况退出磋商。

(9) 磋商综合评分：经磋商确定最终采购需求和提交最终报价的供应商后，磋商小组采用综合评分法对提交最后报价的供应商响应文件和最终报价进行综合评分。响应文件满足磋商文件全部实质性要求且按评审因素的量化指标评审得分最高的供应商为成交候选供应商。评审得分相同的，按照最后报价由低到高的顺序推荐。评审得分且最后报价相同的，按照技术指标优劣顺序推荐。

6. 评审标准：本项目共计100分，其中，价格分10分，综合实力30分，服务方案60分。

(1) 价格分 (10分)：

* 价格分内容：

① 第一服务包报价（4分）。

② 第二服务包自然村测评费用报价（6分）。

* 采用低价优先法计算，即满足磋商文件要求且价格最低的报价为评标基准价，其价格分为满分，其他报价人的价格分统一按照下列公式计算：

各项报价得分＝（评标基准价/报价）×价格权值×100

价格总分＝第一服务包报价得分＋第二服务包自然村测评费用报价得分

备注：对小型和微型企业、残疾人福利性单位、监狱企业产品的价格给予10%的扣除，用扣除后的价格进行评审。对于同一供应商，以上三项价格扣除优惠不得重复享受。

参与政府采购活动的供应商对其企业规模实行承诺制，由企业自行对照国家《关于印发中小企业划型标准规定的通知》（工信部联企业〔2011〕300号）文件内容诚信确定自身企业规模，按照《关于印发〈政府采购促进中小企业发展管理办法〉的通知》（财库〔2020〕46号）的规定提供《中小企业声明函》（格式见附件），对其声明的真实性承担法律责任，在资格性审查和评审过程中无须提供证明其企业规模的其他材料。

参加投标的残疾人福利性单位，应当按照《财政部、民政部、中国残疾人联合会关于促进残疾人就业政府采购政策的通知》（财库〔2017〕141号）的规定填写《残疾人福利性单位声明函》。

参加投标的监狱企业，应当按照《关于政府采购支持监狱企业发展有关问题的通知》（财库〔2014〕68号）的规定提供由省级以上监狱管理局、戒毒管理局（含新疆生产建设兵团）出具的属于监狱企业的证明文件复印件。

按属于小型和微型企业，监狱企业，残疾人福利性单位产品细目报价表认真填写，如未按要求填写和提供有效证明或相关内容表述不清的，不得享受价格扣除。

（2）综合实力（30分）：

* 业绩（10分）

2017年1月1日至今，供应商承担过或正在履行的类似项目，有一个得2分，累计得10分。（提供中标通知书或合同或协议等相关证明材料的复印件并加盖公章）

* 团队配置（15 分）

① 供应商拟为本项目配置工作人员达到 12 人的，得 5 分；在此基础上每增加 1 人的，得 1 分，最高得 10 分。（供应商提供人员配置表）

② 供应商拟为本项目配置的项目负责人具有本科及以上学历的，得 2 分；中级及以上职业资格或职称的，得 2 分；具有类似本项目服务经验的，得 1 分，累计得 5 分。（提供相关人员聘用协议或劳动合同、职称证明、学历证书、项目经验等相关证明材料的复印件并加盖公章，不提供不得分）

* 等级评估（3 分）

供应商参加主管部门组织等级评估并获得 4A 等级及以上的，得 3 分；获得 3A 等级的，得 2 分；获得 2A 等级及以下的，得 1 分；获得无 A 等级的，不得分。（提供相关证明材料复印件并加盖公章，不提供的不得分）

* 响应文件规范性、完整性及清晰度（2 分）

（3）技术方案（60 分）：

* 针对本项目总体认识、项目难点及对策分析（10 分）

根据供应商提供的对本项目背景与现状的理解，包括对项目概况、项目要求深度理解，对项目难点的描述足够清晰、翔实，并能进行有针对性的对策分析等综合评定。

分析科学合理、针对性强、对策方法优的，在 7 分 < 评分 ≤10 分之间评定；分析符合项目特征、针对性较好、对策方法可行的，在 5 分 < 评分 ≤7 分之间评定；分析基本符合项目特征、针对性一般、对策方法一般的，在 0 分 < 评分 ≤5 分之间评定。未提供方案不得分。

* 本项目的策划方案（5 分）

供应商提供的方案具有针对性、可行性的，在 3 分 < 评分 ≤5 分之间评定；其他的在 0 分 < 评分 ≤3 分之间评定。未提供方案不得分。

* 对本项目服务方案的说明（16 分）

根据供应商提供的对本项目服务方案的说明，包括工作方案的制订、进度安排、测评报告提交等进行综合评分。

服务方案具有针对性、合理可行的，在 10 分 < 评分 ≤16 分之间评定；服务方案针对性不强、基本可行的，在 5 分 < 评分 ≤10 分之间评定；服务方案一般的，在 0 分 < 评分 ≤5 分之间评定。未提供方案不得分。

* 服务承诺及保障体系（15 分）

供应商提供的服务承诺内容详细具体，服务保障承诺、响应时间等可行的，在10分<评分≤15分之间评定；服务承诺一般、保障体系基本可行的，在5分<评分≤10分之间评定；服务承诺及保障体系较差的，在0分<评分≤5分之间评定。未提供相应内容的不得分。

* 技术设备配备方案（10分）

拟投入专业技术设备情况比较，包括但不限于汽车、相机、导航定位设备、无人机等，并同时提供相应设备器材的清单、图片、购置发票、车辆行驶证和交强险保单等。

设备投入齐全的，在7分<评分≤10分之间评定；设备投入一般的，在5分<评分≤7分之间评定；其他的，在0分<评分≤5分之间评定。未提供相应内容的不得分。

* 廉政建设制度（4分）

（九）确定成交供应商

1. 根据《财政部关于政府采购竞争性磋商采购方式管理暂行办法有关问题的补充通知》（财库〔2015〕124号）的规定，采用竞争性磋商采购方式采购的政府购买服务项目（含政府和社会资本合作项目），在采购过程中符合要求的供应商（社会资本）只有2家的，竞争性磋商采购活动可以继续进行。根据《政府采购竞争性磋商采购方式管理暂行办法》第二十八条的规定，采购人应当在收到评审报告后5个工作日内，从评审报告提出的成交候选供应商中，按照得分排序由高到低的原则确定成交供应商，也可以书面授权磋商小组直接确定成交供应商。

本项目磋商小组根据对供应商资格审查情况，响应文件编写内容的完整性、合理性、最终报价及综合评分等评审主要因素，根据综合评分法的评审原则确定2家成交供应商。采购代理机构将评审结果通知所有参加磋商的未成交供应商，并在无锡政府采购网发布成交公告。采购代理机构和磋商小组对未成交原因不做解释。如有质疑，按《中华人民共和国政府采购法》《政府采购质疑和投诉办法》（中华人民共和国财政部令第94号）等有关法规处理。

2. 在发布成交公告的同时，向成交方发送成交通知书。

3. 磋商、报价、评审及确定成交供应商的整个过程均由监督人员进行现场监督，并同时接受无锡市财政局政府采购管理处的监督。

4. 未成交供应商的响应文件正本、成交供应商的响应文件正本及副本留存，其余响应文件副本和原件退还各供应商。

（十）采购项目的终止

在竞争性磋商采购中，出现下列情况之一的，本次采购活动终止：

1. 因情况变化，不再符合规定的竞争性磋商采购方式适用情形的。

2. 出现影响采购公正的违法、违规行为的。

3. 除《政府采购竞争性磋商采购方式管理暂行办法》第二十一条及《财政部关于政府采购竞争性磋商采购方式管理暂行办法有关问题的补充通知》规定的情形外，在采购过程中符合要求的供应商或者报价未超过采购预算的供应商不足3家的。

（十一）磋商保证金

无

（十二）签订、履行合同

采购代理机构宣布成交结果后，成交供应商应当自成交通知书发出之日起30日内，按照磋商文件和成交供应商响应文件的约定，与采购人签订合同，所签订的合同不得对磋商文件和成交供应商响应文件做实质性修改。合同经采购代理机构见证后生效。

（十三）招标代理服务费

1. 本项目向采购人收取招标代理服务费。依据国家现行收费政策，甲乙双方商定本项目代理费用以本项目的中标金额为计算基数，参照国家计委《招标代理服务收费管理暂行办法》（计价格〔2002〕1980号）等规定的收费标准（100万元以内1.5%，100万—500万元0.8%，500万—1 000万元0.45%，1 000万—5 000万元0.25%）计取，按差额定率累进法计算服务费7.5折收取；

2. 采购代理机构出具全额正规发票。

（十四）政府采购信用担保

1. 履约担保，是指由专业担保机构为中标供应商支付履约保证金而义务向采购人提供的保函担保。专业担保机构以中标供应商的中标通知书为凭据，进行资信审查后出具保函，中标供应商以保函形式缴纳履约保证金；供应商未按政府采购合同履行约定义务而应实际支付保证金的，由专业担保机构按照担保函约定履行担保责任。供应商可以自愿选择是否采取履约担保函的形式交纳履约保证金。

2. 中标供应商可以根据自身情况，自行决定是否选择采用履约担保形式，自主选择合作银行。除江苏省财政厅确定的江苏省信用再担保集团有限公司和无锡市财政局确定的无锡市科发投资担保有限公司为无锡市政府采购信用担保合作担保机构外，民生银行南京分行、江苏银行和中信银行南京分行、浙商银行无锡分行可以在无锡市范围内开展政府采购履约担保业务。

（十五）政府采购合同融资

合同融资，是指参与政府采购的供应商，凭借中标、成交通知书或政府采购合同向金融机构申请融资，金融机构以供应商信用审查和政府采购信誉为基础，按便捷贷款程序和优惠利率，为其发放无财产抵押贷款的一种融资模式。供应商与金融机构按照“银企自愿、风险共担”的原则开展融资活动，有融资需求的中标、成交供应商可根据自身情况，在无锡市政府采购交易管理一体化系统凭政府采购中标、成交通知书或政府采购合同在线提出融资申请，自主选择金融机构及融资产品，金融机构进行融资信息审查，决定是否为其提供融资，做好预授信。双方达成融资意向后签订融资协议，确定融资成交信息并约定融资回款账户。

（十六）各方无条件遵守中华人民共和国法律

三、项目需求和有关说明

为深入贯彻习近平新时代中国特色社会主义思想，扎实践行“绿水青山就是金山银山”的理念，全面落实中央、省、市农村人居环境提升部署要求，确保全市农村人居环境高质量跃升，长效管护机制创新深化，根据《关于健全完善无锡市农村人居环境整治长效管护机制的实施意见》（锡政办发〔2020〕28号）的文件要求，经研究决定，无锡市农业农村局对无锡市农村人居环境提升第三方暗访测评项目进行政府采购。

（一）项目内容

1. 总体要求：围绕推进农村人居环境提升行动，持续提升农村人居环境品质，推进农业农村现代化示范建设，对2022年度纳入农村人居环境提升范围的自然村组织暗访测评，并按相关要求形成测评报告。

2. 暗访测评区域及测评频次：

(1) 暗访测评区域：暗访测评区域为江阴市、宜兴市、锡山区、惠山区、滨湖区和新吴区。本项目暗访测评约8 000个自然村，采购人向成交单位提供自然村名单。

（2）测评频次：本项目服务期限内计划测评4次（每季度一次），通过招标产生2家成交单位，分时分区开展农村人居环境提升第三方暗访测评。在暗访测评区域内，每个自然村2022年度至少按照评价标准测评一次，所属行政村（涉农社区）实现4轮全覆盖暗访测评。

3. 测评内容：

序号	评测项目	评测内容
1	公共设施	农村电力、通信、广播电视“三电”线路架设整齐、有序，无安全隐患，及时拆除废弃无用线、杆
2		建有生活污水处理设施、微动力设施或纳入城镇污水管网
3		污水管网实行雨污分流，生活污水处理设施运行正常、无破损
4		旱厕“动态清零”
5		合理配建三类水冲式公共厕所
6		公厕定岗定人定时保洁，无乱涂乱画、乱张贴小广告现象
7		公厕设施标识齐全、维护良好，全年正常开放使用
8		公厕内地面整洁，无积水，无痰迹，无果皮、纸片、烟蒂及其他垃圾
9		公厕周围3~5米内无垃圾，周边无乱牵乱挂、乱堆乱放
10		店招标识及户外广告设施设置规范，无破损，无飞线充电现象
11		路灯管理养护到位，无“有灯不亮”等现象，无安全隐患
12		通村组道路、入户道路等路面硬化平整，无破损，无积水
13		通村组道路、入户道路两侧整洁，无乱堆乱放，无暴露垃圾
14		路牌路标、交通指示牌、公交站台设置规范齐全
15		交通站台无小广告
16		对破损、老旧的各类公益广告及时修缮、更新

续表

序号	评测项目	评测内容
17	村容村貌	利用荒地、废弃地、边角地进行绿化美化
18		古树名木采取设置围护栏或砌石等方法进行保护，并设置标志牌，无乱砍滥伐现象
19		落实垃圾分类投放，配套垃圾分类设施
20		垃圾收集桶、垃圾清运车每日清洗
21		垃圾收集桶摆放规范，桶盖完好，无破损，无外溢，无污迹，周边地面整洁，无蝇，无臭，垃圾入桶率达100%
22		生活垃圾收集点设置规范，收运作业工完场清，周边地面干净整洁
23		不乱堆建筑垃圾、装修垃圾，建筑垃圾临时堆放点设置规范、正常使用，周边环境整洁干净
24		村域范围内无暴露垃圾、沿线杂物、违章搭建，无影响村容村貌的死树枯叶
25	田容田貌	农田整齐连片，作物布局合理，棚舍规范整齐
26		菜园布局合理，围栏设置规范美观、整洁有序
27		主干道两侧视野范围500米内无低端农业大棚（各级农业园区除外）、看护用房、零星废弃建（构）筑物和残破农业设施
28		农田无化肥农药包装物、废旧农膜等垃圾
29		柴草、杂物整齐码放，不占用公共位置
30		畜禽不散养
31	宅容宅貌	村庄出入口有醒目村庄标识和路牌，与村庄特色相匹配
32		村内建筑外立面整洁，整体协调，体现江南水乡建筑特色
33		“违建房”“破败房”等得到有序修整
34		传统建筑风貌和有历史文化价值的民宅、公共建筑得到有效保护与修缮，在修缮的历史文化建筑的适当位置做简要介绍
35	塘容塘貌	河塘水体清洁，坡岸自然
36		河道岸线3～5米内无生活垃圾、建筑垃圾，无乱堆放、乱搭建，无非法圈圩，不乱排放污物、粪便
37		及时清运水域，打捞上岸垃圾
38		河面基本无漂浮物，无动物尸体，无大件垃圾
39		文明健康教育宣传栏无破损，内容及时更新

注：具体测评内容以最新文件为准。

4. 测评标准

本项目测评标准根据《关于健全完善无锡市农村人居环境整治长效管护机制的实施意见》的政策文件，包括但不限于以上政策文件，上述文件如有修订，以最新文件为准。

5. 项目提交测评报告进度

年度内须完成4次抽样测评暗访工作，提交测评报告的时间分别为2022年5月5日前、7月底、10月底和12月中旬前。

（二）服务要求

1. 服务期限：自合同签订生效之日起至工作任务完成止。

2. 人员要求：

（1）各第三方测评机构须配备项目负责人1名，其要具备较高的管理协调能力和参与相关项目的工作经验。

（2）各第三方测评机构须配备工作人员（不含项目负责人）不少于12人，由其负责具体暗访测评工作的实施。

3. 测评要求：

（1）严格标准：严格按照测评标准开展测评，重在查找问题、推动整改、全面提升；及时汇报项目进程，接受意见并提出解决方案。

（2）严守纪律：采用暗访方式进行，坚决避免扰民现象。

（3）及时上报：按照项目截止时间，将测评（暗访）情况及发现的问题报送委托方。

（4）实时记录：第三方测评机构负责项目进程，每个自然村测评（暗访）过程必须以现场拍照和无人机航拍（自然村全景）等形式进行实时记录；将问题线索一村一档上传至农村人居环境督查信息系统。

（5）档案完整：提供测评资料（含亮点图片、村民采访视频）等给采购人存档。

4. 测评报告：

季度测评报告要求：第三方测评机构根据季度暗访测评情况，提供4篇5 000字以上暗访测评综合性分析报告、总结PPT、通报、亮点图片、视频等，以及测评村问题清单明细；

年度测评报告要求：年底提供一篇1万字以上年度暗访测评综合性分析报告，分析报告要求包括发现问题汇总、问题原因分析和前后情况对比等内容。

5. 保密要求：

（1）第三方测评机构不得将测评信息、测评数据、测评结果及其他法律法规规定的内容透露给任何第三方，且应避免由于疏忽将保密信息披露给任何第三方。

（2）第三方测评机构在履行合同期间，特别是实施暗访测评工作前，应严格保密采购人提供的测评名单，第三方测评机构不得单独与被测评单位接触，严守工作纪律，保守工作秘密；杜绝与被测评单位存在利益往来、影响测评结果公正性的违规行为。以上行为一经发现将被列入黑名单，并视情形相应扣减测评费用，情节严重并涉及违法行为的，将移交司法机关。

6. 其他要求：

（1）成果交付地点：根据采购人要求。

（2）严禁将服务的项目转包或分包给他人。

（3）采购人有权监督第三方测评机构的服务质量，对不称职的工作人员有权要求第三方测评机构在一周内更换，直至人选合格为止（所更换的人员不得低于其承诺配备的人员要求）。

7. 中标名额及服务方式：

（1）本项目拟设定 2 家成交单位，共同承办本项目的暗访测评工作。

（2）服务包划分：

*第一服务包采购预算为 10 万元，服务内容包括以下方面：

① 牵头进行项目前期策划；

② 农村人居环境提升指导手册（约 4 000 册）的设计制作和印刷；

③ 牵头汇总本项目每季度测评报告和年度测评报告，并提供给采购人。

*第二服务包采购预算为 180 万元，服务内容包括以下方面：

分别由 2 家成交单位各自承办约 4 000 个自然村（含季度排名前 20 名左右及排名后 20 名左右的自然村所在行政村进行复测）的暗访测评工作，每季度交叉轮换测评机构，每家最高限价为 90 万元。

*具体每季度暗访测评及复测名单由采购人提供。

（3）服务包选择方式

综合得分第一名的为首席成交单位，首席成交单位负责第一服务包和第二服务包中约4 000个自然村的测评工作；综合得分第二名的成交单位负责第二服务包中约4 000个自然村的测评工作，并配合首席成交单位出具季度和年度测评报告。

8. 履约验收：具体履约验收方案在合同中另行约定。

9. 付款方式：在本项目合同签订之日起15个工作日内，采购人凭成交单位出具的发票，向成交单位支付合同金额的10%的费用；第二次测评结束后，成交单位向采购人提交季度测评报告，采购人支付合同金额的40%的费用；第三次测评结束后，成交单位向采购人提交季度测评报告，采购人支付合同金额的30%的费用；项目履约验收合格后，采购人支付剩余合同的20%的费用。

成交单位须提供有效的正规全额发票。

（三）知识产权

本项目所有测评成果的知识产权归采购人所有，未经采购人批准任何单位和个人不得以任何形式使用；成交单位应妥善保管采购人提供的资料，保守各项秘密，未经采购人许可不得利用知悉的资料和成果为自己或他人谋取利益。

（四）综合说明

1. 报价要求：报价包括完成本项目服务所需的一切费用，包括但不限于完成本项目所需的人员（包括工资和补贴）、办公场所及设施、交通、保险、劳保、管理、各种税费、利润、税金、政策性文件规定及合同包含的所有风险、责任等各项应有费用，任何有选择的报价将不予接受。

2. 成交单位因不可抗力因素不能继续履行项目的，应立即向采购人提交书面说明及证明资料。成交单位因自身原因未能履约的，应依合同承担相应的违约责任。

3. 成交单位应制定完善的安全管理规章制度，同时须为工作人员购买人身伤害保险。若工作人员在本项目服务期间发生人身伤害等意外事故，均由成交单位承担全部责任，采购人不承担任何责任。

附录四　无锡市农村人居环境提升第三方暗访测评项目标书目录

附录五 合同书（格式文本）

（本合同为基本格式，正式内容待竞争性磋商后填制）

甲方（采购人）：无锡市农业农村局

地址：

乙方（中标单位）：

地址：

丙方（见证人）：无锡××咨询服务有限公司

地址：

根据无锡市农村人居环境提升第三方暗访测评项目（以下简称“本项目”）竞争性磋商（项目编号 HYZBCG2022－13）文件，乙方投标承诺，甲乙双方本着平等、诚实信用的原则，经协商一致，就无锡市农村人居环境提升第三方暗访测评项目签订如下合同：

第一条　项目基本情况

…………

第二条　合同金额和支付方式

…………

第三条　甲乙双方的权利和义务

…………

第四条　违约责任

甲方中途无故撤销或者不履行合同的，所支付项目费用不得追回。乙方中途无故撤销或者不履行合同的，须返还甲方所支付项目费用并赔偿甲方相应损失。

第五条　不可抗力

任何一方由于不可抗力原因不能履行合同时，应在不可抗力事件发生后 48 小时内向对方通报，以减轻可能给对方造成的损失，在取得有关机构的不可抗力证明或双方谅解确认后，允许延期履行或修订合同，并根据情况可部分或全部免于承担违约责任。

第六条　争议处理

在本合同执行中，发生的争议应由双方积极协商解决。无法解决的，可向甲方所在地法院起诉。

第七条　合同的变更、解除和续订

本协议如有未尽事宜，经甲乙双方协商后可随时以书面形式修改或补充，并作为本协议的组成部分。修改或补充部分的效力优于本合同相关内容。

第八条　保密条款

自本合同生效之日起，甲乙双方不得将本合同涉及的所有有形、无形的信息及资料（包括但不限于双方的往来书面文字文件、电子邮件及信息、软盘资料等）泄露给其他方。

乙方不得将测评信息、测评数据、测评结果及其他法律法规规定的内容透露给任何第三方，且应避免由于疏忽将保密信息披露给任何第三方。

乙方在履行合同期间，特别是实施暗访测评工作前应严格保密采购人提供的测评名单，乙方不得单独与被测评单位接触，严守工作纪律，保守工作秘密；杜绝与被测评单位存在利益往来、影响测评结果公正性的违规行为。以上行为一经发现将被列入黑名单，并视情形相应扣减测评费用，情节严重并涉及违法行为的，将移交司法机关。

第九条　其他约定

所有经双方签署确认的文件（包括会议纪要、补充协议、往来信函）、招标文件、要约文件和响应承诺文件、合同附件及成交通知书均为本合同不可分割的有效组成部分，与本合同具有同等的法律效力和履约义务，其生效日期为有效签署或盖章确认之日期。

本合同自甲方、乙方和见证方签字盖公章之日起生效，本合同一式肆份，甲乙双方各壹份，见证方贰份。

（以下无正文）

甲方：无锡市农业农村局（盖章）

代表（签字）：

年　　月　　日

乙方：（盖章）
代表（签字）：

年　　月　　日

丙方：无锡××咨询服务有限公司（盖章）
代表（签字）：

年　　月　　日

附录六　现金申请单

日期：　　　　　　　　　　　　　　　　　　　　　　　年　　月　　日

申请人				
取款事由				
取款金额	小写￥		大写（人民币）	
申请人：		审核人：	审批人：	

附录七　借款申请单

日期：　　　　　　　　　　　　　　　　　　　　　　　年　　月　　日

借款人：		预计还款时间：
借款事由		
借款金额	小写￥	大写（人民币）
审批：	审核：	借款人：

注：请事毕一周内结清借款。

附录八　采购申请单

采购需求			
申请部门		品名型号（服务需求）	
申请理由			
预算及配置			

比价报告

采购原因：

报价情况：

供应商	产品/服务描述	计量单位	单价/元	联系方式	备注

附件：

参加采购的人员：

续表

推荐公司：		
推荐理由：		
审批人： 日期：	审核人： 日期：	申请人： 日期：

附录九 入库单

物资来源： 用途： 日期： 年 月 日

入库编号：

序号	物品名称	型号	单价	数量	金额/元	备注
1						
2						
3						
合计						

采购人/捐赠人： 保管人： 主管：

附录十　出入库登记表

序号	日期	来源	供应商	品名	型号	单位	入库数量	出库数量	剩余数量	用途	保管人签字	出入库编码
1												
2												
3												
4												
合计												

经手人：　　　　　　　　　　　　　　　　　　审批人：

附录十一　报废单

报废日期：　　　　　　物资来源：　　　　　　报废单编码：

序号	物品名称	型号	报废原因	单位	数量	备注
1						
2						
合计						

经手人：　　　　　　　　　　　　　　　　　　审批人：

附录十二　收款确认单

付款单位：	
收入来源	□境外　□境内　□公司　□基金会　□个人　□其他
收入类型	□捐赠收入　□会费收入　□政府补助　□提供服务　□项目资助 □其他
资金用途 （项目名称）	
票据开具情况：	
实收金额（大写）：	小写￥
出纳：	审批人：

填表日期：

附录十三 领款确认单

日期		项目名称及预算编号	
领款人姓名		身份证号码	
支付原因			
应付金额		代扣个人所得税	
实际支付金额	（大写）	（小写）¥	
领款人签字		联系方式	

经手人： 审核人： 审批人：

附录十四 费用报销单

填表日期： 凭证号：

报销基本信息			
报销人		报销汇总金额	
单据张数		金额	（大写） （小写）¥
报销明细信息			
项目名称			
项目类别	项目编号/细目	支出事由	金额
审批信息			
项目审核结果		审核人	
审批人		出纳	
复核		领款人	

注：当项目产生费用时，根据预算申请表将预算编号填至费用报销单上的项目细目项，便于记录项目辅助信息，通过筛选、汇总，抓取数据至项目预决算对比表中的实际支出累计额，最终出具项目预决算对比表（结合项目预算内容）。

附录十五　差旅报销单

部门：　　　　　　　　　　　　　　　　　　　　　　　　　　　年　　月　　日

<table>
<tr><td>出差人</td><td colspan="2"></td><td colspan="3">出差事由</td><td colspan="4"></td></tr>
<tr><td colspan="3">出发</td><td colspan="3">到达</td><td rowspan="2">交通工具</td><td rowspan="2">交通费</td><td rowspan="2">其他</td><td rowspan="2">合计</td></tr>
<tr><td>月</td><td>日</td><td>地点</td><td>月</td><td>日</td><td>地点</td></tr>
<tr><td></td><td></td><td></td><td></td><td></td><td></td><td></td><td></td><td></td><td></td></tr>
<tr><td></td><td></td><td></td><td></td><td></td><td></td><td></td><td></td><td></td><td></td></tr>
<tr><td></td><td></td><td></td><td></td><td></td><td></td><td></td><td></td><td></td><td></td></tr>
<tr><td></td><td></td><td></td><td></td><td></td><td></td><td></td><td></td><td></td><td></td></tr>
<tr><td></td><td></td><td></td><td></td><td></td><td></td><td></td><td></td><td></td><td></td></tr>
<tr><td></td><td></td><td></td><td></td><td></td><td></td><td></td><td></td><td></td><td></td></tr>
<tr><td>总计</td><td colspan="5">（大写）</td><td colspan="4">（小写）¥</td></tr>
</table>

经手人：　　　　　　　　　　　登记人：　　　　　　　　　　　审批人：

注：填好后，将报销单与贴好票据的粘贴单对齐贴上，便形成完整的报销单。若有的票据比较大，如 A4 纸大小，可折叠成与差旅费报销单大小，防止裸露在外磨边损坏票据的完整性。